广州市番禺区民政局
广州市番禺区慈善会　　**联合出版**
广州市社会创新中心

中国特色社区慈善：番禺经验

邓红兵　周如南　主编

中国社会出版社
国家一级出版社·全国百佳图书出版单位

图书在版编目（CIP）数据

中国特色社区慈善 ：番禺经验 ／ 邓红兵，周如南主编 . -- 北京 ：中国社会出版社，2023.12
（广州市番禺区慈善经验系列丛书）
ISBN 978-7-5087-6962-2

Ⅰ . ①中 … Ⅱ . ①邓 … ②周 … Ⅲ . ①社区—慈善事业—经验—番禺区 Ⅳ . ① D632.1

中国国家版本馆 CIP 数据核字（2024）第 010206 号

中国特色社区慈善：番禺经验

责任编辑：秦　健
装帧设计：时　捷
出版发行：中国社会出版社
　　　　　（北京市西城区二龙路甲 33 号　邮编 100032）
印刷装订：河北鑫兆源印刷有限公司
版　　次：2023 年 12 月第 1 版
印　　次：2023 年 12 月第 1 次印刷
开　　本：170mm×240mm　1/16
字　　数：320 千字
印　　张：22.25
定　　价：48.00 元

目
录

Contents

前言 番禺区社区慈善的"一三五"模式

2022年，中国共产党第二十次全国代表大会上，习近平总书记提出了"中国式现代化"。会议指出中国式现代化是全体人民共同富裕的现代化、物质文明和精神文明相协调的现代化，要继续增进民生福祉、提高人民生活品质，坚持在发展中保障和改善民生，鼓励共同奋斗创造美好生活，扎实推进共同富裕，完善分配制度，健全社会保障体系等相关要求。随着我国现代化进程迈入一个全新阶段，慈善事业的中国式现代化也将会成为我国慈善事业发展的重要方向。

2016年《中华人民共和国慈善法》的颁布，推动了我国慈善事业的大步前进，标志着我国慈善事业从"小慈善"到"大慈善"的现代化转型。2016年广州市就明确提出要扶持发展社区互助型、服务型慈善组织，引导成立社区基金会，并且鼓励城乡社区居（村）委会、物业管理公司、业主委员会、企业和社区组织建立慈善互助机制或设立互助基金，推动社区慈善发展。2021年12月，广州市民政局印发实施《广州市推动社区慈善发展行动方案（2021—2023年）》，该方案提出创新推动以"五社联动"机制为抓手，大力发展社区慈善，鼓励社会多元主体参与社区慈善，充分发挥慈善事业的第三次分配作用，构建社区慈善网络体系，推动社区慈善高质量发展。

番禺区自2015年首次提出"五社联动"的概念后，在2016年推进社区试点工作，选取不同特点的社区作为"五社联动"试点社区，开始了番禺区"五社联动"的本土探索。广州市番禺区民政局于2020年印发《关于大力推动社区基金发展的指导意见（试行）的通知》《广州市番禺区开展创新"五社联动"的通知》等文件，进一步推动番禺区社区慈善事业发展，着力建设"1+1+16+16+275"慈善双网络体系①，在促进社区治理水平提高的同时，社区慈善工作的"番禺模式"也逐渐成型。

一方面，番禺区通过慈善双网络体系，积极发挥社区慈善主体的作用、打造社区慈善项目、建立社区慈善发展平台、弘扬社区慈善文化，多方面、多角度促进番禺区社区慈善事业发展，使番禺区社区慈善建设工作走在全国前列，在区域范围内形成了不可忽视的慈善影响力。近年来，番禺区积极打造"慈善空间"②。目前，番禺区已成功创建 213 个慈善空间站点，数量位居全市前列，遍布 16 个镇街党群服务中心、文化创意园区、图书馆、商业广场、乡村书屋等场所，进一步做实做强做优社区慈善服务载体，让公益慈善下沉到社区和城市每个角落，满足群众多层次、个性化的慈善服务需求，带动提升"人人慈善为人人"的浓厚社会氛围。

另一方面，番禺区积极推动社区基金高效利用，2020 年在实现 275 个社区基金全覆盖的基础上，开展社区基金培育计划，培育社区基金独立运营能力，搭建渠道打通自我"造血"功能。同时，番禺区也积极引导各社区根据实际情况，利用社区基金开展救助帮扶、社区微改造、社区微创投等公益项目，推动建成长者活动中心、篮球场更新改造、旧楼加装扶手、铁门翻新、文化墙绘等公共服务设施，不断扩大社区基金项目服务覆盖面，让居民共享发展成果。

通过探索推广社区慈善基金以及搭建社区慈善网络，番禺区创新发展了番禺"一三五"社区慈善模式③。番禺区"一三五"社区慈善模式，共

---

① "1+1+16+16+275"慈善双网络体系，指的是通过发挥番禺区慈善会和番禺区社会组织联合会的作用，建立健全 16 个镇街慈善会及 16 个镇街社区社会组织联合会，为番禺区"五社联动"提供组织保障，实现 275 个社区基金全覆盖。

② 慈善空间是"慈善之区·幸福番禺"建设重点工作，是将慈善捐赠、慈善帮扶、慈善宣传、志愿活动等一种或多种慈善元素融入社会生产生活场景的场所空间。

③ 番禺区"一三五"社区慈善模式，"一"是党建引领；"三"是三级慈善组织网络，包括"区慈善会+镇街慈善会+275 个社区慈善基金"；"五"是五个慈善主体，包括党组织、政府、慈善组织、社区企业、社区群众。

有五大举措。其一，通过"党建+慈善"助力各项社区慈善事业建设，鼓励党员发挥引领作用，带领社区群众、社区企业和社会组织等社区主体开展慈善行动；其二，贯彻政府指导，扎实推进社区慈善政策落实，积极开展政策宣讲进社区和慈善政策解读培训；其三，构建"1+16+275"三级慈善服务网络体系①，实现从区到镇街到社区的全方位多角度的慈善网络布局；其四，积极推进"慈善+企业"的模式，以爱心冠名基金②的方式创新社会募捐模式；其五，拓展社区慈善多元主体参与，在党建引领下探索多元化慈善募捐，创新"互联网+慈善"，拓展公众参与方式。

党的二十大报告提到，到 2035 年实现"人民生活更加幸福美好，居民人均可支配收入再上新台阶，中等收入群体比重明显提高，基本公共服务实现均等化，农村基本具备现代生活条件，社会保持长期稳定，人的全面发展、全体人民共同富裕取得更为明显的实质性进展"的目标，同时，也提到要完善分配制度可以"引导、支持有意愿有能力的企业、社会组织和个人积极参与公益慈善事业"。番禺区"1+16+275"三级慈善服务网络体系已全面建成，多年来，番禺区致力于构建社区慈善生态圈，推动社区慈善基金从"有形覆盖"向"有效覆盖"转变、优化落实"五社联动"机制建设等，番禺区社区慈善建设不断提质增能，自 2018 年以来，番禺区连续 5 年获得广州市区域慈善排行榜综合发展指数第一名。番禺区在社区慈善方面的努力，符合党的二十大报告中的精神和要求，中国特色社区慈善的番禺经验必将为我国扎实推进共同富裕，迈向中国式现代化提供一个重要样本。

---

① 番禺"1+16+275"三级慈善服务网络体系，"1"是指番禺区慈善会，"16"是指番禺区各镇街的 16 个注册慈善会，"275"是指番禺区设立的 275 个社区基金。

② 爱心冠名基金，指的是在番禺区慈善会的善款账户下，为热心个人、团体、企业或其他社会组织等捐赠人设立专项冠名基金科目。

绪　论

习近平总书记在党的二十大报告中指出，要"引导、支持有意愿有能力的企业、社会组织和个人积极参与公益慈善事业"，社区慈善作为慈善事业的神经末梢，加强社区慈善建设有助于深化慈善文化、整合社区资源、推动社会参与、促进慈善创新和扩大慈善影响力等，为慈善事业的高质量发展提供有力的支撑和保障，成为慈善事业高质量发展的重要组成部分。

番禺区是岭南文化的发祥地之一，慈善历史悠久，番禺区的慈善历史可追溯到传统社会时期"宗族慈善""禺商"慈善等番禺传统慈善模式，随着时代的变迁与发展，番禺区侨乡慈善、"慈善+"等现代化慈善模式逐步兴起，番禺区不断推动慈善事业改革，在"五社联动"、资源整合、公益创投、慈善社区建设、创建慈善之区等方面狠下功夫，形成了独具番禺特色的社区慈善发展模式。

经过多年的探索与实践创新，番禺区慈善事业呈现出蓬勃发展的态势。番禺区 2015 年就提出了"五社联动"的概念并付诸实践，通过联动社区、社会组织、社会工作者、社区企业、社区基金、政府、社区居民等多元主体，以社区居民需求为导向、社区（村）为平台、社会组织为载体、社会工作者为骨干、社区企业为支撑、社区基金为保障，通过五大慈善主体的合力共创，在番禺区基层社会形成了独特的社区慈善生态圈。

番禺区还着力推动社区慈善基金建设，通过联动各级政府部门、慈善会、社会组织联合会、村居等多层次枢纽力量，通过社区慈善基金打造资源对接平台，以社区慈善基金联动社区、社区社会组织、社区企业、社会工作者等社会主体，盘活社区资源，以社区慈善基金赋能慈善社区发展，社区慈善基金体量位居全市第一。依托番禺区浓厚的慈善氛围，番禺区还积极探索公益创投模式，通过举办公益创投大赛等方式，以比赛平台驱动项目创新、以"五社联动"打造品牌项目、以党建引领政社协同，打造出"一基双引四轮驱动全民慈善"的番禺区公益慈善创投模式，吸引多元社会主体参与慈善事业，为番禺区慈善事业的发展注入了新的活力，进一步优化慈善资源配置，培养公益社会组织，拓宽慈善服务领域，将公益创投服务落实到社区"最后一公里"。

番禺区通过建设"1+1+16+16+275"的慈善双网络体系，力求实现从区到镇街、到社区的全方位多角度的慈善网络布局，以"五社联动"整合社区慈善资源，大力推动社区慈善基金"有效覆盖"和慈善组织持续赋能，通过公益创投激发社区活力，发挥社区慈善项目作用，增强社区参与活力。进而推进慈善社区示范建设，打造具有特色的慈善社区示范点，通过以评促建、以评促改、以评促管、以评促强等方式，树立示范标杆，展现慈善社区风采，进一步推广先进社区经验。

2021年，番禺区率先响应广州市"慈善之城"建设，出台广州市首个区级层面的"慈善之区"创建方案，以"慈善之区 幸福番禺"为主题启动"慈善之区"创建工作，以党建引领为核心，聚慈善之力，服务经济民生，助推番禺区高质量发展，为我国探索共同富裕之路提供番禺样本。

第一章　番禺区慈善事业发展概况

2020 年党的十九届四中全会对坚持和完善中国特色社会主义制度、推进国家治理体系和治理能力现代化作出全面部署。公益慈善事业作为社会治理的重要组成部分，对于推进国家治理体系和治理能力现代化具有重要意义。在公益慈善事业步入后慈善法时代以及广州市番禺区推进粤港澳大湾区建设规划的大背景下，对番禺区公益慈善事业建设的成果进行总结与反思，具有鲜明的时代意义，为番禺区后续打造全国性"全民慈善示范区"提供新的理解与活力。

自 2017 年起番禺区在"全国综合实力百强区"中连续稳居全国第十名，经济迅猛发展为番禺区公益慈善事业带来新的活力。番禺区深入推动改革慈善管理体制与创新运作机制，搭建了党建引领、政府负责、民主协商、社会协同、公众参与、法治保障、科技支撑的公益慈善行业运作机制。番禺区公益慈善事业朝组织化、社区化、规模化、跨界化以及生态化的模式发展。番禺区公益慈善文化日趋多元，激发了公众参与公益慈善的热情。番禺区在打造"共建共治共享"的社会治理格局中形成鲜明特色，以"慈善之区·幸福番禺"为主题，全力打造了广州市首个"慈善之区"，充分发挥慈善事业在第三次分配中的积极作用，实现番禺区慈善工作走在全市乃至全省前列。

本章将多维度系统地阐述番禺区公益慈善的发展状况，总结番禺区在培育公益慈善组织、激发社会活力、撬动社区资源和优化公益慈善成效上的经验，提炼番禺区独特的公益慈善发展模式，为番禺区公益慈善事业未来发展提供建议及意见，助力番禺区公益慈善事业科学有序高效地高质量发展。

第一节 番禺的慈善传统：宗族慈善、
禺商慈善和侨乡慈善

一、从宗族慈善到"禺商"慈善——番禺的传统慈善模式

在中国传统社会中，政府所提供的公共福利非常有限，即便是城市中的市民也必须依靠某种形式的小团体来保障成员的基本福利，而家族具有先天的优势。这种福利是有约定俗成的先决条件的，那就是空间上的相对聚集，对土地的固守换来了稳定的聚落形态和生活形态。村庄救助贫困灾荒、照顾鳏寡孤独以及提供公共物品的责任主要由介于皇权与老百姓之间的"士绅阶层"承担。其公益慈善一般以村庄共同体为边界，遵循着"道义逻辑"，宗族族产与族田成为维系公益慈善的物质基础。① 宗族的内聚力往往通过族谱、族田和宗祠三种形式来维系。族谱是对世系、房支的记载，是对基于血缘的宗亲关系的确认，大宗祠里一般都设谱房，所谓"家之有谱，犹国之有史也"，宗祠和祖坟的位置、形制和相关的规定通常也见载于族谱。

（一）族田——传统的慈善资源

族田包括祭田（烝尝田、香火田，用于祭祀费用）、义田（赡养田，用于备荒、赈贫、优老、恤孤、助婚、赙丧等）、学田（子孙田、膏火田，用于延师、兴学、助考、赏报、立楷等）、墓田（用于祖墓护理、祭扫、守墓人生活等），此外，还有田亩用于旌表（贞节、孝义、忠贤等）、灌溉沟洫、道路、桥梁、凉亭（包括施茶、施药、施柴、施草鞋）、长明灯、舟渡，以及各类庆典集会，如龙灯会、龙船会、丝竹会、唱戏的万年会、

---

① 黎相宜. 公益慈善、印象整饰与利益交换：基于一个华南侨乡的考察 [J]. 中山大学学报（社会科学版），2018，58（3）：162-170.

习武的关公会和读书人的文会等。族田是实现公共福利的经济基础，往往不能出卖。①

元末明初的珠江三角洲乃至广东地方社会，乡绅在社会政治领域处于主导地位，读书人也因此有了一定的社会影响，明初的几代，多有培养子弟读书、周恤乡族、抗御盗贼、立庙修谱、革俗兴礼等种种足称儒行的事迹。宋明之间，乡绅在番禺县南部的茭塘司就已经出现。员岗崔、板桥黎、沙亭屈等在地方较有影响力的家族在大谷围以南的冲缺三角洲沙田尚未大规模形成之前，他们就在珠江的前后航道之间拥有大片私有田产。②番禺的宗族有以族田收入救助孤寡病残的历史传统，处理用于祭祀、助学，还会救济本族一些穷困人员，如孤寡、妇女、老人、孤儿等。可以说，族田在过去扮演着重要角色，发挥着与当下"社区慈善基金"或"慈善资源"相仿的功能。

（二）祠堂——传统的慈善空间

祠堂是我国乡土建筑中的礼制性建筑，是乡土文化的根，是家族的象征和中心。从历史上说，番禺是一个历史悠久的区域，而祠堂是番禺传统宗族社会的重要组成部分，从始皇帝三十三年（公元前214年）建县的番禺区，历代建有祠堂（世人祭祀祖宗或先贤的庙堂）2028座，至今保存了644座。③宗族以祠堂为载体，承担起救济以及兴建公益事业的功能，由村里有威望的"长老"式的人物兴起，改变各自耕种的局面，多一些联产，采取旧式宗祠兴建公益事业的方式，组织同姓同村乃至同乡的人们去兴修水利、防洪抗旱、铺路搭桥、兴办学校等，缓解国家财政困难的状况。至今，祠堂还是族人集合、聚会、议事的地方，但简化了从前的有关仪式；祠堂的资金仍会扶助一些孤寡老人。

祠堂自古便有支持族内子孙学习的传统，也有族田或者学田支持族内

---

① 冯江. 明清广州府的开垦、聚族而居与宗族祠堂的衍变研究 [D]. 广州：华南理工大学，2010.

② 朱光文. 官祀在民间：番禺县茭塘司南海神祭祀与地方社会 [J]. 广州文博，2010（0）：114-136.

③ 黄凤琼. 番禺祠堂文化的调查与研究 [D]. 广州：中山大学，2010.

子弟的教育学习，将祠堂变成族内的私塾等。例如，沙湾何氏留耕堂，清末废科举后，何氏族田其部分收入用于兴办教育和奖励子弟读书。明代以降，禺南地区乡村宗族都有办学的习惯，期望以培养人才方式，使他们光宗耀祖、提高本宗族的声望与地位，教育经费来源主要是族人捐赠、族产收入、族属银两摊派。清乾隆以来，禺南地区的宗族、士绅、商人、华侨合办的社学、乡学、义学、村塾等遍布各地，承担起地方教化的功能，如沙湾的象贤家塾、经述家塾、三槐家塾等。清末，禺南乡村教育繁盛，社学、义学、书院等数量激增，彼此间界限模糊。① 学堂与私塾并存，多设在家族各房祠堂中。清末民初，罗边廿二世祖罗镜泉是富甲一方的大商家，捐出巨资，倡议在罗边村设立萝山学校；热心修路建桥、施医赠药；重视后辈的教育，倡导男女平等接受教育。在他的推动下，清末民初的罗边村教育，不但没有因科举制度的废除而走向没落，反而在其推动下成为新繁荣的开端。②

（三）近代"禺商"慈善的发展

清代广东地区的商品经济日益发展，传统的"抑商"政策有所削弱，粤商在社会生活中扮演着与众不同的角色。清代粤商对底层群体的关注，反映商人不同寻常的另一面——善心。据《番禺县续志》记载，番禺县的张殿铨因家贫改习商业，在城西十三行街创办隆记茶行，贸易致富，平日里对于乡族内底层群体慷慨好施，又修治乡路，筑全乡围墙，道光二十四年（1844 年）联合六乡捐资倡设螺阳七约社学，复建普济三益等会为社学。同邑布政颜其所居堂曰"为善最乐，纪其实也，官直隶补用同知，加级请封得三代二品"。

19 世纪中期，广州经历了两次鸦片战争和太平天国运动，民众疾苦万分，在官方无法满足百姓医疗需求的情况下，以慈善为目的的本土民间慈善机构善堂、善会勃然兴起。广州最早的爱育善堂，1871 年由吴炽昌、钟

① 朱光文. 番禺地区科举与文化遗产概览［J］. 广州文博，2012（0）：315-345.
② 朱光文. 地方精英、家族演变与乡村教育：以明—民国番禺县茭塘司罗边乡为例［J］. 岭南文史，2015（2）：52-61.

觐平、陈次壬等人仿照上海普育堂的做法联手发起。番禺也兴建起了省躬草堂善社、崇本善堂、润身善社、沙茭敦仁善堂、广与善堂、光华医社、乐善医院、仁济医院、赞育医社、方便所、南山方便所等多所善堂。以往官方的慈善机构多注重对鳏寡孤独废疾之人的收养，而此时民间善堂注重的是免费医疗与义务教育，着眼于提高人们的身体素质与文化素质。随着医疗慈善的地方化和民间化，医疗慈善的理念也从以往的官方教化转变为关注社会民生的发展。这些善堂常年由地方绅商轮流值理，其经费多由募捐以及善堂的田租、地租、房租、利息等支持。①

清末最具代表性的一类民间慈善组织是普济堂，在其出现以前，主要官营慈善机构养济院发挥类似职能。"普济堂"一名，由佛家用语发展而来，寓意着佛家的"普"度众生、"济"世救民之心。普济堂的主要职能是救助鳏寡孤独，包括笃疾废疾之人。广东最早的普济堂建于雍正二年（1724年），地点在广州府所在地番禺。作为最早由民间捐助建立起来的慈善组织，普济堂首要的经费来源是民间的私人捐助，一般由地方官及参与创建的士绅捐献，捐赠内容包括钱财、田产、房屋等。

善堂的活跃人物，多来自商界，时称"善堂为行商代表"，善堂的绅董是绅商，善堂的管理通常也是商人，如被称为"九大善堂之冠"的方便医院，"出七十二行商担任办理"，"递年推举两行为总理，两行为协理"。据《番禺县续志》记载，在省垣第一善堂——爱育善堂的发展过程中，番禺商人起到了重要作用，如番禺人白经与"新会朱氏、钟氏，南海潘氏，同邑卫氏等捐集巨款，倡设爱育善堂，利赖至今"。而番禺的另一位商人王颐年更为突出，他擅长经商，性友善，曾以厚资相助参与多处慈善机构的创设，"于省城博济、广仁、爱育等善堂、沙芝二司、敦仁善堂、本善乡复初善堂、香港东华医院、番禺义山方便所、育婴堂、赈灾所，均以厚资相助，乡里成称之"。这些"禺商"以直接的资金投注为主，他们为爱育善堂投入了大量资金，维系了善堂的运作，扮演了投资人的角色。另

---

① 李计筹，郭强．明清时期广州府医疗慈善事业的发展演变［J］．中国中医药现代远程教育，2022，20（15）：192-195.

外，番禺人杨永衍因家贫遂弃儒业茶，生平好施济，"倡办爱育善堂，规条多其手定，大吏具奏奉"。他不仅给予资金资助，还涉及善堂的规条制定，扮演了投资策划人的角色。这些商人的善举也间接救助了社会上众多的贫困群体。①

二、番禺侨乡慈善的兴起

中国人移民海外历史悠久，华侨华人对中国经济、政治、社会和文化的发展都打上了深刻的烙印。1978 年改革开放以来，中国各级政府特别重视吸收和利用外部的资金、技术和管理经验，作为中国和世界联系纽带的华侨华人受到特别关注，一度中断的华侨华人和中国的联系又得到恢复。包括华侨华人和港澳台同胞以多种方式将资金注入东南沿海地区，海外乡亲到侨乡探亲、旅游、寻根以及通过捐赠等方式参与家乡社会事务，推动了侨乡经济社会的快速发展，给侨乡带来了巨大变化。

（一）番禺侨乡慈善的历史背景和发展特征

从历史文化发展的层面看，在包括福建和广东在内的华东华南地区，从 19 世纪中叶开始有大规模的人口流向东南亚与北美，这导致地方社会向侨乡社会的转型，海外移民越来越多地参与地方政治与公共事务。这些被称为"华侨"的移民很大程度上取代了来自乡土的"士绅"，承担起为村庄共同体提供公共物品以及照顾老弱病残的社会责任。同时，一些由海外移民资助的慈善组织（如善堂）发展起来，为华南地区的公益慈善实践注入活力。② 广东地区为我国著名的侨乡，侨民众多。有些华侨在海外经商后衣锦还乡，积极投身于家乡的公益事业建设，扶危济困。这种行为慢慢地在海外侨民中形成了一种回馈桑梓的传统，因而华侨慈善事业较发达③。

① 刘文霞. 清代粤商对弱势群体的关注 [D]. 广州：暨南大学，2006.

② 黎相宜. 公益慈善、印象整饰与利益交换：基于一个华南侨乡的考察 [J]. 中山大学学报（社会科学版），2018，58（3）：162-170.

③ 尚娜娜. 近代两广地区红十字会研究（1904—1949）[D]. 长沙：湖南师范大学，2019.

改革开放初期，海外乡亲、港澳同胞捐款捐物支持广东侨乡的工农业生产。海外乡亲、港澳同胞的捐赠大大提高了广东侨乡的工农业生产总值，改变了侨乡工农业落后的面貌，改善了侨乡经济结构，促进了侨乡农业商品化进程和工业化进程。番禺区地处广州市南部，位于穗港澳"小三角"的中心位置，是广东省著名侨乡，有华侨华人、港澳同胞约37万人。改革开放以来，海外乡亲、港澳同胞慷慨解囊，造福乡梓，积极捐助和支持番禺区的工农业生产建设。据不完全统计，改革开放后海外乡亲、港澳同胞对番禺区的工农业生产捐赠总额为19362.8万元，占整个广州市生产建设捐赠的21%。1988—1992年是捐赠的高潮阶段。在这一阶段海外乡亲、港澳同胞对番禺区工农业生产捐赠的总额为13877.2万元，达到了一个高峰。[①]

番禺区旅外乡亲捐赠者以港澳同胞为主，华侨华人捐赠者分布相对较窄，参与捐赠的海外乡亲人数多，捐赠的总额多。根据广东省华侨捐赠管理系统查询数据，番禺区以个人名义捐赠15033人次，金额为54932.2394万元，以基金会、慈善会名义捐赠29人次，金额为1344.6757万元，以企业名义捐赠265人次，金额为1790.4662万元，以校友会、同乡会等社团名义捐赠114人次，金额为1033.8933万元，以海外乡亲团体名义捐赠47人次，金额为2698.7254万元。番禺区作为新区，经济发展迅猛，区内侨资企业众多，但作为郊区，同乡会、联谊会、宗亲会等社团较多，因此，以企业名义，以校友会、同乡会等社团形式捐赠人次在4区中是最多的。此外，以海外乡亲家族形式捐赠是该区一大特色。番禺区侨捐项目数量最多，达到1113项。番禺区作为广东省、广州市著名的侨乡，海外乡亲多，侨资企业多，华侨社团多，而且海外乡亲及其企业参与侨乡公益事业的积极性非常高，参与捐赠的海外乡亲在4区中最多。[②]

---

① 陈世柏. 海外捐赠及其对广州城乡经济的效用 [J]. 湖南农业大学学报（社会科学版），2009，10（6）：37-42.

② 陈世柏，李云. 新时期海外乡亲慈善捐赠的区域比较：广州案例 [J]. 汕头大学学报（人文社会科学版），2020，36（7）.

（二）番禺侨贤助力侨乡建设

华侨华人、港澳同胞向来热爱祖国，关心家乡建设，热心兴办教育事业。捐款办学，扶掖后代是他们的优良传统。海外乡亲视广州为故乡，改革开放以来他们捐款捐物，支持故乡的发展。改革开放初期，老一代华侨在广州率先捐资办学，他们无私奉献、回馈家乡的精神和行动深深地感染了自己的后辈以及旅居海外的乡亲，在他们的影响下，港澳同胞、旅居海外的乡亲纷纷回乡捐资办学。具有代表性的人物就是"红色慈善家"霍英东。1984 年，霍英东出资 10 亿港元成立霍英东基金会，通过投资和捐赠形式，参与中国内地的经济建设和社会福利事业。30 多年来，基金会一直以捐献和非牟利投资形式，策划了数以百计的项目，尤其是在推动各地教育、医疗卫生、体育、科学与文化艺术、山区扶贫、干部培训等方面做了难以胜数的工作。据有关统计，到 2005 年，不算投资办实业部分在内，霍英东给内地的纯捐款已超过 20 亿港元。

改革开放伊始，港澳同胞、海外乡亲回到番禺却发现侨乡极为缺乏宾馆、酒店等旅游设施，于是由港澳知名人士倡议、发起了对广州的旅游设施捐建。1979 年由霍英东、何贤先生倡议并发起兴建了番禺宾馆。在家乡番禺，霍英东除了与何贤等人共同捐资建番禺宾馆、大石大桥外，还捐款 1000 万港元，兴建洛溪大桥。洛溪大桥横跨珠江航道，全长 1900 多米，是沟通广州市和番禺的主要通道。该桥通车后，广州至番禺区开车只需 1 个小时，比以前减少了 1 个小时以上。继大石大桥和洛溪大桥后，霍英东又捐资 3000 万港元，在番禺兴建沙湾大桥。[①] 番禺何氏家族又是另一侨贤支持侨乡建设的典型案例。何氏家族祖籍是广州市番禺区的重点侨乡——石楼镇。何氏家族捐资办学源远流长，有口皆碑，成为侨乡捐资办学的典范。在何澄溪先生的带动下，何氏族人传承父辈乐善好施的美德。据不完全统计，何氏家族为家乡捐资赠物超亿元。在何氏家族的示范和带动下，

---

① 霍英东：慈行善举世间存［N］.人民政协报，2006-10-31（B1）.

海外港澳同胞乡亲纷纷回家乡效力。[①] 1993—2006 年，何贤社会福利基金会大力支持莲花山旅游区的开发建设，共捐赠 844.99 万元重修了莲花塔。在海外乡亲的支持下番禺莲花山旅游区于 2002 年被广州市政府评为"新世纪羊城八景"之一。

　　除了对城市设施和教育事业的捐赠，改革开放后对社会治安治理的捐赠成为侨贤在侨乡捐赠的新方向，也是随着侨乡社会发展捐赠公益事业的新领域。港澳同胞及海外乡亲支持治安治理最主要的方式是成立或资助治安基金会。在番禺，港资背景的祈福地产等成立了广州市番禺区见义勇为基金会，台胞曾本贤成立了番禺区石碁镇治安救急基金。港澳同胞及海外乡亲在通过捐赠促进侨乡科技、经济发展的同时又高瞻远瞩，着眼于"为之于未有，治之于未乱"，及时根据侨乡的需求捐资设立治安基金会，捐款捐物支持侨乡社会治安治理，以造福一方。[②] 番禺区优良而悠久的慈善传统，为新时代慈善事业现代化的建设，打下了坚实的基础。

第二节　社会治理现代化构建进程中的番禺区公益慈善发展

　　"社会治理共同体"是新时代社会治理的新理念。《中共中央关于坚持和完善中国特色社会主义制度　推进国家治理体系和治理能力现代化若干重大问题的决定》指出："必须加强和创新社会治理，完善党委领导、政府负责、民主协商、社会协同、公众参与、法治保障、科技支撑的社会治理体系，建设人人有责、人人尽责、人人享有的社会治理共同体。"这标志着当代中国的社会治理将迈向党委、政府、社会、公众共同治理的崭新局面。

---

　　① 陈世柏，李云. 以广州为例谈改革开放后海外乡亲捐资办学的作用 [J]. 牡丹江大学学报，2010，19（4）：93-96.

　　② 陈世柏. 海外乡亲捐赠广州公益事业略论：以科技、旅游、环保、治安为例 [J]. 五邑大学学报（社会科学版），2011，13（2）.

该决定进一步指出，要"重视发挥第三次分配作用，发展慈善等社会公益事业。创新公共服务提供方式，鼓励支持社会力量兴办公益事业，满足人民多层次多样化需求，使改革发展成果更多更公平惠及全体人民"。当前，中国正处于经济社会转型的关键时期，慈善事业在弥合贫富差距、调节收入分配、促进民生保障等方面发挥着不可替代的重大作用，主要表现为：第一，弥合政府与市场失灵，补充公共服务职能，慈善作为市场与政府之外的第三种力量，在政府福利政策无法完成的盲区，通过筹款、扶贫等形式，实现财富和资源在社会中流动，维系社会稳定发展；第二，传播志愿理念和公益精神，形成"人人助我、我助人人"的良好风尚。

2019年2月，中共中央、国务院印发《粤港澳大湾区发展规划纲要》，要求要进一步提升粤港澳大湾区在国家经济发展和对外开放中的支撑引领作用。《广州市2019年度区域慈善指数报告》显示，在综合发展得分方面，番禺区继续位居广州市各行政区2019年度慈善事业发展指数排名首位。截至2023年2月13日，番禺区登记在册的社会组织共799家，由镇街和居（村）备案管理的社区社会组织共2787家，除了区慈善会以外，番禺区登记在册的慈善组织还有27家，各镇街均成立了慈善会，社区基金实现275个村（居）全覆盖。区委、区政府进一步密切党群关系、丰富社区慈善内容、破解社区治理难题、推动"五社联动"机制向纵深发展，有力激发和提升社区自我发展和自我管理能力，提高社区服务精准化、精细化水平，开启全民慈善、社区善治的新时代。

扶贫济困、见难相助是番禺区慈善会工作的核心，开展慈善救助，兜底民生所需更是区慈善会自成立之初就始终坚持开展的慈善工作。区慈善会累计开展慈善救助工作逾26000宗，划拨救助资金达1亿元，为番禺区有需要的困难人士提供了有力的支援。2016—2020年，番禺区慈善会善款收入和支出呈现逐年上升趋势，2021年、2022年受新冠疫情影响，善款收入和支出呈现下降趋势，但整体上近年来番禺区慈善会善款收入和支出比例保持在较为平稳的状态。

未来番禺区慈善会将在发展规划、体制机制、慈善项目、公益文化、跨界融合以及大湾区交流等方面深化合作，不断改革创新，共建共融共享，推动番禺慈善事业高质量发展，继续完善慈善救助制度，大力拓展粤港澳大湾区慈善事业合作，着重在坚持党建引领、发展慈善实体、培养慈善人才方面发力，营造浓厚的全民慈善发展氛围，全面提升全区慈善的综合实力，不断推动区慈善事业高质量发展，为广州实现老城市新活力、"四个出新出彩"作出更大贡献。

第三节 打造"慈善+"特色品牌项目模式

2016 年 9 月，广州市政府出台了《广州市人民政府关于促进慈善事业健康发展的实施意见》。该实施意见提出广州市慈善事业的主要发展目标是"突出慈善为民功能"，在番禺区民政局的指导下，番禺区慈善会打造了"慈善+"的系列活动，在全区率先开展推广"慈善+创投""慈善+运动""慈善+互联网"等项目，鼓励和引导各类慈善组织开展活动，为番禺区慈善事业高质量发展创造了许多鲜活的案例。

一、"慈善+创投"，落实慈善为民理念

番禺区公益慈善创投大赛为创投主体带来的不仅是资金、技术、人才等支持，同时也是慈善项目品牌的助推器，慈善与创投的结合，让资助方与受资助方实现 1+1>2 的效益。作为开放性的公益创投平台，大赛从 2015 年至 2022 年已连续举办 7 届，番禺区慈善资金投放资助金累计 1400 多万元，累计获资助项目达 146 个，全面覆盖番禺区 16 个镇街，辐射广州市各个地区的社区社会组织培育孵化，促成资源对接及整合，资助并成功培育了一批具有社会影响力的创新公益慈善项目，聚焦乡村振兴、社区治理、扶危济困和回应社会、群众关切的问题，形成了区民政局主导、区慈善会搭台、区社联会联动、社会组织唱戏的"四轮驱动"番禺特色模式，为番禺创建"慈善之区·幸福番禺"提供聚合力、激活力，探索出一条具有番禺特色、切实有效引导社会组织参与社会治理的新路径。

二、"慈善+运动"，畅通慈善活动渠道

"慈善健康行"是番禺区慈善会主办的"慈善+运动"项目，每年以不同的筹款主题为不同的慈善项目进行筹款，丰富和创新健康行活动形式和公众参与方式。2013 年是"番禺区慈善健康行"的活动元年，后于2015 年取得新突破，来自社会组织和群众个体的捐赠增多，说明"人人为我，我为人人"的慈善意识更加深入民心。番禺区慈善会积极挖掘"慈善+"创新空间，致力于提升慈善质量，2020 年，"番禺慈善健康行活动"首次探索"互联网+慈善"的线上活动模式，取得了良好的募捐效果及社会效应。2021 年，创新性地把"慈善健康行"分成了线上"捐步"+线下"打卡"模式，深受市民欢迎。2013—2022 年，番禺区先后成功举办 9 届"慈善健康行"活动，累计筹集近 305 万元善款，惠及数万人次，逐步将一个"筹款+运动"活动打造成品牌慈善项目，成为市民群众翘首以盼、踊跃参与的公益慈善体育品牌盛事。

三、"慈善+扶贫济困"，打好脱贫攻坚战

广东省委、省政府高度重视扶贫济困工作，"广东扶贫济困日"活动（以下简称"6·30"活动）已成为广东省慈善工作的标签。2016—2022 年，番禺区慈善会通过广东扶贫济困日活动筹集善款超 6935 万元①，资助近 300 个项目，惠及百万人。脱贫攻坚路上，番禺区以"6·30"活动为抓手，发挥慈善枢纽平台作用，凝聚社会各界慈善力量，为脱贫攻坚"补短板""救急难""兜底线"，组织开展了一系列精准扶贫慈善募捐和救助活动。长期以来，番禺区工商联（总商会）、所属商协会、民营企业积极参加区内举办的慈善月捐款活动、对口帮扶活动、教育基金捐款活动等，始终发扬为善不甘人后的新时代精神，将爱心献给社会、献给特殊群体。

---

① 数据来源：广州市番禺区慈善会官网。

四、"慈善+救助"，温暖困难群众

番禺区慈善会作为区慈善事业的中坚力量，近年来在稳步推进各项日常慈善救助工作中发挥了重要作用。番禺区慈善会自2002年开始启动慈善救助服务，从早期单一的医疗救助，逐渐发展形成完善的慈善救助工作体系，包括医疗救助、助学、临时生活困难救助、来穗务工人员重大疾病医疗救助、危破房改造等多种救助形式，累计救助数量超过2.6万宗，救助金额超过1亿元。2021年9月，番禺区慈善会改革创新，携手广州人保财险正式启动"慈善+保险"跨界合作，在省内首创将保险机制引入慈善救助工作，努力实现困难群众居有所屋、老有所养、病有所医、幼有所学，提高了慈善资金的使用效益和社会效益。

（一）开展慈善助学活动

番禺区慈善会集中开展了"慈善助学""金秋助学""幸福女孩助学""持证高中住宿生助学"活动，每类助学都有明确的救助标准。以"幸福女孩助学"为例，低保单亲家庭女孩最高可以申请12600元每学年的助学金。

（二）开展慈善医疗救助活动

医疗救助是番禺区慈善会实施的第一个救助项目。"因病致贫""因病返贫"是非常现实的问题，为给这部分家庭带去生活的希望和实实在在的帮助，番禺区慈善会在2002年就推出医疗救助项目。例如，在2014年初针对番禺区重度地中海贫血病患者发起的"爱心燃料卡计划"，符合条件的地贫患者就医可享受每月1000元的免费输血或排铁治疗。

（三）开展临时生活困难救助项目

对因患病、意外伤害等客观原因导致短暂生活困难的人员，番禺区慈善会给予临时性救助。新冠疫情期间临时生活救助金的及时拨发对处于疫情之中的困难群众发挥了重要作用，2021年、2022年番禺区慈善会分别拨付了297宗、352宗临时生活困难救助，两年间拨出临时生活困难救助款

295.2284 万元①。

（四）开展异地务工人员重大疾病医疗救助活动

番禺区慈善会针对罹患重大疾病的异地务工人员及其家属提供了专项救助。番禺区慈善会联合番禺区义工联、广东粤禺兴互联网科技有限公司共同发起了"守护小候鸟"救助计划，推广 300 个以自动售货机为载体的"守护小候鸟·公益便利店"，把销售额的 2%捐赠用于"守护小候鸟"公益项目。

（五）开展危破房改造项目

为帮助番禺区困难家庭改善基本居住条件，番禺区慈善会组织开展危破房改造项目，2020 年发放困难群众住房修缮款 3 万元。

五、"慈善+扶老"，深化老人居家服务

随着中国人口老龄化的快速发展，如何为长者提供实际、持续、高效、贴心的服务成为政府、社会组织等各界思考、努力的方向。"慈善+扶老"方面，番禺区慈善会近几年做了一系列卓有成效的工作，如"银韵颂盛世·礼赞七十年"活动、"银龄共享·万名老人游番禺"活动、"夫慈妇善兴家百年金婚盛典"活动等。2022 年番禺区完成了全区 148 户困难长者家庭适老化改造，为困难长者改善适老化生活环境。

（一）长者"大配餐"项目

为解决疫情期间社区困难长者配餐问题，番禺区以项目资助形式，支持配餐点进行升级改造，提升就餐环境舒适度。长者"大配餐"项目入选2018 年番禺区十件民生实事之一。疫情期间，长者"大配餐"项目共发动志愿者 2570 人次，派送午餐 9342 份、食材包 4711 份，获得群众广泛认可和支持。

（二）"万人游"项目

番禺区慈善会与各级组织机构联合举办多种活动丰富长者生活，使长

---

① 数据来源：番禺区慈善会。

者感受时代发展，体会城市建设成果。"大美番禺·银龄共享"番禺区万名老年人慈善番禺一日游活动，60~80岁的长者占比达71%，年纪最大者为93岁高龄。超过万名长者分批参与番禺一日游活动，从中亲身感受番禺区在粤港澳大湾区布局下城市建设取得的巨大变化。

（三）"长者大会演"项目

"银韵颂盛世·礼赞七十年"广州市番禺区老年人迎国庆才艺会演，区内各镇街、番禺区福利院、番禺颐养中心分别自行组织才艺献礼分赛，共141个团队约1500位老人参加展演。沙湾古镇、石楼镇大岭村、东环街甘棠村等地拍摄了长者快闪演唱《我和我的祖国》，充分展现了番禺区美丽乡村建设的丰硕成果，彰显番禺区长者的美好生活和健康向上的精神风貌。

（四）"伴老暖心"特殊计生家庭专项服务

特殊计生家庭作为一个特殊的群体，面临着生活照料、大病治疗、养老保障、精神慰藉等诸多困难。自2021年1月开始，在番禺区民政局指导下，番禺区慈善会出资购买了社会工作服务，由广州市和悦社会工作服务中心承接运营"伴老暖心"番禺区失独家庭社会工作服务项目，专门面向番禺区失独家庭提供恒常电访、上门探访、心灵抚慰、社区参与等社会工作服务。2022年，番禺区慈善会在2021年启动的"伴老暖心"特殊计生家庭专项服务项目基础上，迭代升级服务，创新探索搭建"晚晴之家"平台和培育"朋辈支持员"，为特殊计生家庭建立社会支持网络，搭建互助交流平台，帮助他们走出精神低谷，重拾信心，燃起生活的希望。

第四节　培育发展专业化、职业化慈善人才

一、番禺区慈善人才队伍发展状况

慈善组织可持续发展所需的价值理念、制度建设并非单单建立在一腔热情之上，也需要建立在人才培养的专业化、职业化上。近年来，广东省

民政厅出台了一系列社会工作专业人才培养政策，为打造专业社会工作人才提供了指引，也为公益慈善人才培养提供了借鉴。番禺区积极推进地区公益慈善行业人才培养工作，建立以品德和能力为导向，标准化、社会化、专业化的公益慈善行业人才培养体系，对接公益慈善行业人才需求，探索创新公益慈善行业的人才培养新模式。以番禺区慈善会为例，其人员以企业、商会、社会组织、社会团体等为主，占比超 50%，其次是镇街慈善会、企业、商会行业协会，占比分别为 22% 和 14%。

（一）培养人才优势，建设服务型党组织

番禺区积极实践广州在基层工作中所探索的"党建+慈善"模式。在日常工作中，注重将党员培养成慈善组织骨干，把慈善组织的负责人发展为党员，强化基层社会组织中党的领导，加强服务型党组织建设。另外，定期开展社会组织党支部培训，深化"党员志愿者+社工"服务，为党建和志愿工作打下基础。

（二）番禺区慈善人才培养项目优秀经验

1. "社工同行、社区共享"番禺社会工作发展项目

为充分调动广大社会工作者的工作积极性，吸引更多的优秀人才加入社会工作团队中，推动社会工作服务发展，2020 年 3 月，广州市番禺区社会工作协会进行番禺区社会工作优秀个人和优秀服务项目的评选、表彰工作，该项评选工作由番禺区慈善会资助。

2. 社区慈善组织培力与人才培养项目

由番禺区慈善会资助，2020 年 4 月广东省丹姿慈善基金会启动"社区慈善组织培力与人才培养项目"（以下简称"CPU 计划"）招募工作，面向番禺全区，以番禺区镇街慈善会、社区慈善组织、社区基金以及开展社区慈善活动的社会组织负责人及核心骨干人员为重点培养对象。"CPU 计划"通过实施"社区项目设计"与"社区慈善募捐策略"两大主题，帮助社会组织拓宽资源筹集渠道，招募、培训慈善组织上线募捐平台，帮助其筹得近 38 万元善款，有效提升了慈善组织的"造血"能力。

3. "活力番禺"——番禺慈善模式研究提升计划

为进一步加强对番禺区慈善公益类社会组织负责人的培养，提升番禺区慈善公益类社会组织从业人员履职能力，2020年6月，广州市社会创新中心开办了"活力番禺"——番禺公益慈善人员专题能力提升培训班。培训课程有《慈善组织规范管理与业务操作指引》《慈善组织财务管理与实操》《慈善组织品牌建设与公益传播案例》《慈善法治化与法律风险规避》。

慈善事业的高质量发展任重而道远，需要加强人才培养，全方位培养职业化、专业化人才，打造一批热爱慈善事业，具有较高道德水准，专业知识丰富的领军人才和骨干队伍，近年来番禺区慈善会发挥公益慈善行业枢纽的作用，对番禺区公益人才培养工作进行整体规划，仅2020年就开展超过34场培训活动、学员超过200人次，为番禺区慈善事业培养了一批专业的人才队伍，促进番禺区慈善公益健康有序发展。

二、公益慈善人才发展现存问题

慈善法及相关顶层设计对公益慈善人才培养提出了具体的要求，慈善法第八十八条明确规定，"国家鼓励高等学校培养慈善专业人才，支持高等学校和科研机构开展慈善理论研究"。然而公益慈善行业薪酬竞争力整体较弱，部分公益慈善从业人员对于目前的薪酬与个人付出关系不够满意。中国慈善事业与高速发展的经济相比，发展速度较慢，归根结底，是中国缺少足够的慈善管理人才。番禺区公益慈善人才发展存在以下问题：一是员工素质有待提升，社会对慈善活动量与质的需求越来越高，现如今地区公益慈善组织员工数量和质量都有待提升。二是薪酬管理不够完善，大部分机构薪酬管理理念不清晰，缺乏组织管理经验，需建立依据岗位价值、能力、绩效和人才市场行情的薪酬体系。三是人才培养后继无力，公益慈善相关专业人才培育不足。当前公益慈善事业人才培养主要是嵌入社会工作、社会学等法学类或公共事业管理等公共管理类专业，高校学科专业现在面临调整，相应专业停招、合并等进一步导致联合培养陷入实施困境。

三、番禺区公益慈善人才发展建议

慈善事业相关的服务活动不仅要做到简单的捐款和提供一般的志愿服务，而且要求由专业人才提供科学、高效、个性化的服务。比如，对失学儿童的救助，不仅需要学费的支持，还需要学校、老师等专业机构及其人才来实施，形成组织系统与社工系统之间对个体的对接救助；对慈善基金会等机构财产保值增值的投资管理，也需要专业理财人员来实施。公益慈善专业化已成为推动我国现代慈善事业高质量发展的重中之重，必须更加重视公益慈善专业人才的培养、培训和使用，更加注重发挥专业机构和组织的作用。针对番禺区公益慈善人才培养，有以下几点建议。

（一）发动社会多元共建

一是政府通过购买服务、提供引导和政策激励等方式建立公益慈善专业人才培养体系机制；二是倡议基金会设立慈善专业人才培养专项基金，撬动社会资源；三是努力提高公益慈善组织人才的薪酬待遇；四是与省内外高校对接，通过平台型组织，链接有意愿参与慈善服务的学生进入慈善组织进行社会实践；五是开展各类社会创新大赛，鼓励学生参与社会实践，从源头培养慈善行业从业人员。

（二）建立区域培育机制

番禺区应以慈善组织为单位构建区域性学习实践模式，建立常态化的联动培育机制。一方面，在人才流动相对比较稳定的前提下，以硬性的课程教育引导慈善工作，以软性的实践服务深化人才培养，积极鼓励慈善从业人员投身到一线慈善事业中，促进番禺区慈善人才从实践中学习；另一方面，推动慈善组织及相关机构的友好互助交流，培养慈善从业人员开放踏实肯干的眼界和思维。

（三）构建稳定的联合运营团队

以高校教师和行政人员为主，构建稳定的联合运营团队。高校人员与社会机构人员相比更加稳定，可以适当吸收一定比例的社会机构人员，在加强其联合项目运营能力培训的基础上，形成稳定的联合运营团队。即使社会机构人员变动，或机构领导人员变化，也可以在一定程度上通过稳定的运营团队或项目执行团队减少不利影响。

（四）建设薪酬激励体系

对于公益慈善行业从业人员，提高工作人员的现金回报，如工资、各种津贴等；增加福利薪酬以激发弹性激励，如各种法定福利和组织福利、保险、休假等；突出成果汇报转化，如工作的挑战性、工作的成就机会和施展的舞台等；培养组织认同感，如提升组织在业界的品牌竞争力、忠诚度，组织管理水平和文化氛围等，吸引有志之士参与番禺区慈善事业。

（五）提高成果转化成效

一方面，要构建联合培养各方接受认可的成果绩效认定标准；另一方面，采取联合成果推介方式，如公益慈善人才联合培养白皮书、联合培养人才推介会、高峰论坛、项目库公开招标等，加大培养成果的宣传推广和提升应用价值，加大区内慈善事业宣传力度，真切发挥番禺慈善人的工作积极性。

（六）构建风险预控体系

重点针对领导变化、机构调整、专业调整、社会需求、人才成长中的不利情况和重大变化趋势，构建预警体系和应急预案。通过自我评估或第三方评估等方式，定期评估人才联合培养的风险隐患变化，预先采取预防巩固和提升转型等措施。

（七）打造公众监督环境

参考美国、日本的人才公益慈善培养经验，对教育部门、社会机构或社会渠道投入联合培养经费，通过招纳出资代表、定期公开经费执行报告和绩效报告，以及专门的审计监督报告等方式接受利益相关群体以及相关领域社会监督。这样可以提高社会机构、出资人、人才需求方等不同利益相关群体的投入积极性。

第五节　推进慈善组织现代化发展

一、现代社会组织法人治理结构：政社分离

政社分离是推进社会体制改革的重要环节，对于建设现代性社会组织体制具有基础性的意义。在我国，政社分离最主要的是厘清政府与社会以及政府与社会组织的关系，强调在党的领导下，实现政社之间的平等、合作、契约关系，双方良好互动，共同助力地区慈善事业的发展，在社会基本公共服务的补充供给以及相关社会问题解决等方面发挥着越来越重要的作用。

20世纪90年代中期产生的慈善会/协会基本是从民政部门分化出来的，和各级政府有着密切的关系，很多地方将慈善会作为民政部门下属的一个职能部门，在具体运作环节上也与政府有着诸多相似之处。[①] 慈善法的出台，是慈善组织形态的真正转型，明确了慈善组织属于非营利组织。以番禺区慈善会为例，番禺区慈善会的法人治理结构有以下特点。

（一）创新开发慈善冠名基金募捐模式

番禺区慈善会创新开发了慈善冠名基金募捐模式。冠名基金是以设立人名义设立的基金，捐赠资金一次性或分期分批拨付至番禺区慈善会，用于设立人开展慈善项目。现有的冠名基金分为个人基金和企业基金两种。冠名基金服务范围涵盖扶贫、助学、慈善救助、志愿服务、公益活动、文化推广等领域。截至2022年12月，番禺区慈善会有效冠名基金数量共计49个，存量资金达到3478万元。

（二）募用分离，提高资源配置效率

募用分离指在款物募集方面有优势的慈善组织负责慈善资源的募集和管理，并以一定方式分配给有服务专长的慈善组织运作项目、开展活动，

---

① 陈斌. 改革开放以来慈善事业的发展与转型研究 [J]. 社会保障评论，2018，2（3）：148–159.

通过筹募与使用的适度分离和不同慈善组织之间的分工协作，提升慈善款物使用效率的一种做法。番禺区慈善会所获捐赠资金并不只使用在番禺区慈善会自有项目，还有部分用于孵化社会组织，开展公益创投大赛，将部分资金为更专业、专注于某个社会领域的组织提供资金支持，即完成从参与者到组织者的转变。缓解初创型、小微型社会组织面临的资金难题，有利于充分发挥社会组织的专业优势，形成合力，为帮扶对象提供更加专业、周到的服务。

(三) 企业化运作，优化管理体系

番禺区慈善会引入了社会监督，通过外部力量推进体系透明化。一是成立番禺区慈善会监事会，监事会由资深执业律师、会计师代表及社会组织代表组成，对番禺区慈善会财务运作及管理人员履职情况进行监督。二是制定了《广州市番禺区慈善会财务管理制度》，切实管好用好慈善资金。三是聘请第三方审计机构开展年度审计和慈善项目专项审计，确保慈善资金有效用于公益活动。四是不定时主动接受广州市慈善监督委员会、省市区相关审计部门的各类审计，确保慈善资金有效用于公益慈善活动。通过以上一系列举措，加强了对慈善资金运作、管理和监督的规范化和透明化。

二、枢纽型平台组织：从管理走向服务

当前，随着社会转型不断加快，新生组织元素日益壮大，社会组织尤其是自组织呈爆发式增长，公民"自组织化"生存状态越发普遍。基于对社会的整合和社会组织的凝聚，枢纽型社会组织应运而生。枢纽型社会组织是在同类型社会组织中发挥桥梁纽带和聚集服务功能的联合性社会组织，组织定位从"管理"走向"服务"，具体体现在 5 个方面：一是培育孵化社会组织；二是聚合联系同类社会组织功能；三是为其他社会组织提供人力、物力和财力等资源支撑；四是行业交流、政社沟通功能；五是人才聚集功能。

2008 年，中央正式提及枢纽型社会组织之后，番禺区多家社会组织开

始转型，也涌现出了一批新兴的枢纽型社会组织，番禺区慈善会就是典型之一。番禺区慈善会创新性地设立项目监测与评估专项，对慈善项目全流程规范管理与监督，进一步提升慈善资金的有效使用。此外，为推进共青团枢纽型组织建设，2010 年 1 月，共青团番禺区委与社会工作机构合作，成立了番禺区第一家专门服务来穗务工人员儿童活动中心——大龙街新桥村少年活动中心，后统一挂牌为"番禺区金雁儿童之家"。大龙街新桥村"金雁儿童之家"的"六点见社区厨房"项目获得首届中国志愿服务项目大赛全国银奖，体现出枢纽型社会组织在关爱留守儿童上的公益创新之处。

三、"互联网+慈善"，提高公益效率

近年来，移动互联网已经渗透到人民群众社会生活的方方面面，在互联网技术的支持下，可以更广泛地传播公益慈善理念，更深入地整合慈善资源，更精准地对接慈善供求，更有力地强化慈善组织联系。互联网为慈善打造了困境群众求助社会、慈善组织动员社会资源、社会公众参与慈善组织、慈善组织合作发展等多种平台。这些平台有效地连通了碎片化的需求与资源，为慈善工作的开展营造了良好的生态，极大地推动了番禺区慈善事业的发展与壮大。

番禺区慈善会在推进组织及服务互联网方面作出了以下的尝试：一是完善慈善宣传网络平台，构建媒体矩阵。番禺区社区慈善充分借助互联网和移动互联网渠道的宣传优势，打造慈善工作网络宣传阵地，宣扬慈善文化，以提升番禺区慈善组织的知名度。2022 年全年发布新媒体原创推文175 条，推送慈善行业动态超 600 条，在"一网两号"发布视频 58 条，在《番禺日报》开设慈善专版，全年共发布 52 期专版。二是建立慈善救助业务审批系统。番禺区慈善会慈善救助业务审批系统于 2015 年 9 月上线运行，整合慈善救助申请、受理、审批、复核、资金发放、信息查询、数据储存及档案管理等各环节，优化审批工作流程，缩短审批工作时间，提高工作效率。在完成救助审批后，番禺区慈善会直接把救助资金划拨至申请

人账户，省去了镇（街）、村（居）中间环节，加快了资金到账速度，让困难群众及时得到帮助，提高了慈善资金的使用效率。三是线上宣传扩大活动影响力。以原番禺日报社和番禺广播电视台为基础，番禺区融媒体中心于 2019 年 7 月 18 日正式运行，全区的慈善项目和慈善服务有了全面统一的宣传平台。每年番禺区慈善健康行在活动的宣传前期都充分发挥"互联网+"的优势，番禺区融媒体中心以图片直播和视频直播的方式增强了群众的在场感，使活动景象生动鲜活，激发了人们的参与热情。四是网络募捐比例不断增加。《广州市 2019 年度区域慈善指数报告》显示，2019 年度各区慈善类社会组织互联网捐赠总额比 2018 年高出 60.49%。这说明互联网在捐赠中占据了较大的比例，其方便快捷、数额小的特点方便了慈善捐款，也传递了"微公益"的理念。番禺区慈善事业的发展也需要依靠不断发展的网络募捐，通过丰富的网络募捐方式，吸引更多公众支持慈善事业的发展。

四、信息化平台保障社会监督

番禺区慈善会在专业化运作管理上，不断丰富信息化平台建设，借助科技力量实现慈善业务的提质增效。2016 年，番禺区公益创投大赛首次开通网上报名通道，精简了报名工作流程，提升了资料审核效率。自此公益创投大赛中的线上投票在每年的最终评比中都占有一定的比重。同时，番禺区慈善会在其门户网站上开辟了信息披露专栏，接受来自社会的监督。2019 年底，启动番禺区慈善会综合信息系统建设，包括内部管理 OA 办公系统、各类慈善项目全流程管理系统、线上慈善募捐综合信息系统。同期，番禺区慈善会进一步优化慈善救助信息系统、慈善超市管理系统、电子票据实时在线开票小程序、财务管理系统等原有运营软件系统的应用功能和实践提升；充分借力科技手段提升工作效率的同时，助力各项业务的提质增效。

第六节　形成番禺特色慈善文化

党的二十大报告中，习近平总书记进一步提出"引导、支持有意愿有能力的企业、社会组织和个人积极参与公益慈善事业"。慈善事业是社会治理和社会保障工作的重要参与部分，标志着一个国家的社会文明水平。而发展慈善事业，培养公众慈善意识，促进社会的和谐发展都离不开多元包容的慈善文化。大力弘扬慈善文化，有利于提高人民的道德水平，缓解社会矛盾，促进全面建成小康社会和构建社会主义和谐社会。

一、慈善法的实施助力慈善文化发展

2016年《中华人民共和国慈善法》实施，为构建和弘扬慈善文化起到法律保障作用。慈善法规范了慈善文化的培育方式，要求机构应当将慈善文化纳入教育教学内容，国家鼓励高等学校培养慈善专业人才，支持高等学校和科研机构开展慈善理论研究。倡导慈善组织重视发挥广播、电视、报刊、网站等新闻媒体在开展慈善文化宣传方面的重要作用，积极进行慈善文化宣传。慈善法还构建了慈善行为激励机制，表彰有突出贡献的慈善组织和个人。

二、番禺区慈善文化建设的现状

(一) 慈善组织协同治理

番禺区慈善会自2001年成立以来，完善组织内部人员、制度设置，与社会组织、社工机构、企业等联动，在助学、养老、扶贫、救灾等多个领域推出各种慈善服务项目，关注社会困难群体。番禺区社会组织在协同发展中形成"五社联动"模式，引导多元主体参与协商、意见反馈。社会组织、社会工作者在"互助服务、家政服务、居家养老、文体娱乐、儿童托管、老人送餐、健康照顾"等领域发挥作用，以民间互助的社区治理工作模式解决社区问题。

（二）慈善活动主题多元

慈善活动是传承、弘扬慈善文化的有力途径，番禺区慈善组织在不断发展创新中形成多个有亮点的品牌项目。例如，番禺区慈善会自成立以来，设立了"慈善健康行活动""金秋助学""慈善超市""益路同行，慈善共赢——番禺区公益慈善创投项目大赛"等多个慈善项目，设立 213 个慈善空间，发挥慈善项目宣传、慈善活动开展、慈善文化传播等功能。

（三）慈善文化传播创新

番禺慈善行业形成"互联网+慈善"的传播模式，利用多渠道进行组织形象、慈善事迹、慈善文化的宣传。番禺区各慈善组织都开通了微信公众号，通过微信公众号向大众传播慈善活动和价值理念，宣传优秀的慈善人物，激励公众广泛参与慈善事业，与媒体进行合作，进行慈善文化的宣传、弘扬。比如，当前直播电商在全社会掀起了热潮，借助直播带货的热度，2020 年番禺区慈善会首创慈善义卖新模式，开展"慈善为民·大爱番禺"活动，通过直播带货、爱心义卖等新方式，将慈善融入新媒体传播渠道，吸引了 40 多万人在线观看，使慈善理念触及更多群众，助力脱贫致富。

三、促进番禺区慈善文化建设的建议

（一）弘扬番禺慈善文化

首先，加强关于慈善文化的政策、法律法规的建设，引导慈善文化健康发展，为番禺慈善文化的发展提供制度保障。政府要发挥主导作用，在进行制度建设的同时也要对慈善事业的发展进行监督管理，慈善组织要不断提升自身的自律性，健全内部管理制度建设，完善信息公开制度，依法依规开展各类活动。

其次，设立行业内奖励机制，对番禺慈善文化建设有突出贡献的个人、组织应进行相应的鼓励。比如，设立荣誉表彰活动，对爱心人士、组织进行精神鼓励，同时也向社会传递番禺的慈善价值，激发更多慈善热情，传递慈善正能量。

（二）培育现代慈善理念

鼓励慈善项目不断创新，发掘当下社会受欢迎的活动方式，可以借鉴西方的慈善文化优点，融合组织理念，开展有番禺特色的活动，吸引更多公众参与慈善活动。另外，需要重视学校和教育机构的作用，将慈善文化融入日常教育，培养慈善理念。比如，邀请慈善人物进校园活动，组织学生参与社区服务、环境保护等活动。也可以在社区中开办讲座或者交流，让慈善文化进入每个社区。

（三）拓宽慈善文化宣传渠道

充分利用现代化的传播渠道，加强慈善文化与知识的宣传普及。首先，组织可以选择流行的社交媒体进行宣传，增加公众关注度和亲切感。使用微博、微信、抖音、视频号等，对番禺慈善活动进行宣传，弘扬慈善组织理念和价值观，在社会上传递番禺慈善文化。也可通过当下流行的短视频形式，对慈善活动中有教育意义、独特番禺魅力的镜头记录下来，利用互联网进行宣传推广，号召更多人加入慈善事业，在社会上形成"人人慈善"的良好氛围。其次，利用电视、报纸等媒体进行宣传，增强公众对慈善组织、慈善活动的认可度，提高社会影响力，获取公众的关注、信任与支持。

第七节　引领区域慈善发展

一、番禺区区域慈善指数概况

在慈善事业研究中，广州从法律政策、政社协作、慈善行业生态建设等方向领先全国。《广州市区域慈善指数报告》作为全国首份区域慈善指数研究，是广州市慈善领域的一项重要尝试，也是创建"慈善之城"的重要举措。从6个一级指标、16个二级指标、55个三级指标的数据入手，从6个维度对区域慈善发展情况进行了全面分析。区域慈善指数保持更新迭代，紧贴政策动向、切合广州市本土实际，是广州市"爱心GDP"晴雨表。

2018—2020 年广州市番禺区在区域慈善指数的综合发展指数中连续三年名列第一，慈善组织发展基础坚实，区内慈善类社会组织表现出积极的发展活力。番禺区慈善类社会组织接受捐赠总额和个人捐赠总额均位居全市第一；志愿服务方面，番禺区志愿者人均服务时间为全市之最。慈善贡献力中，番禺区 2019 年慈善类社会组织总资产达 21180.9 万元，慈善类社会组织净资产达 20908.79 万元，均居全市第一。慈善透明力中，番禺区慈善类社会组织年报上报率和慈善类社会组织信息公开率均达到 100%。最后，在慈善发展力中，番禺区公益创投总额达到 384.18 万元，排名全市第一，同时上级慈善政策法规本地化率也达到 100%。

二、番禺区区域慈善指数指标分析

（一）综合发展指数

综合发展指数是从各个角度进行考察的数据综合，主要从慈善活动力、慈善组织力、慈善贡献力、慈善影响力、慈善透明力、慈善发展力 6 个角度进行分析，展现了各个区的慈善发展情况。2019 年的广州市慈善综合发展指数中，番禺区在 11 个区中位居首位。番禺区深入推动改革慈善管理体制与运作机制的创新，贯彻落实慈善法中各项法律法规，搭建了党委领导、政府负责、民主协商、社会协同、公众参与、法治保障、科技支撑的慈善行业运作机制。一方面，番禺区公益慈善事业不断加强落实党建工作在社会治理中的重要地位，使"党建+慈善"的理念深入人心；另一方面，在各公益慈善组织内部，许多公益慈善事业的行动者共同推动番禺区公益慈善朝着组织化、社区化、规模化、跨界化以及生态化的模式发展。

（二）慈善活动力

慈善活动力用于评价地区慈善事业的活力程度。慈善事业的活力反映了一个地区的慈善行动能力与社会慈善氛围，体现了当地对慈善事业的重视程度。慈善活动力指标由慈善捐赠、志愿服务、福利彩票三个二级指标构成，为社会各界尤其是市民最基本与最主要的慈善行为，全面考察社会各界参与慈善事业的程度。综合慈善捐赠、志愿服务以及福利彩票的总体情况，番禺区在慈善活动力指数中排名前三。其中，慈善捐赠方面继续名列全市第一，慈善类社会组织接受捐赠总额最多，2019 年度慈善类社会组织接受捐赠总额为 10722 万元，年度捐赠总额占全区 GDP 总额为 0.05%，个人捐赠总额和企业捐赠总额位居前列，个人捐赠总额共计 8249.77 万元，番禺区的企业捐赠总额较为突出，以 6394.56 万元遥遥领先于其他区。这说明经济建设的发展推动了民众思想意识水平的提升。志愿服务方面，番禺区志愿者总服务时间为 586.94 万小时，居全市第一，志愿者人均服务时间为 44 小时，排在全市首位。

（三）慈善组织力

慈善组织力用于评价地区慈善类社会组织的发展规模。慈善类社会组织作为慈善事业发展的重要主体之一，其建设水平反映了民间慈善的发展情况。慈善组织力由组织规模、组织现状两个二级指标构成，组织规模反映了慈善类社会组织的体量，组织现状反映了慈善类社会组织的能力现状，可综合考察慈善类社会组织的成长值。番禺区慈善组织力排在全市前三，慈善类社会组织规模数量为 1786 个，位居全市第一。随着番禺区近年来通过大力发展公益慈善推动乡村振兴的实践，成立了一大批慈善类社会组织，以满足全区创新开展公益慈善模式的需求，其拥有慈善类社区社会组织数量最多。

（四）慈善贡献力

慈善贡献力用于评价慈善事业对地区社会经济的贡献程度。慈善是改善民生的事业，在扶贫济困、社会培育、创造就业方面起到了重要作用，对慈善事业经济贡献的衡量可以反映当地慈善事业创造的可见价值。慈善贡献力指标由就业贡献、财政贡献两个二级指标构成，从人力与财力方面衡量慈善事业产生的经济效益。综合就业贡献指数和财政贡献指数，番禺区排在全市前三。番禺区的就业贡献指数得分最高，而财政贡献指数方面，番禺区位居第一，与区内数量庞大的慈善类社会组织数量相得益彰。

（五）慈善影响力

慈善影响力用于评价地区慈善事业所发挥的影响作用大小。慈善事业发挥的影响不仅在于帮扶，更在于理念的传播、愿景的实现与爱心的传递。慈善影响力由服务影响、传播影响、区域荣誉三个二级指标构成，对慈善事业辐射的人群、范围与领域进行考察，反映公众主观感知、认知程度以及慈善事业被认可的程度。

在慈善影响力中，传播的作用越来越突出，多样化的媒介渠道和传播方式满足了不同形式的传播需求，也能够使慈善信息更好地触及不同类型的公众。从综合服务影响指数、传播影响指数和区域荣誉指数的情况来看，番禺区慈善影响力排在前三。番禺区的传播影响力排名第一，媒体互动和传播力度相比其他区域都有较大的优势。

（六）慈善透明力

慈善透明力用于评价地区慈善事业的公开透明程度。慈善的公开透明是慈善事业赢得社会公众信任与支持的基石，慈善公开透明程度也反映了该地区慈善事业的专业化程度。慈善透明力由公开内容、公开渠道、监督检查三个二级指标构成，主要考察慈善类社会组织依法进行信息公开的状况，也反映公众对慈善事业知情权与监督权的落实情况。其中，番禺区在公开内容指数方面位居第三，慈善类社会组织年报上报率和慈善类社会组织信息公开率均达到100%。

（七）慈善发展力

慈善发展力用于评价地区慈善事业发展过程中的创新力度。慈善发展力由政策落实、活动交流、慈善标志三个二级指标构成，主要结合广州本土的慈善特色项目，考察慈善事业创新的力度与发展持续情况。番禺慈善政策法规本地化率达到100%，2019年广州市各区举办慈善运动捐款活动共322次，其中番禺区进步显著，举办84次，位居全市第一。广州市各区参与市级及以上慈善交流合作活动共237次，番禺区以62次排名第一。广州市各区举办区级慈善交流合作活动共293次，番禺区以81次的成绩位居全市第一。

三、番禺区慈善事业未来发展建议

尽管取得了诸多成就，番禺区慈善事业发展仍需要注重慈善人才队伍的吸收和培训。一方面要建立健全慈善持证从业人员的薪资和考核制度，激发其投入区域慈善服务工作积极性；另一方面可以通过增加各类培训活动，提高慈善组织的人力资源素质，同时吸引更多的专业人员加入慈善的队伍。最后，建议增加番禺区财政购买的慈善类社会组织服务财政支出力度，支持区域慈善组织提升自身"造血"能力，以多样化资金来源提升慈善组织生命力，促进番禺区慈善事业可持续发展。

第二章 "五社联动"的番禺模式探索

广州市番禺区是国内最早开展"五社联动"探索实践的地区之一。早在 2016 年，在番禺区民政局的指导和支持下，番禺区社会组织联合会就启动实施了"'五社联动'公益生态圈建设项目"，并获得广州市第三届社会组织公益创投活动项目资助。① 项目在社区、社会组织、社会工作者"三社联动"的基础上，创新性地引入社区企业和社区基金，构建形成"五社联动"新模式，并选取番禺区 5 个村（居）开展试点工作。

经过 5 年多的实践，番禺区"五社联动"社区治理创新模式取得良好成绩，得到民政部、广东省民政厅等各级政府部门的肯定与认可。② 2021年 7 月，中共中央、国务院印发《关于加强基层治理体系和治理能力现代化建设的意见》，其中特别提出"创新社区与社会组织、社会工作者、社区志愿者、社会慈善资源的联动机制"③，这意味着"五社联动"的地方实践上升为国家政策，对新发展阶段社区治理的推进将产生深远而重大的影响。

《广州市番禺区国民经济和社会发展第十四个五年规划和 2035 年远景目标纲要》也明确提出，深化"五社联动"机制，推动构建"一核多元"

---

① 关于第三届广州市社会组织公益创投活动拟资助项目名单的公示 [J] . 广州民政, 2016.

② 广州市番禺区创新"五社联动"模式 提高基层社会治理水平 [EB/OL] . (2019-04-28) . [2019-12-11] http：//smzt. gd. gov. cn/mzzx/sxdt/content/post_ 2285463. html.

③ 中共中央 国务院关于加强基层治理体系和治理能力现代化建设的意见 [EB/OL] . (2021-07-11) . http：//www. gov. cn/zhengce/2021-07/11/content_ 5624201. htm.

的共治共享生态圈。① 在此背景下，对番禺区"五社联动"实践模式和具体经验进行系统总结和梳理，对于番禺区在"十四五"期间进一步强化和巩固党建引领基层治理的作用，完善党建引领的社会参与制度，增强村（社区）组织动员能力，拓宽社会组织参与基层治理渠道具有重要的意义和价值，也为广州市、广东省及国内其他地区建立健全"五社联动"机制贡献"番禺智慧"，提供"番禺样本"。

第一节　从"三社联动"到"五社联动"：政策演进

一、"三社联动"的提出与广州实践概述

早在 2013 年，《民政部 财政部关于加快推进社区社会工作服务的意见》就提出"探索建立以社区为平台、社会组织为载体、社会工作专业人才为支撑的新型社区服务管理机制"②。2015 年，民政部在重庆召开全国社区社会工作暨"三社联动"推进会，会议强调深入推进"三社联动"对于形成及时回应居民需求的社区服务体系具有重要意义，要积极探索以购买服务为保障、项目化运作为纽带的"三社联动"新途径。③

2016 年，中共中央办公厅、国务院办公厅印发《关于改革社会组织管理制度促进社会组织健康有序发展的意见》，首次在中央文件中提出"建立社区社会组织与社区建设、社会工作联动机制，促进资源共享、优势互补"④。2017 年，《中共中央 国务院关于加强和完善城乡社区治理的意见》

---

① 广州市番禺区国民经济和社会发展第十四个五年规划和 2035 年远景目标纲要 [EB/OL]. (2021-06-31). http://www.panyu.gov.cn/zwgk/zcwj/fzqzfwj/content/post_ 7354571.html.
② 民政部 财政部关于加快推进社区社会工作服务的意见 [EB/OL]. (2013-11-15). http://www.gov.cn/gongbao/content/2014/content_ 2600242.htm.
③ 民政部：深入推进"三社联动"创新基层社会治理 [EB/OL]. (2015-10-22). http://www.xinhuanet.com/politics/2015-10/22/c_ 1116911231.htm.
④ 关于改革社会组织管理制度促进社会组织健康有序发展的意见 [EB/OL]. (2016-08-21). http://www.gov.cn/zhengce/2016-08/21/content_ 5101125.htm.

进一步要求推进社区、社会组织、社会工作"三社联动"，完善社区组织发现居民需求、统筹设计服务项目、支持社会组织承接、引导专业社会工作团队参与的工作体系。上述一系列文件的出台，为"三社联动"机制的构建指明了方向。

社会治理的重心在基层社区。为了回应社区治理中存在的力量不足、资源不够、活力不强等较为突出的问题，广东省民政厅在 2015 年 10 月出台了《关于推进社区、社会组织和社会工作专业人才"三社联动"的意见》，着力推进形成"互助、互联、互动"的社区服务管理叠加效应，有效提升基层社会服务管理综合效能。①

作为改革开放的前沿阵地，广州的社区治理工作一直走在全国前列。2016 年，广州市民政局创新性地提出建立优势主导型"三社联动"工作机制，并制订出台了具体的实施方案，以"谁有优势谁主导，其他各方联动参与"为原则，协同解决社区问题。广州的主要思路是坚持和巩固党在基层的领导核心作用，以满足社区居民服务需求为导向，以社区为平台、居（村）委会为枢纽、社会组织为载体、专业社工人才为骨干，充分发挥各自优势作用，实现"三社"一体化联动发展，完善社区多元服务供给模式，使社区居民共享社区建设发展成果。②

二、"五社联动"的地方探索与实践

随着"三社联动"逐步成为推动我国社区治理创新的一项重要机制，全国一些地区基于各自实际，不断丰富和拓展"三社联动"的内涵。在区（县）层面，除了广州市番禺区提出"五社联动"概念并于 2016 年以项目的形式正式进行探索外，珠海市香洲区作为全国社区治理和服务创新实验区，在总结翠香街道等部分镇街社区治理实践经验的基础上，提出"五社

---

① 广东省民政厅关于推进社区、社会组织和社会工作专业人才"三社联动"的意见［EB/OL］.（2015-10-23）. http：//smzt. gd. cn/zwgk/zcfg/shgz/content/post_ 1659332. html.

② 穗试点优势主导型"三社联动"［EB/OL］.（2016-05-10）. http：//mzj. gz. gov. cn/dt/mzdt/content/post_ 3115835. html.

联动"社区多元共治模式①，并在 2016 年获得由人民日报社人民网、国家行政学院政治学部"全国社会治理典型案例优秀奖"②。

在省级层面，湖北省"五社联动"的探索与实践具有很强的系统性。2020 年 5 月，湖北实施"五社一心·爱满江城"系列心理疏导和社会工作服务项目③，为包括新冠康复患者、病亡者亲属、因疫情致困的特殊群体、防疫一线工作人员在内的社区居民提供心理疏导社会工作服务④。2021 年 4 月，湖北省民政厅发布《湖北省城乡社区"五社联动"工作指引》，明确了"五社联动"是以社区为平台、社会工作者为支撑、社区社会组织为载体、社区志愿者为辅助、社区公益慈善资源为补充的新型社区治理机制。湖北省通过把"五社联动"社会工作服务项目实践经验上升为工作指引，期望更好地统筹发挥社会力量在社区治理中的协同作用，促进"五社联动"融合发展⑤。

在《中共中央 国务院关于加强基层治理体系和治理能力现代化建设的意见》印发后，湖北省民政厅在 2021 年 11 月又制定出台了《关于创新"五社联动"机制 提升社区治理效能的意见》，进一步促进多主体协同共治、提升社区治理效能⑥。总体而言，在抗击新冠疫情的大背景下，湖北省的探索在国内产生了很大影响，一些做法和经验为其他地区的实践提供了参考和借鉴。

---

① 珠海市香洲区所提出的"五社联动"包括社区、社工、社会组织、高校社团、社会力量。

② 30 案例荣获 2016 全国创新社会治理典型奖［EB/OL］.（2016-11-11）. http：//chinapeace. gov. cn/chinapeace/c54227/2016-11/11/content_ 12041433. shtml.

③ 民政部制定出台一揽子措施安排 指导支持湖北省民政工作［EB/OL］.（2020-05-27）. http：//www. mca. gov. cn/article/xw/mzyw/202005/20200500027879. shtml.

④ 湖北实施"五社联动"项目 156. 8 万人次受益［N/OL］.（2021-09-25）. http：//news. hubeidaily. net/web/1478/202109/25/944981. html.

⑤ 解读《湖北省城乡社区"五社联动"工作指引》［EB/OL］.（2021-04-09）. http：//mzt. hubei. gov. cn/fbjd/zcwj/zcjd/202104/t20210409_ 3460846. shtml.

⑥ 湖北省民政厅关于创新"五社联动"机制 提升社区治理效能的意见［EB/OL］.（2021-11-11）. http：//mzt. hubei. gov. cn/fbjd/zcwj/gfwj/202111/t20211111_ 3857246. shtml.

第二节 "五社联动"的政策内涵与
构成要素

一、"五社联动"的政策内涵

通过对国内不同地区"五社联动"相关实践和政策的分析可以看出，虽然各地对"五社"的表述略有差异，但本质基本相同。各地在"三社联动"实践的基础上，更加注重社区内外多元资源的动员、社区居民的有效参与以及社区自助互助服务体系的构建等。具体而言，"五社联动"的提出具有以下5个方面的深刻内涵。

（一）"五社联动"是社会治理共同体建设在社区的微观实践

从党的十九大报告提出"打造共建共治共享的社会治理格局"，再到党的十九届四中全会提出"建设人人有责、人人尽责、人人享有的社会治理共同体"，充分体现了我们党对社会治理规律认识的不断深化，意味着中国社会治理的制度建设将更加注重多元主体的共同参与和人尽其责的共同体思维①。在社会治理重心下移，资源、管理、服务向街道、社区下沉的过程中，需要更加充分发挥基层党组织的领导核心作用，增强村（社区）的组织动员能力，提高社区居民参与的积极性，发挥社会力量的协同作用。因此，"五社联动"是社会治理共同体建设的微观实践。

（二）精准回应社区多元需求，服务居民、造福居民是"五社联动"的出发点和落脚点

随着我国社会主要矛盾的转化，人民群众对美好生活的需要呈现多样化、多层次的特点，不仅对物质文化生活提出了更高要求，而且在民主、

---

① 李友梅. 以构建社会治理共同体推动人民城市人民建［EB/OL］.（2020-06-30）. https：//sociology. shu. edu. cn/info/1104/3706. htm.

法治、公平、正义、安全、环境等方面的要求日益增长①。对此，一方面需要更加聚焦社区居民真实需求，逐步形成动态化、制度化的需求回应长效机制；另一方面，需要提高社区多元行动主体之间的协同性，实现社区资源和服务力量的整合和高效配置。因此，应始终坚持以人民为中心的发展思想，打通服务群众的"最后一公里"，把社区问题是否得到解决、社区治理和服务水平是否得到提升作为检验"五社联动"机制有效性的重要标准。

（三）"五社联动"是以社区为平台，在基层党组织领导下，村（居）委会与社会多元行动主体之间建立的横向合作网络机制

正如一些研究所指出的，在很长一段时间内，村（居）委会是政府之外唯一拥有社区权力和履行社区管理责任的组织行动者。但是，由于"自上而下"不断增强的代理政府管理职能的压力和"自下而上"不断增强的居民利益诉求和自治主张，村（居）委会面临的压力不断增大，加之社区问题的复杂性，在人力、物力、财力、专业能力等任何一方面，都难以充分履行不断增加的社区责任②。因此，积极引导社会力量参与基层治理，畅通社会组织、社会工作者、志愿者参与社区治理的途径就成为必然选择。因此，"五社联动"本质上是一种横向网络合作机制，借由这一机制，促进社区不同行动主体之间的沟通、连接与合作，培育社区社会资本，不断增强社区自治能力。

（四）"五社联动"为社区居民参与以及居民与其他社区组织之间的合作提供切实可行的制度支持

诸多研究表明，居民的参与及其与其他社区行动者之间的良好合作关系是实现社区共治的关键。但是，当前居民的"弱参与"使得社区多元共治的理想模型难以落地③。"五社联动"是对"三社联动"的创新升级，

---

① 习近平：决胜全面建成小康社会　夺取新时代中国特色社会主义伟大胜利——在中国共产党第十九次全国代表大会上的报告 [EB/OL]. (2017-10-27). http://www.gov.cn/zhuanti/2017-10/27/content_5234876.htm.

② 蔡禾. 从单位到社区：城市社会管理重心的转变 [J]. 社会，2018 (6).

③ 方亚琴，夏建中. 社区治理中的社会资本培育 [J]. 中国社会科学，2019 (7).

较"三社联动"而言，"五社联动"更加注重激发社区内生动力，特别将社区志愿者和社会公益慈善资源纳入其中，强调加大对社区社会组织的培育支持力度，为居民在社区事务中的参与以及社区内外资源的动员和整合创设结构性条件，提供制度支持。

（五）"五社联动"机制不是封闭体系，而是具有很强开放性和包容性的机制

"五社联动"是一套行动框架，为社区治理实践提供了原则性的指引①。在推进"五社联动"机制落地过程中，鼓励各地发挥基层的首创精神，以社区需求为导向，因地制宜地开展工作。值得注意的是，"五社联动"更多是一种社会机制，由于社区问题的复杂性，在回应社区需求的过程中，其不是万能的，有自身的能力限度。社区很多问题的解决和需求的满足需要发挥政府和市场机制的作用，与社区力量和社区资源相结合，实现政府治理和社会调节、居民自治良性互动。

二、"五社联动"的构成要素

"五社联动"的构成要素包括社区、社会组织、社会工作者、社区志愿者、社会慈善资源。梳理各地关于"五社联动"的政策表述，均将社区作为平台、社会组织作为载体、社会工作者作为骨干和人才支撑。但是，目前对社区志愿者和社会慈善资源两大要素的理解和阐释仍有待进一步明晰。

社区：社区在"五社联动"中一般具有两个方面的意蕴：第一，社区是一个基础平台，多元化的行动主体在社区空间中相互联动；第二，村（居）委会作为村（居）民自我管理、自我教育、自我服务的基层群众性自治组织②。因此，村（居）委会在"五社联动"中发挥重要的组织和枢纽作用。

---

① "五社联动"助推基层治理体系和治理能力现代化［J］.中国民政，2021（17）.

② 《中华人民共和国村民委员会组织法》《中华人民共和国城市居民委员会组织法》，中国人大网，www.npc.gov.cn。

社会组织：在"五社联动"机制中，社会组织主要包括三大类型：社区社会组织、枢纽型社区社会组织、专业社会组织。

社会工作者：社会工作者主要是具有一定社会工作专业知识和技能，在社会福利、社会救助、扶贫济困、慈善事业、社区建设、婚姻家庭、精神卫生、残障康复、教育辅导、就业援助、职工帮扶、犯罪预防、禁毒戒毒、矫治帮扶、人口计生、应急处置、群众文化等领域直接提供社会服务的专门人员①。其中，持证社会工作者构成社会工作者队伍的骨干力量。

社区志愿者：社区志愿者一般以社区居民为主体构成，在镇街、社区等地域范围内开展志愿服务活动。为了推动社区志愿服务的常态化和可持续发展，志愿服务的组织化就成为必然要求。因此，社区志愿服务组织的成长和培育至关重要。例如，广州市依托公益"时间银行"，积极探索"初老服务老老"志愿服务模式，培育社区助老志愿服务队，鼓励和引导健康老人开展社区助老志愿服务②。

社会慈善资源：社会慈善资源中的"资源"是一个广义的概念，包括人力、财力、物力和技术等。在"五社联动"机制中，非常强调对社区自身资源的动员和整合，包括社区居民以及驻社区的机关、企事业单位等各方面的资源，在社区层面上促进政府资源与社会资源之间的相互衔接，共同回应社区需求。

---

① 社会工作专业人才队伍建设中长期规划（2011—2020 年）[EB/OL].（2012-04-26）. http：//www. mca. gov. cn/article/gk/ghjh/201204/20120415302325. shtml.

② 广州继续探索深化"初老服务老老"志愿服务模式 [EB/OL].（2021-01-15）. https：//news. dayoo. com/gzrbrmt/202101/15/158543_ 53756372. htm.

第三节 番禺区"五社联动"机制设计与实践模式

一、番禺区"五社联动"模式的发展阶段

自番禺区社会组织联合会在 2016 年启动实施"五社联动"公益生态圈建设项目以来,番禺区"五社联动"的发展大致经历了三个阶段。

(一)社区试点阶段(2016—2018 年)

从 2016 年先期选取 5 个试点社区,到 2017 年拓展为 7 个试点社区,依托番禺区慈善会和各镇街慈善会设立社区基金,探索打造资源对接平台。例如,通过举办"社区公益市集",调动镇街商会等社会组织、辖区爱心企业、社会工作者、社区居民等多方力量和资源,共同回应和解决社区遇到的迫切问题。据统计,7 个社区基金在两年间共筹得款项 77.47 万元,筹得物资价值共计 9.66 万元①。2018 年,试点社区进一步扩展到 7 个试点镇街的 9 个社区(见表 2-1)。南村镇还率先成立社区社会组织联合会,并下设试点村(居)"五社联动"工作委员会,"五社联动"的制度建设进一步加强。

表 2-1 番禺区"五社联动"试点社区及募集款物金额

镇街	社区名称	捐赠资金(元)	捐赠物资折价(元)
市桥街道	沙园社区	32743	10800
沙湾镇	沙湾社区	248116.5	——

---

① 2017 年番禺区"五社联动"公益生态圈建设项目总结报告 [J]. 番禺社会组织,2018(1).

续表

镇街	社区名称	捐赠资金（元）	捐赠物资折价（元）
沙头街道 南村镇	横江村	—	21900
	雅居乐社区	80150	16200
	坑头村	1000000	—
	锦绣香江社区	1000000	—
石壁街道	南站社区	61590	5000
洛浦街道	丽江社区	50690.5	116400
桥南街道	可逸阳光社区	414946.9	20000
合计		2888236.9	190300

数据来源：《番禺社会组织："五社联动"特刊》，2018年12月第5期（总第10期）。

（二）全面铺开阶段（2019—2020年）

随着"五社联动"试点的不断推进，这一工作得到民政部等上级部门和番禺区委、区政府的高度重视①。番禺区民政局制订出台《番禺区推进"三五五"共融工作方案》，其中"三"是指"三社联动"工作，两个"五"分别指"五社联动"工作和"周五街坊主题服务日"工作，即一个月的每个星期五在村（居）开展不同主题的服务活动②。这一工作方案明确了镇街社区社会组织联合会、"五社联动"工作委员会以及区民政部门、区慈善会、区社会组织联合会等相关各方的职责。截至2019年底，番禺区16个镇街均成立了社区社会组织联合会，形成镇街社区社会组织联合会统筹协调，村（居）"五社联动"工作委员会具体落实的推进机制，全区98个社区、177个行政村实现"五社联动"全覆盖。

2020年7月，为了进一步推动社区基金的培育发展，巩固"五社联

———

① 2019年11月28日，民政部基层政权建设和社区治理司司长陈越良带队到番禺区督导检查城乡社区治理工作，认为番禺区创新开展"五社联动"城乡社区共治生态圈建设项目做法和经验值得学习和推广。

② 《广州市番禺区民政局关于印发〈番禺区推进"三五五"共融工作方案〉的通知》，2018年12月5日。

动"机制成果，番禺区民政局印发了《关于大力推动社区基金发展的指导意见（试行）》，提出"一社区（村）一基金"的发展目标①。作为番禺区唯一具有公募资格的慈善组织，番禺区慈善会也专门制定了《番禺区慈善会社区基金管理办法》②，并拿出825万元作为社区基金的启动配套资金。截至2020年10月底，番禺区16个镇街275个村（居）社区基金建设实现了全覆盖，这意味着"五社联动"社区治理模式在番禺区全面铺开。

（三）巩固提升阶段（2021年至今）

2021年是"十四五"规划的开局之年，深化"五社联动"机制，构建"一核多元"的共治共享生态圈被写入番禺区"十四五"规划。因此，进入新发展阶段，如何在巩固过去5年工作成果的基础上，按照党中央、国务院关于加强基层治理体系和治理能力现代化建设的最新要求，进一步加大改革创新力度，持续推动"五社联动"从"有形覆盖"向"有效覆盖"转变，成为这一阶段新的重要课题。

对此，番禺区民政局选取16个镇街的32个村（居），启动"五社联动"区级示范点打造工作。2021年9月，番禺区人民政府印发《番禺区创建"慈善之区"工作方案（2021—2023年）》，将"五社联动"作为"慈善之区"建设的一项重要内容③。2021年11月，番禺区社区治理工作领导小组办公室印发《广州市番禺区党建引领"五社联动"推进社区治理工作实施方案》，进一步推动形成社区治理"五社联动"有效工作机制。进入巩固提升阶段，上述系列政策的出台为"五社联动"模式的升级和优化提供了重要指引和支持。

---

① 广州市番禺区民政局印发《关于大力推动社区基金发展的指导意见（试行）》的通知［EB/OL］．（2020-07-31）．http：//www. panyu. gov. cn/gzpymz/gkmlpt/content/6/6477/post_ 6477289. html#1364.

② 广州市番禺区慈善会社区基金管理办法［EB/OL］．http：//pycs. org. cn/article - 14870. html.

③ 广州市番禺区人民政府关于印发番禺区创建"慈善之区"工作方案（2021—2023年）的通知［EB/OL］．（2021-09-11）．http：//www. panyu. gov. cn/zwgk/zcwj/fzqzfwj/content/post_ 7815063. html.

表 2-2 番禺区 "五社联动" 主要发展阶段

发展阶段	年度	主要实践进展
社区试点阶段	2016	番禺区社会组织联合会申报的 "五社联动" 公益生态圈建设项目获得广州市第三届社会组织公益创投活动项目资助 选取 5 个试点社区 在市桥街道沙园社区发起成立番禺区首个社区基金
	2017	拓展 2 个新的试点社区，试点社区数量达到 7 个
	2018	推广到 7 个镇街的 9 个试点社区 南村镇成立番禺区首个镇街社区社会组织联合会 设立试点村（居）"五社联动" 工作委员会
全面铺开阶段	2019	番禺区民政局制订出台《番禺区推进 "三五五" 共融工作方案》 番禺区 16 个镇街均成立社区社会组织联合会，实现全覆盖
	2020	番禺区民政局印发《关于大力推动社区基金发展的指导意见（试行）》 番禺区慈善会制定《番禺区慈善会社区基金管理办法》，并支持 825 万元作为社区基金启动配套资金 番禺区 16 个镇街 275 个村（居）社区基金建设实现全覆盖
巩固提升阶段	2021 至今	番禺区民政局选取 16 个镇街 32 个村（居），启动 "五社联动" 区级示范点打造工作 番禺区人民政府印发《番禺区创建 "慈善之区" 工作方案（2021—2023 年）》 番禺区社区治理工作领导小组办公室印发《广州市番禺区党建引领 "五社联动" 推进社区治理工作实施方案》

二、番禺区 "五社联动" 的机制设计

从理论的角度来看，"五社联动" 机制是指社区治理中所涉及的主体等要素的构成形态、结构关系和运行方式。考察番禺区 "五社联动" 的机制设计与运行模式，具有如下 4 个方面的鲜明特点。

（一）依托番禺区慈善会、镇街慈善会，发起设立社区基金，搭建社区慈善捐赠平台，引导社会多元资源投向社区治理领域

主要做法包括：第一，在政策支持层面，番禺区民政局对社区基金的设立、资金来源、使用范围、运营管理等予以清晰指引。第二，在资金激励层面，番禺区慈善会提供825万元作为社区基金启动配捐资金，激励村（居）委会等积极发起和设立社区基金。此外，在2021年腾讯"99公益日"期间，番禺区慈善会支持65个社区基金上线筹款，共筹得善款628844.54元，其中社会公众捐款330475.25元，腾讯公益慈善基金会配捐22311.49元，广州市慈善会配捐83253.25元，番禺区慈善会配捐192804.55元[①]。第三，在能力建设层面，番禺区慈善会、番禺区社会组织联合会通过第三方专业机构实施"社区基金同行者能力提升计划"[②]，支持社区基金在资源募集、项目策划和运营管理等方面稳步提升专业能力。

（二）将社区企业这一要素在"五社联动"中凸显出来，引导和支持在地企业发挥优势，参与基层治理创新

在番禺区"五社联动"机制设计中，特别将社区企业作为主体要素之一。通过将在地企业纳入社区治理体系，有利于充分发挥企业的资源优势。其中，番禺区各镇街商会在连接、凝聚企业以及推动企业参与社区建设中发挥着重要的桥梁和纽带作用。1994年发起成立的市桥商会是番禺区最早注册登记的镇街商会。当前，番禺区已有16个镇街成立商会，商会成为推动"五社联动"的一支重要力量。

（三）成立镇街社区社会组织联合会，创新性地设立村（居）"五社联动"工作委员会

社区社会组织是"五社联动"的重要主体要素。为了大力培育发展社区社会组织，番禺区不断加强枢纽型社区社会组织建设，并鼓励和支持有

---

① "99公益日"番禺区慈善会上线子计划65个［EB/OL］．http：//pycs.org.cn/article-15086.html.

② 关于公示番禺区2020—2021年公益慈善创投项目大赛拟资助项目名单的公告［EB/OL］．（2020-12-23）．http：//pycs.org.cn/article-14625.html.

条件的镇街、社区建立社区社会组织培育基地。截至 2019 年底，番禺区
16 个镇街社区社会组织联合会实现全覆盖，并且全部登记为慈善组织。与
此同时，在镇街社区社会组织联合会下设村（居）"五社联动"工作委员
会，成员包括村（居）委会主要负责人、社区企业和物业代表、社区居民
代表以及热心人士等。番禺区社会组织联合会、镇街社区社会组织联合会
指导各村（居）"五社联动"委员会积极发起设立社区基金，实施社区公
益项目，培育发展社区社会组织。

（四）以镇街社工服务站为依托，社会工作者下沉社区，推动社会工
作专业优势得到发挥

广州是我国专业社会工作服务发展的先行地之一，从 2010 年已经开始
政府购买社工服务站（家庭综合服务中心）试点工作。2019 年 1 月 1 日，
《广州市社会工作服务条例》正式施行，成为全国首个关于社会工作服务
的地方立法。按照《广州市社工服务站（家庭综合服务中心）管理办法》
中的规定，每个社工服务站都要建立社区（村）社工服务定点联系工作机
制，确保每个社区（村）至少有一名定点联系的社会工作专业人员，确保
其 60% 以上工作时数在村（居）提供专业化社会工作服务[1]。在番禺区，
以镇街社工服务站为依托，基于相对稳定的政府购买社会工作服务资金支
持和较具规模的社会工作者团队，社会工作者下沉社区，通过阵地共建、
资源共享、服务共推，社会工作者在"五社联动"中发挥了自身的专业
优势。

三、番禺区"五社联动"的实践模式

考察番禺区"五社联动"的发展过程与社区实践，当前已基本形成
"党建引领、枢纽驱动、项目支撑、共融共建"的实践模式。

---

[1] 广州市社工服务站（家庭综合服务中心）管理办法 ［EB/OL］. http：//www.gz.gov.cn/
gfxwj/szfgfxwj/gzsrmzfbgt/content/post_ 5444857. html.

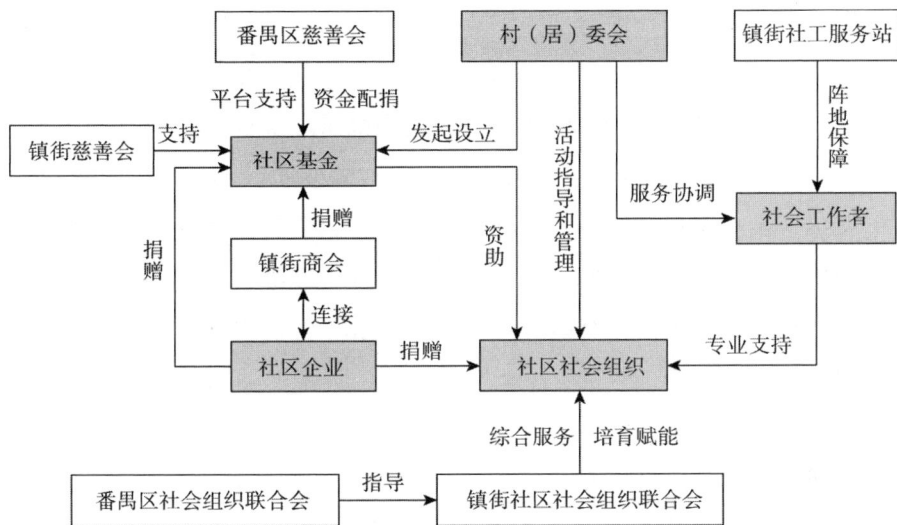

图 2-1 番禺区 "五社联动"运作机制简图

（一）党建引领，红联共建，为"五社联动"的有效运行提供根本
保障

党的十九届四中全会提出"必须加强和创新社会治理，完善党委领
导、政府负责、民主协商、社会协同、公众参与、法治保障、科技支撑
的社会治理体系"。党的十八大以来，党建在社会治理创新中的引领作
用不断拓展，党的组织网络成为社会治理中链接体制内外和不同治理主
体的新平台[1]。以党建推动跨组织、跨体系协同也成为社会治理领域党
建引领的重要制度内涵[2]。在社区层面，通过党建促进社区内多元行动
主体形成一体化的行动能力[3]，这是"五社联动"机制有效推进的根本
保障。

番禺区在推动"五社联动"实践过程中，坚持把党的领导贯穿始终，
建强社区党建网络，社区党组织充分发挥领导核心作用，不断加强对社区
各类组织和各项工作的领导。积极促进社区内各党组织"红联共建"，引

---

① 李友梅. 中国社会治理的新内涵与新作为 [J] . 社会学研究，2017（6）.

② 黄晓春. 党建引领下的当代中国社会治理创新 [J] . 中国社会科学，2021（6）.

③ 蔡禾. 从单位到社区：城市社会管理重心的转变 [J] . 社会，2018（6）.

领社区多元主体参与社区治理，将基层党组织的政治优势和组织优势转化为社区治理效能。在 2020 年新冠疫情防控工作中，番禺区"五社同心·联动战'疫'"等一系列计划的实施，充分彰显了党建的引领力。

（二）枢纽型社会组织、慈善会系统"双轮驱动"

番禺区社会组织联合会、番禺区慈善会，以及镇街社区社会组织联合会、镇街慈善会在"五社联动"社区治理模式中发挥着重要的枢纽作用和平台支持功能。番禺区社会组织联合会在 2016—2021 年，连续获得广州市社会组织公益创投活动资助，整合专业资源，开展"五社联动"公益生态圈建设项目，为"五社联动"从社区试点走向全区覆盖作出了积极贡献。番禺区慈善会则基于区域慈善枢纽这一定位，机构的社会化改革起步早，职业化、专业化发展水平相对较高，充分发挥了公募慈善组织的平台功能，为社区基金的发起设立提供了全方位、立体化支持。

此外，番禺区各镇街均成立了社区社会组织联合会和慈善会。南村镇慈善会于 2013 年 2 月注册成立，成为番禺区首家镇街慈善会，到 2019 年，番禺区 16 个镇街均成立了慈善会。随着镇街枢纽型社区社会组织和慈善会体系的建立，为"五社联动"的深入推进提供了潜在的组织基础。因此，需要进一步激发镇街社区社会组织联合会和慈善会的发展活力，形成"双轮驱动"效应。

（三）以社区需求为导向，以社区公益项目为支撑，促进社区居民的全过程参与

在"五社联动"推进过程中，番禺区南村镇、市桥街等多个镇街积极探索开展社区公益微创投活动。社区公益微创投是一种将社区需求、公益项目、社会组织、社会资源等有机连接起来的公益支持模式。通过社区公益项目的资助，实现社区社会组织培育与社区服务的有机结合（如图 2-2 所示）。与此同时，在各类社区公益项目的实施过程中，注重引入居民参与决策机制，开展社区协商议事，推动居民在需求调研、项目征集、项目遴选、项目实施和项目监督等各个环节的全过程参与，充分听取社区各方意见和建议，寻求最大共识，确保相关项目和活动符合

社区发展实际。

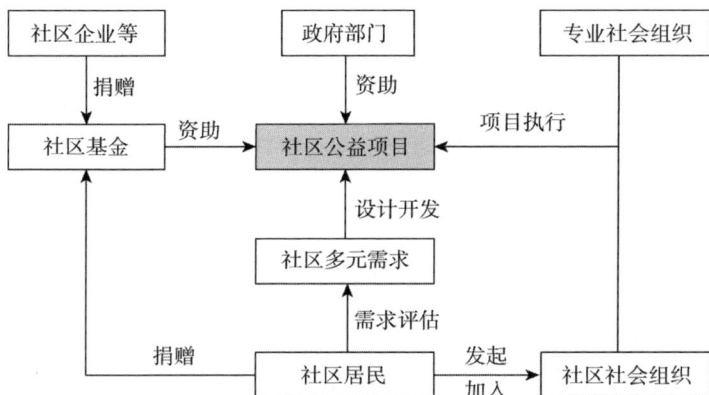

图2-2 社区公益微创投模式简图

（四）共融共建，构建有效对接机制，实现资源、信息、人才等社区治理创新要素的高效流动

"五社联动"强调以社区为平台，在基层党组织的领导下，实现社区多元主体联动，其背后的本质是促进社区治理创新要素的高效流动，实现1+1>2的协同效应。对此，需要结合各个社区发展实际，构建有效的对接机制。综观5年多来番禺区推进"五社联动"的具体工作，可以发现，在实践中着重构建三大关键对接机制：第一，构建社会资源与社区公益项目的多元对接机制；第二，构建社区需求与社会组织服务供给的精准对接机制；第三，共驻共建，构建企事业单位、党政机关、专业社会组织等驻区单位与社区的对接机制。

第四节 番禺区"五社联动"区级示范点评价指标体系

为了贯彻落实番禺区"十四五"规划和"慈善之区"创建要求，深化"五社联动"机制，持续推动"五社联动"从"有形覆盖"向"有效覆盖"转变，番禺区民政局选取了16个镇街的32个村（居），启动"五社联动"

区级示范点打造工作。通过区级示范点的打造，期望充分发挥示范点的带动和辐射作用，全面提升番禺区社区治理水平。为了更好地支持"五社联动"区级示范点建设工作，本报告初步探索制定示范点评价指标体系。

一、评价指标体系制定的原则

科学性：指标体系的制定以社区治理的基本理论为指导，准确把握社区治理的深刻内涵，客观反映"五社联动"机制运行的特点和规律。

引领性：指标体系的制定以提升社区治理社会化、法治化、智能化、专业化水平为目标，贯彻党中央、国务院关于加强基层治理体系和治理能力现代化建设的要求。

适用性：指标体系的制定坚持因地制宜，立足镇街和社区发展实际，突出番禺特色，推进"五社联动"机制的持续改进和不断优化。

前瞻性：指标体系的制定充分吸收国内"五社联动"实践的新经验、新成果，体现社区治理创新与"五社联动"发展的新趋势和新方向。

二、评价指标体系框架

在番禺区"五社联动"社区治理模式的核心构成要素中，无论是村（居）委会、社会组织、社会工作者，还是社区基金、社区企业，均为群众性自治组织和社会力量。因此，"五社联动"的重点一方面在于促进群众性自治组织发挥基础作用，特别是增强其统筹协调和动员能力；另一方面在于为社会力量参与基层治理提供制度支持，统筹发挥社会力量的协同作用。本研究在番禺区"五社联动"区级示范点评价指标体系的初步构建中，注重把握以上两个重点。

本研究借鉴和应用"形成性评价"的理论和方法，注重对"五社联动"运作过程的评价，评价的主要目的不是对示范点进行鉴定分等，而重在改进和完善，促进示范点取得更好的实践效果，切实发挥示范作用。整个指标体系框架包括社区党组织领导核心作用发挥、社区多元治理主体发育、多主体协同联动机制构建、社区公益项目开发与实施 4 个一级指标，

11 个二级指标。关于三级指标,本研究主要提出指标所涉及的核心内容与应该关注的要点,在实践中需要进一步予以细化(见表 2-3)。

表 2-3 "五社联动"区级示范点评价指标体系框架

一级指标	二级指标	三级指标重点内容
社区党组织领导核心作用发挥	1. 社区党建网络构建	(1) 社区"大党委"组建与运行
		(2) 社区"红联共建"
	2. 党员先锋模范作用发挥	(3) 在职党员回社区报到
		(4) 社区党员志愿服务队建设
社区多元治理主体发育	3. 村(居)委会组织动员能力	(5) "五社联动"工作委员会运行
		(6) 村(居)委会下设委员会职能发挥
		(7) 村(居)委会对社区社会组织活动的指导和管理
	4. 社区社会组织培育发展	(8) 社区社会组织培育基地建设
		(9) 社区社会组织备案管理制度
		(10) 不同类型社区社会组织数量
		(11) 社区社会组织自我发展活力
	5. 社会工作者专业优势发挥	(12) 社区社工服务点设立与专业服务开展
		(13) 社会工作者对社区志愿者、社区社会组织的培育和专业支持
	6. 社区基金运作管理	(14) 社区基金资金募集
		(15) 社区公益项目资助
	7. 社区企业参与	(16) 企业慈善捐赠(资金和物资)
		(17) 企业员工参与
多主体协同联动机制构建	8. 镇街枢纽型组织平台支持	(18) 镇街社区社会组织联合会建设
		(19) 镇街慈善会建设
	9. 社区议事协商	(20) 社区需求动态评估
		(21) 社区协商制度与举办形式
		(22) 社区协商成果应用
	10. 社区信息化建设	(23) 社区信息共享平台建设

一级指标	二级指标	三级指标重点内容
社区公益项目开发与实施	11. 社区品牌项目打造	（24）不同类型社区公益项目数量
		（25）社区公益项目的实施
		（26）社区公益项目的持续性

三、评价指标政策依据与说明

指标体系的内容一方面源于对番禺区"五社联动"实践经验和主要做法的总结，体现"番禺特色"；另一方面，也积极对标新发展阶段各级党委、政府对社区治理创新的最新要求（见表2-4）。

表2-4 "五社联动"区级示范点评价指标说明

三级指标重点内容	政策依据
（1）社区"大党委"组建与运行	《广州市加强党的基层组织建设三年行动计划（2021—2023年）》
（2）社区"红联共建"	广州市委组织部《关于在我市基层党建重点领域推广红联共建工作机制的方案》
（3）在职党员回社区报到	广州市委组织部《关于组织全市在职党员回社区报到并开展服务的通知》
（4）社区党员志愿服务队建设	
（5）"五社联动"工作委员会运行	《中华人民共和国村民委员会组织法》《中华人民共和国城市居民委员会组织法》
（6）村（居）委会下设委员会职能发挥	
（7）村（居）委会对社区社会组织活动的指导和管理	
（8）社区社会组织培育基地建设	《广州市社会组织发展"十四五"规划（2021—2025年）》《广州市社区社会组织管理办法（试行）》《广州市培育发展社区社会组织专项行动实施方案（2021—2023年）》
（9）社区社会组织备案管理制度	
（10）不同类型社区社会组织的数量	
（11）社区社会组织自我发展活力	
（12）社区社工服务点设立与专业服务开展	《广州市社会工作服务条例》《广州市社工服务站（家庭综合服务中心）管理办法》
（13）社会工作者对社区志愿者、社区社会组织的培育和专业支持	

续表

三级指标重点内容	政策依据
（14）社区基金资金募集	《广州市慈善促进条例》 番禺区民政局《关于大力推动社区基金发展的指导意见（试行）》 《番禺区创建"慈善之区"工作方案（2021—2023 年）》 《番禺区慈善会社区基金管理办法》
（15）社区公益项目资助	
（16）企业慈善捐赠（资金和物资）	
（17）企业员工参与	
（18）镇街社区社会组织联合会建设	《广州市社区社会组织管理办法（试行）》 《广州市培育发展社区社会组织专项行动实施方案（2021—2023 年）》
（19）镇街慈善会建设	《广州市慈善促进条例》 《番禺区创建"慈善之区"工作方案（2021—2023 年）》
（20）社区需求动态评估	中共中央办公厅、国务院办公厅《关于加强城乡社区协商的意见》 民政部《关于深入推进城乡社区协商工作的通知》
（21）社区协商制度与举办形式	
（22）社区协商成果应用	
（23）社区信息共享平台建设	
（24）不同类型社区公益项目数量	《番禺区创建"慈善之区"工作方案（2021—2023 年）》 番禺区民政局《关于大力推动社区基金发展的指导意见（试行）》 《番禺区慈善会社区基金管理办法》
（25）社区公益项目的实施	
（26）社区公益项目的持续性	

第五节　进一步优化番禺区"五社联动"机制的建议

《中华人民共和国国民经济和社会发展第十四个五年规划和二〇三五年远景目标纲要》专章就"构建基层社会治理新格局"进行了部署，特别提出"健全党组织领导、村（居）委会主导、人民群众为主体的基层社会治理框架""推动社会治理和服务重心下移、资源下沉，提高城乡社区精准化精细化服务管理能力""积极引导社会力量参与基层治理"等一系列要求①。《中共中央 国务院关于加强基层治理体系和治理能力现代化建设的意见》进一步提出"创新社区与社会组织、社会工作者、社区志愿者、社会慈善资源的联动机制"②。上述一系列规划和政策的制定出台为番禺区"五社联动"的深入推进提供了战略指引。进入新发展阶段，如何进一步优化番禺区"五社联动"机制，不断提升社区治理效能，本研究提出如下几点建议。

一、加强镇街社区社会组织联合会建设

镇街社区社会组织联合会在培育和支持社区社会组织成长发展中扮演着关键角色。2019 年，番禺区已实现 16 个镇街社区社会组织联合会全覆盖。在此基础上，应以更大力度、更实举措支持社区社会组织联合会有效运作，发挥联系服务管理本地区社区社会组织的作用。对此，建议在区级层面设立专门的扶持资金，资助社区社会组织联合会的机构建设，聘用专职工作人员，建立秘书处执行团队，为实际工作的开展提供基础支撑。

二、构建常态化的社区基金联合募捐机制

《广州市慈善促进条例》特别鼓励在社区依法设立慈善捐赠站点和社区慈善基金。2020 年，番禺区已实现 275 个村（居）社区基金全覆盖，接下来如何支持社区基金切实发挥自身的资源平台功能就成为一个重要问题。考虑到大多数社区基金的资金规模较小，加之不是独立法人，难以聘用专职的工作团队，对此一方面村（居）委会等发起方在人力等方面的投入至关重要；另一方面应在总结 2021 年"99 公益日"社区基金联合劝募经验的基础上，番禺区慈善会、各镇街慈善会通过采取线上与线下相结合

---

① 中华人民共和国国民经济和社会发展第十四个五年规划和 2035 年远景目标纲要 [EB/OL].（2021-03-13）. http://www.gov.cn/xinwen/2021/03/13/content_ 5592681. htm.

② 中共中央 国务院关于加强基层治理体系和治理能力现代化建设的意见 [EB/OL].（2021-07-11）. http://www.gov.cn/zhengce/2021/07/11/content_ 5624201. htm.

的方式，为社区基金搭建常态化的联合募捐机制和平台。

三、打造品牌公益项目，带动社区多方参与

社区公益项目是社区多元主体实现连接与合作的重要载体。通过对社区实际需求的科学分析和评估，将多元化、差异化的需求转化为各类项目，通过社区基金资助、社区公益创投、政府购买服务等多种方式支持社会组织承接实施，服务社区广大居民，助力解决群众急难愁盼问题。建议先期可在镇街层面针对当地较具共性的需求，基于联合公益的理念和方法，策划开发社区公益项目，建立标准化的项目实施流程，向社区进行推广，形成一定的规模效应，扩大社区公益项目的影响力。

四、促进社区协商贯穿"五社联动"全过程

社区协商是完善基层群众自治制度的重要内容①。社区协商是在社区党组织领导下，基层政府及其派出机关、村（社区）党组织、村（居）民委员会、村（居）务监督委员会、村（居）民小组、驻村（社区）单位、社区社会组织、业主委员会等作为协商主体，围绕涉及社区居民切身利益的公共事务、公益事业等议题，通过协商讨论，及时解决群众遇到的各类问题，化解社区矛盾，促进社区和谐。"五社联动"机制中的各个主体本身是社区协商的重要主体，多元主体的联动有赖于各方深入的协商讨论，达成共识与形成合力。因此，在"五社联动"深化过程中，将社区协商贯穿全过程是一个必然的要求，建议进一步强化。

五、开发和细化"五社联动"评价指标体系

本研究就番禺区"五社联动"区级示范点评价指标体系的基本框架进行了初步构建，为今后建立更加完备的指标体系奠定了一定基础。建议在充分总结和提炼"五社联动"番禺实践经验的基础上，与专业机构等合

---

① 中共中央办公厅、国务院办公厅. 关于加强城乡社区协商的意见［EB/OL］.（2015-07-22）. http：//www. gov. cn/zhengce/2015-07/22/content_ 2900883. htm.

作，进一步开发和完善"五社联动"评价指标体系，为各个社区提供科学有效的指引，以评促建，有效推动"五社联动"从有形覆盖向有效覆盖的转变，为番禺区社区治理创新的深入推进提供更加有力的技术支撑。

第三章　五大慈善主体共创社区慈善生态圈

　　随着社会的进步，中国的社区治理方式不断创新，协同治理已经成为当今社会治理、社区治理的重要发展方向，为落实共建共治共享的发展格局，在城市社区治理领域，需要多元主体协同治理，涉及社区、社会组织、社会工作者、社区企业、社区基金、政府、社区居民等。

　　广州的社区治理现已形成"市、区统筹，镇街抓总，社区负责"的四级联动治理体制，特别强调"社区党建、社区自治、社区服务、社区融入"的治理模块，明确"创建引导、网格下沉、多元共治、文化培育"的治理路径。番禺区以"社区、社会组织、社会工作者、社区基金、社区企业"为抓手的"五社联动"城市社区治理模式，为新时代的城市社区治理提供了宝贵经验。在"五社联动"社区治理模式的基础上，番禺区还创新发展"一三五"社区慈善模式，通过五大慈善主体的合力共创，番禺区基层社会形成了独特的社区慈善生态圈。

第一节　坚持党的领导，把握社区慈善建设方向

一、"党建+慈善"助力建设美丽家园

　　番禺区委组织部、区民政局组织通过"党建+慈善"实践活动，深化运用"双微"行动工作机制，盘活党建引领基层社会治理力量。一是在精准施策上着力。印发《番禺区"慈善社区我先行"党员带头参与社区基金

募捐行动方案》，通过印发《工作指引》、《操作指南》以及线上线下培训等方式，指导社区（村）党组织创建民生公益微项目，参与社区（村）基金捐赠，点燃"党建引领、慈善为民"的"红色引擎"。二是围绕"党建+慈善"主题，在"99公益日"通过"腾讯公益"小程序上线公益微项目，为解决社区（村）基层社会治理问题募集基金。三是在广泛动员上聚力。通过"穗好办"App和"腾讯公益"小程序发布民生公益微项目，同时在镇街、社区（村）党群服务中心、文化广场、地铁站口等显眼位置设立社区（村）党员志愿者劝募宣传打卡点、悬挂宣传横幅、张贴活动海报、派发宣传单等方式，营造"人人参与慈善，人人为家乡出力"的浓厚氛围。四是在严格管理上出力。在番禺全区社区（村）党组织中选定可行性、实效性和可操作性较强的民生慈善项目，制订实施方案，明确实施主体、项目内容、实施时间、监管机制等内容并扎实推进实施，所有资金严格按照社区（村）基金管理机制使用，并接受区慈善协会监管，定期向社会进行公示。

二、慈善社区党员先行

根据番禺区委组织部、番禺区民政局关于印发《番禺区"慈善社区我先行"党员带头参与社区基金募捐行动方案》的通知，围绕"党建+慈善"主题，以"99公益日"全民公益活动为契机，2022年番禺区慈善会组织全区275个社区基金通过"腾讯公益"小程序上线公益微项目，为解决社区（村）基层社会治理问题募集基金。党员先行不仅仅进行慈善基金的筹款，还关心关爱辖区的残障长者，帮他们排忧解难，送去温暖和关怀。例如，2022年番禺区钟村街天汇百货党支部联合相关党建共建单位、钟村街综合养老服务中心（颐康中心）、热心企业，一起对辖区75位残障长者进行慰问，并送去米、油、面等生活慰问品。"党员先行"活动已形成了党支部发起，热心企业积极响应的党建引领模式①。

---

① 关爱社区残障老人，番禺钟村街天汇百货党支部联动党建共建单位开展公益慈善慰问活动［EB/OL］. 广州日报，（2022-09-17）. https：/news. dayoo. com/gzrbrmt/202209/17/158963-54359097. htm.

三、党建引领党群联动

番禺区将党建工作强力贯穿于慈善主体共治生态圈，建立社区大党委制度，发挥"党建带群建"作用。目前，番禺区共成立社区社会组织党组织 89 个，实现了社区社会组织党组织建设两个"全覆盖"。在党建的引领下，通过"党建+服务"的工作制度，以及开展"在职党员进社区"等一系列活动，基层党组织将党的路线方针政策传递到社区治理工作中。据统计，全区共有 200 多个基层党组织、2100 多名基层党员先后参加社区治理服务。例如，沙园社区发动沙园社区党总支、社会组织妇联等 8 个基层党组织妇联签订党群联盟责任书，开展基层党组织妇联"结对共建"活动。

第二节　贯彻政府指导，扎实社区慈善政策落实

广州市番禺区民政局于 2020 年印发《关于大力推动社区基金发展的指导意见（试行）的通知》《广州市番禺区开展创新"五社联动"的通知》等文件，着力打造社区慈善工作的"番禺模式"。2021 年广州市民政局印发实施《广州市推动社区慈善发展行动方案（2021—2023 年）》，2021 年 9 月创建"慈善之区·幸福番禺"工作纳入番禺区城市整体发展战略。

一、积极开展政策宣讲进社区

番禺区积极开展"政策宣讲进社区"等活动，扎实社区慈善政策落实。例如，新造镇开展未成年人的法治教育政策宣讲进村（社区）活动，介绍《中华人民共和国未成年人保护法》的内容，分析《中华人民共和国刑法修正案（十一）》中关于强奸罪、猥亵儿童罪提高了犯罪惩戒力度，及时为广大群众更新法律知识储备，提高广大群众对未成年人权益保护的重视。小谷围街居家养老综合服务平台联合社区护理站在贝岗村开展社区居家养老政策服务推介会暨义诊活动，同时积极向居民宣传讲解助餐配

餐、医疗保健、平安通等养老服务优惠政策。通过政策宣讲进社区，进一步提高了群众惠民政策的知晓率。

二、开展慈善政策解读培训

番禺区民政局积极组织开展慈善政策的解读工作。例如，2021年举办的《广州市慈善促进条例》政策解读暨慈善空间工作培训，邀请了广州市民政局慈善社工处、广州市公益慈善联合会、番禺区慈善会有关负责人分别对《广州市慈善促进条例》、广州市慈善空间创益计划和慈善空间的具体工作进行详细解读。2022年在番禺区民政局和番禺区慈善会的支持下，广州市社会创新中心开展"社区慈善赋能计划"番禺区慈善社区创建促进项目，持续推进社区慈善相关标准化体系建设，完成《慈善社区创建办法》本地化修订工作并完善《慈善社区创建办法》及《番禺区社区慈善基金指数评价方案》，开展《社区慈善概论》《解读社区慈善政策与经验》《社区慈善发展平台》《社区慈善项目与活动》《解读标准》五大政策解读课程，助力社区慈善工作人员及相关方充分了解社区慈善政策，更新专业理念。

三、平台建设推动多元主体参与社区慈善

番禺区民政局通过"五社联动"，依法有序组织多元主体参与社区治理，开展精彩纷呈的社区活动。番禺区建立了治理工作平台，推动开展社区工作城乡居民议事厅以及"五社联动"协商会议，沙湾镇沙湾社区利用"五社联动"平台，解决了困扰多年的小区车辆乱停乱放、宠物管理、社区卫生环境等与群众生活息息相关的问题；沙头街横江村利用城乡议事协商机制，邀请老党员、老干部、乡贤、企业代表等，就建立横江村村史馆进行协商，丰富村民文化生活；市桥街沙园社区利用议事厅召开城乡社区协商会议，发挥区创新科技企业协会的人力财力物力优势，翻新美化环城东路152号铁门，让家园换上"亮丽的新衣"；洛浦街丽江社区利用议事协商，落实重阳社区敬老等具体事项，通过"公益集市"的形式调动社区内社会组织、企业、社区居委会、热心居民等社区本身的资源来回应、解

决社区居民的需求难题，推动社区问题的自我消化和民间互助。通过"五社联动"项目活动以及议事会议，社区可以迅速发现社区居民服务需求，为社区居民提供有形有效的专业服务，把居民的困难和问题解决在社区层面，推动实现人人参与、人人尽力、人人共享的社区慈善新局面。

第三节 构建三级网络，推动慈善组织在社区延伸

番禺区着力建设"1+16+275"三级联动慈善网络体系，力求实现从区到镇街到社区的全方位多角度的慈善网络布局。三级慈善网络体系中"1"是指番禺区慈善会，"16"是指番禺区各镇街的16个注册慈善会，"275"是指番禺区275个社区基金。"1+16+275"的网络布局从不同主体、不同层面立体建构番禺区的社区慈善生态系统，力求逐步细化从区到社区的慈善布局功能，发挥从制度到资金全方位的作用机制，实现全区慈善系统的高效运作。

在社区慈善基金培育和发展推进过程中，番禺区慈善会多措并举，联动镇街政府、镇街慈善会、社会组织联合会、村（居）等多层次枢纽力量，以社区慈善基金为平台，聚力支持社区慈善发展的资源联动协作与统筹。以社区慈善基金开展社区微改造为例，石碁镇岐山社区大部分为20世纪90年代建成的楼宇，均未配备完整的消防系统，社区慈善基金为小区居民楼配置安装95套灭火器，促进老旧小区消防改造。为全方位推进社区慈善基金在基层社区发挥作用，区慈善会在全区巡回宣讲近20场次，对镇街、社区相关负责人和执行团队进行了全覆盖多轮次的专题培训。番禺区慈善会还组织编制《番禺区关于社区慈善基金和社区慈善的发展调研报告》，出版《番禺区社区慈善基金运营操作手册》《社区慈善基金的指数评估体系（试行）》《社区慈善工作者手册》等系列图书，为社区慈善基金、社区慈善相关的工作者提供操作指引。在2022年，根据番禺区民政局印发的《广州市番禺区推动社区基金发展实施方案（2022—2024年）》精神，番禺区慈善会制订"六大行动计划"，通过党建引领行动、完善架

构行动、社区募捐行动、项目打造行动、宣传行动、评优和考核行动 6 个方面，明确社区慈善基金发展方向。

　　作为番禺区社区慈善事业建设的资金筹集平台，社区慈善基金在番禺区三级慈善网络体系中具有十分重要的作用。社区慈善基金由番禺区镇街慈善会管理，选取社区居民代表共同监督，反哺社区治理和建设。2021年，区慈善会联合 65 个社区慈善基金首次参与"99 公益日"活动，上线10 个网络募捐项目，65 个社区慈善空间共动员 9682 人次参加捐款，筹得善款 62.88 万元。2022 年腾讯"99 公益日"活动，番禺区慈善会全力动员区内 245 个社区慈善基金和 2 家社会组织参与，以"慈善社区我先行"党建活动作为母项目，发起 212 个"子项目"和 104 个"一起捐"行动，在社会掀起热烈反响，吸引了超 3 万市民参与，3 天共筹集善款 207.57 万元，相比 2021 年，参与募捐的社区慈善基金数量为 2021 年的 3.78 倍；平台接受用户的捐款金额为 2021 年的 3.37 倍；番禺区获得的社区基金配捐额更是占全市第一，为社区善治提供了有力保障。

　　番禺区在社区慈善基金的支持下，各镇街社区得以开展大量满足社区居民多元需求的慈善项目。例如，石碁镇"耆乐安居"项目，利用 17 万元社区慈善基金为辖区内 33 户困境长者、残障人士家庭进行居家改造，为5 栋老旧居民楼安装楼梯扶手，惠及 60 户家庭，近 300 人受益；洛浦街道丽江社区利用社区慈善基金帮扶长者、残障人士，协助开展配餐服务，累计服务超过 2.6 万人次；南村镇锦绣香江社区联合物业公司、业委会、社区居委会和长者康乐联谊会，发起爱心筹款活动，为发生交通事故的小区保安筹集医疗费用 8 万元；南村镇总商会和慈善会推动南村镇雅居乐社区基金、锦绣香江社区基金、坑头村社区基金募集和管理，其中锦绣香江社区和坑头村各筹得 100 万元社区基金；雅居乐社区为独居老人配置医疗电子保姆仪；新造镇曾边村为村内 50 余位独居、孤寡及租赁困难的长者住处加建无障碍设施、改造排水系统、加装长者公寓电梯、改善居住环境，为长者建立"一人一档案"健康护理等一系列服务；市桥街西涌社区利用社区基金为困难家庭进行用电改造。

第四节　撬动企业资源，汇聚社区慈善建设力量

一、企业社会责任简述

（一）企业社会责任含义

企业社会责任是指企业在创造利润、对股东和员工承担法律责任的同时，还要承担对消费者、社区和环境的责任，企业的社会责任要求企业必须超越把利润作为唯一目标的传统理念，强调要在生产过程中对人的价值的关注，强调对环境、消费者、社会的贡献。

以往人们认为，企业活动就是追求利润，向社会提供产品和服务；原有的企业社会责任也仅指的是企业为消费者提供有质量的产品与服务。从20世纪90年代末期至今，为了适应新时代的变化，Schwartz 和 Carroll（2003）提出了一个新的企业社会责任模型，该模型由三部分构成，分别是道德责任、经济责任与法律责任。在此标准下，公众对企业承担社会责任的呼声越来越高，迫使企业把社会责任视为增进经营信誉和公众形象的重要事项。企业讲社会责任，意味着它既要实现股东利益的最大化，也应尽可能维护和增进社会利益，这两方面的要求形成了某种张力，使企业的经济效益和社会效益达到一定的均衡状态。

（二）番禺区企业社会责任的发展

番禺区近几年经济体量不断扩大，经济实力不断攀升，2021年的GDP总量位于全市第四。全区共有10000多家企业，企业数量多，主动参与慈善事业、承担社会责任的企业也不胜枚举，这为番禺区慈善事业的发展提供了坚实的基础和充足的物质资源。广东扶贫济困日活动使扶贫救济人人可为，截至2021年底，超过6700家单位及个人捐赠超5500万元，共同助力脱贫攻坚。2020年广东扶贫济困日活动中，市桥镇房地产开发公司向番禺区慈善会捐赠20万元，定向用于对口帮扶光明村脱贫攻坚工作，为当地贫困户打造安全、温暖的家。为支援贵州省赫章县疫情防控工作，2022年

9 月，番禺区爱心企业积极响应番禺区委、区政府以及区民政局、区农业农村局的动员、倡议，通过番禺区对口支援办、番禺区慈善会向贵州省赫章县定向捐赠抗疫物资超百万元。番禺区爱心企业主动承担社会责任，在乡村振兴、疫情防控、产业振兴方面积极发挥企业优势，为番禺区经济社会的发展作出了突出的贡献。

二、番禺区"慈善+企业"模式特点

（一）税收政策支持激发企业捐赠热情

公益性捐赠税前扣除，就是用税收政策激励和促进社会公益慈善发展，通过税收实务的设计，对公益慈善组织运营、财产捐赠、企业捐赠实施有效的税收优惠政策。公益性捐赠税前扣除资格采取名单式管理，首次被认定具有该资格之后，以后每年继续享有。番禺区慈善会已经获得2023—2025 年度公益性捐赠税前扣除资格。除番禺区慈善会外，已获得公益性捐赠税前扣除资格的还有广州市绿点公益环保促进会等 40 家社会组织。

此资格的认定协调了企业和组织之间的利益关系。对企业而言，获得了税收优惠，承担了社会责任，树立了良好的品牌形象；对组织而言，增加了善款的筹集，与爱心企业建立了良好的互动关系，更大程度上激发了爱心人士、企业投身番禺区慈善活动的热情，切切实实为困难群众排忧解难，为构建番禺区共建共治共享的公益慈善新格局打下了基础。

（二）社会多元主体资源整合，开展深度合作

1. 推动企业冠名，创新募捐方式

在资金募集方面，番禺区慈善会发挥平台优势，拓宽了社会募集资金的渠道，以爱心冠名基金的方式创新了社会募捐模式，即在番禺区慈善会的善款账户下，为热心个人、团体、企业或其他社会组织等捐赠人设立专项冠名基金科目。

自 2001 年成立以来，在番禺区委、区政府，番禺区民政局和区各相关部门的指导下，在社会各界的关心支持下，番禺区慈善会已经成长为全区

唯一一个同时具有公募资质和税前抵扣资格的区级慈善工作枢纽平台，而通过企业冠名获得的资金总量已经占据番禺区慈善会存量业务资金的1/4。截至2022年12月，番禺区慈善会有效冠名基金数量共计49个，存量资金达到3478万元。2022年番禺区慈善会冠名基金共开展项目102个，惠及群众共10万人次，冠名基金收入1751.99万元，支出金额共1574.32万元，主要用于扶贫、济困、助学、文化、教育、疫情防控、公益创投等项目。

冠名基金结合各自实际发掘更多真正需要关注的群体，明确基金使用方向，按照募用分离的原则，通过购买服务的方式有效运用社会各界的资源，让慈善资金能够覆盖更多需要帮助的人群。例如，番禺区首个校园冠名慈善基金——广州市番禺区慈善会东城小学爱心基金于2017年成立，将每年学校义卖所得的善款用于帮扶社区困难群体；广州市番禺区慈善会龙灏扶贫助学慈善基金成立于2022年8月，是个人冠名基金，基金成立后第一个资助项目就是结对帮扶福建省寿宁县的10名学生2022年度生活助学补贴。番禺区慈善会致力创新募捐方式，推动慈善事业人人可为，冠名基金让更多愿意帮扶困难群体、开展慈善公益事业的组织和个人参与公益慈善事业，"人人慈善为人人"的慈善理念更加深入人心。

2. 盘活商协会资源，发挥辐射作用

随着社会经济的快速发展，全民慈善的时代已经来临，番禺区慈善的行动者与资源在稳步快速发展，番禺区工商联广泛发动基层商（协）会和会员企业参与公益慈善，以片区的基层商（协）会带动各街道、乡镇商（协）会参与公益事业的建设，帮扶对象涵盖了多个困难群体。2022年疫情期间，番禺区工商联（总商会）、南村总商会向海珠区一线防疫工作人员捐赠物资，彰显禺商勇担当、献爱心、创造财富不忘初心的新时代优秀社会主义建设者形象。市桥商会作为番禺区较早成立的商会之一，商会会员在自身企业不断发展的同时，不忘回馈社会。还有钟村商会、石碁商会、大龙街商会、沙头街商会、化龙街商会、广州市大学城商会、小谷围街商会等也积极参与公益慈善事业。在商协会的组织下，番禺区各家企业发挥了能动性，主动承担社会责任，发动员工参与慈善活动，培育了"人人公益"的良好氛围，推动了番禺区慈善事业的发展。

3. 积极防疫抗疫，维护社会稳定

2020 年的新冠疫情给国家正常运转与人民生活都造成了巨大的冲击，许多企业也面临着生存危机，停工停产致使许多企业不堪重负。在这危难时刻，番禺区爱心企业主动承担社会责任，出钱出力，捐赠物资，帮助疫情中的人们渡过难关，树立了良好的企业形象，彰显了共克时艰的决心，在抗疫过程中提供物质保障，体现了人文关怀，也是社会生活正常运转的补充剂。

此外，为帮助困难群众因疫情影响造成短期吃饭难问题，番禺区慈善会、广州市敏捷投资有限公司联合启动关爱番禺区困难群体爱心午餐公益项目，联动区内各社工服务站点为困难群众提供配餐服务。在为期 23 天的石碁镇疫期"大配餐不打烊"爱心午餐行活动中，将共计 334 份爱心午餐、食材包以及 522 份水果及时送到辖内 58 名困难群众手中，让他们感受到了政府和社会大家庭的温暖。

4. 企业定向合作，帮助特殊群体

（1）创新扶贫举措，打造慈善保险项目。番禺区"慈善+保险"跨界合作项目取得了较好的成绩。2018 年，番禺区慈善会与中国人保财险番禺支公司达成合作，为失独家庭和困难单亲家庭提供帮助。2021 年 8 月，番禺在广东省内首创将保险机制引入慈善救助工作，开展慈善救助保险保障服务项目，由保险公司切入原救助流程，延续原有救助申请审核机制，加强对困难群众实地走访，及时了解困难群众实际需求并提供切实可行的建议，同时融入人保财险专业保险机制，促使慈善基金救助功能最大限度减轻经济负担。截至 2022 年 8 月 31 日，该项目已为 928 人次困难患者提供综合性慈善救助服务，合计发放救助资金 253.05 万元，慈善救助服务惠及 555 个家庭、超 1500 人次。其中包含医疗救助、临时生活困难救助、来穗务工人员医疗救助、助学救助。

（2）对接站点服务，关爱困境儿童。一直以来，番禺区慈善会均持续开展困境儿童慰问、拓展活动，支持区福利院、培智学校、残联开展困境儿童帮扶工作，积极发动社会各界共同为困境儿童营造安全、健康、友好的成长环境，确保困境儿童感受节日温情、收获成长快乐。广州市番禺区金雁青少年之家随迁儿童服务项目，依托"金雁青少年之家"活动阵地，链接社会资源与各青少年服务社工机构，通过开展一系列课外兴趣班、亲情陪伴、感受城市、自护教育等活动，支持来穗随迁儿童健康成长。2021年番禺区慈善健康行活动更是以关爱困境儿童为主题开展运动筹款活动。此外，广州市百果园网络科技有限公司向志愿者联合会捐赠资金 10 万元，用于支持"党徽暖童心"关爱困境儿童志愿服务项目。番禺区新造镇社工服务站为解决疫情期间困境儿童的学习困难问题，上门辅导儿童上网课；新造镇社工服务站与广州医科大学红棉志愿服务队伍合作开展"点亮星光"爱心义教服务，为困境儿童提供一对一线上学习辅导。

5. 乡亲创办企业，反哺公益慈善

番禺区有不少由本地人创办的企业，依靠番禺区的政策支持和优越的投资环境，历经多年的发展，已经具有较大的规模，形成了企业集群。而企业家们不忘初心，承担企业社会责任，使番禺区初步形成了"大型企业带头发展，小型企业协同助力"的企业社会责任新慈善格局。

在大型企业中，长隆集团起到了表率作用。长隆集团历经多年发展成为中国文旅第一品牌，苏志刚董事长始终不忘家乡番禺的建设发展，广东长隆集团有限公司于 2019 年向番禺区慈善会捐赠 1 亿元，用于开展大石街各项公益慈善事业，其中首期 2000 万元用于锦岗公园和大石街长者活动中心建设，此外还设立了长隆重大疾病救助基金和长隆助学基金。2020 年，长隆捐赠 1000 万元扶贫资金助力怒江脱贫攻坚，并向广东省钟南山医学基金会捐赠 3000 万元，用于广东及广东对口帮扶地区开展健康扶贫和抗疫防疫公益慈善项目。

小型企业通过加入商协会，在商协会的组织下开展慈善活动。如番禺区总商会光彩事业基金在番禺区慈善会下成立冠名基金，对口扶贫贵州省赫章县及广东省五华县，专项基金用于开展扶老、助学、济困等慈善项目，对开展精准扶贫起到了积极有效的作用。捐赠项目包括五华县横陂镇锡坑卫生院改造项目、五华县龙村镇营田村饮用水安全改造项目、华安村小学电线电扇安全改造、治安队添置设备、村道照明项目等。

第五节　鼓励公众参与，拓宽志愿服务参与渠道

一、公众参与概念简述及番禺区慈善事业公众参与的特点

公益慈善事业中的公众参与主要依靠"志愿参与"精神，不断发展壮大的公益性民间组织在社会中的作用日益凸显，极大增强了社会的自组织化程度，成为不同于国家力量的一种"自下而上"的组织力量。慈善捐赠和慈善服务的发展情况，均是衡量一个国家或地区慈善事业发展水平的重要指标。慈善法规定，慈善组织、其他组织以及个人基于慈善目的，可以向社会或者他人提供志愿无偿服务以及其他非营利服务。公众可以通过贡献"人力"的方式参与慈善活动，真正实现人人参与。

公众参与慈善活动通常有以下 5 种途径：慈善捐赠、设立慈善组织、设立专项基金、设立慈善信托、提供慈善服务。其中，为了给公众参与慈善活动提供更为多元的选择，慈善法规定了设立慈善信托的方式。慈善信托属于公益信托，是指委托人基于慈善目的，依法将其财产委托给慈善组织或信托公司，由受托人按照委托人意愿以受托人名义进行管理和处分，开展慈善活动的行为。相较于慈善组织，慈善信托的设立和运作更为简易和灵活。设立慈善信托应当采取书面形式并在信托文件签订之日起七日内将相关文件向受托人所在地县级以上人民政府民政部门备案，未备案的不享受税收优惠。

根据《中华人民共和国企业所得税法实施条例》和《中华人民共和国个人所得税法》，企业发生的符合条件的公益性捐赠支出，在年度利润总额 12% 以内的部分，准予在计算应纳税所得额时扣除。个人符合条件的公益性捐赠额未超过纳税义务人申报的应纳税所得额 30% 的部分，可以从其

应纳税所得额中扣除。

（一）坚持党建引领，发挥带头作用

自成立番禺区党支部以来，番禺区慈善会充分发挥党支部战斗堡垒作用，并将党建融入日常工作，将党的精神落实到慈善工作的公众参与中，做到为党和政府分忧，为困难群众解愁。番禺区慈善会党支部先后参加了社会组织党支部书记党性教育实践暨"牵手行动"扶贫助学公益活动、"关爱长者，温暖到家"番禺区社会组织党委慰问长者活动等多个党日活动，用实际行动践行党的精神，充分发挥党员的模范带头作用。

（二）慈善捐赠多元化，筹措力度增强

番禺区慈善捐赠近几年呈多元化发展，冠名基金、定向捐赠、专项捐款已成为慈善捐赠的主要方式，在调动公众及企业积极参与慈善，推动番禺区慈善事业持续发展上发挥了重要作用。区卫生健康局近3年大力发动系统捐款，捐赠金额不断增加，2021年捐赠接近60万元；番盈新投资有限公司从2017年开始每年捐赠20万元，并广泛宣传发动员工踊跃捐赠；番禺水务投资集团有限公司、番禺信息技术投资发展有限公司、番禺交通建设投资有限公司、高比电梯装饰工程公司近两年每年各捐赠20万元。据统计，仅2021年就有200余家政府部门、社会组织、爱心企业多次组织员工、会员等参与"广东扶贫济困日"捐赠活动。番禺区慈善会以"6·30"活动为抓手，发挥慈善枢纽平台作用，探索多元慈善资金募捐渠道，为社会各界提供更为便捷的参与捐款方式，使扶贫济困人人可为。

（三）参与扶贫济困，助力脱贫攻坚战

扶贫公益事业加快发展的力量源泉蕴藏于人民群众之中，打赢脱贫攻坚战，是保障全体人民共享改革发展成果、实现共同富裕的重大举措，是体现中国特色社会主义制度优越性的重要标志。经过奋斗，2021年我国脱贫攻坚战取得了全面胜利，全国832个贫困县全部摘帽，同时巩固拓展脱贫攻坚成果同乡村振兴有效衔接起来。近年来，广州市番禺区民政局聚焦脱贫攻坚，着力夯实稳定脱贫基础，2022年全区深入推进政府采购脱贫地区农副产品工作，促进乡村产业振兴，确认脱贫地区农副产品采购预留份额 534.72 万元，工作执行率排全市前列①。2022 年番禺区慈善会在巩固脱贫攻坚成果，助力乡村振兴方面共筹集善款约 1435.32 万元，支出善款约 1130.36 万元，荣获 2022 年度广州市社会组织助力乡村振兴突出贡献单位的称号。

（四）探索创新慈善项目，拓宽公众参与慈善渠道

为推进慈善事业的公众参与，番禺区积极探索创新慈善项目形式，加大对各级慈善组织的支持力度，积极发展公益慈善组织，完善慈善品牌化项目。社会力量通过政府购买服务，实施公益创投等多种方式带动公众慈善参与和实践。

一是番禺区一直重点关注未成年人思想道德建设、心理健康教育问题。番禺区 38 所中小学均开展生活情景普法宣讲课程项目。除此之外，番禺区积极支持来穗务工人员子女城市的融入培育项目，通过开展各类小组课堂、社区活动、外出参观游历等形式为来穗人员子女提供广府文化体验服务，促进其在人文关怀、心理悦纳、政治参与、乐业奉献等领域的全方位社会融合。同时，番禺区慈善会资助社会组织开展"困难单亲家庭"项目、举办互助联谊活动、吸收帮扶对象成为项目志愿者。

二是番禺区在女性公益慈善事业发展上一直发挥引领作用，推动提高服务妇女发展，维护妇女权益。番禺区妇联献爱心公益创投活动从 2018 年开始已经连续举行三届，实现多元主体共同参与，满足妇女群众的不同需求，切实为妇女群众做好事、办实事、解难事。除了献爱心公益创投，番禺区妇联从 2003 年开始启动番禺区妇女献爱心互助活动，截至 2022 年 12 月，活动已举办 12 期，对番禺区居住、生活、工作的妇女进行募捐，捐资 100 元以上即可获得原发性恶性肿瘤申请资助或补助的资格，让更多有需要的女性得到帮助。

三是自新冠疫情暴发以来，政府以及社会各界努力保护人民群众的生命安全，南村总商会、南村总商会妇联、南村总商会工会、南村镇社区社

---

① 数据来源：广州市番禺区人民政府，广州市番禺区财政局 2022 年工作总结和 2023 年工作计划，http：//www. panyu. gov. cn/zwgk/zjgb/bmgzbg/2022/content/post_ 8898676. html。

联会、南村镇慈善会共同开展"家家安心幸福工程",镇东片、西片社工服务站协助项目工作的开展。通过走访慰问、上门心理辅导以及相关线上线下讲座等一系列的活动,为特殊群体、妇女儿童、困境家庭以及被隔离家庭等带来正面影响,共同抗击疫情,释放负面情绪。

(五)创新互联网慈善,弘扬传播慈善文化

互联网慈善已成为中国公益慈善事业发展的重要趋势之一。互联网慈善最大的优势,是它利用互联网平台让很多普通人,特别是社会大众参与小额捐赠。互联网慈善有利于进一步团结社会各界的力量参与扶贫济困,有利于增强人们的公益慈善意识、提升社会的文明素质,有利于形成扶贫济困、互助友爱的良好风尚,最大限度地推动"全民公益、全民扶贫"的实现。

番禺区还开创了"慈善+消费"的公益模式,不仅开展了与传统文化结合的"新春花市"慈善行活动,还开展互联网精准扶贫模式如直播义卖活动等。"新春花市"将慈善爱心融入传统节日,将广府文化与慈善文化融为一体,在新春佳节举行义卖活动,线上及线下的结合使善款筹集顺利进行。由番禺区慈善会牵头的义卖活动,义卖商品除在商城售卖以外,番禺区副区长带队进行直播义卖,所得善款由番禺区慈善会统筹用于慈善为民月系列活动。直播中,多个网络直播平台转发直播链接。直播后及时将直播过程精彩画面的短视频发布到抖音等平台进行二次传播;通过融媒体中心全媒体平台持续总结报道活动,给慈善为民系列活动增添曝光度的同时,还促进了公众对公益慈善的认识与参与。

(六)促进番禺区公众参与慈善事业的建议

番禺公益慈善的发展离不开全体番禺市民的参与,通过创新推动"慈善+体育""慈善+实体""慈善+消费"等模式,多元深入开展慈善进机关、社区、家庭、学校、企业等系列活动,社会各界参与慈善的渠道得到畅通。

然而,实际实践中公众参与不够。比如,基层推动公众参与社会治理的渠道不畅,组织化程度不够、专业化水平偏低等问题的出现既是传统管理模式的惯性使然，也与公众的道德素质、参与能力密切相关。在新时代能否跟上技术的发展变革，转变公众参与的"被领导"思维，对番禺而言仍是一个不小的挑战。番禺区要加强公众参与慈善的引导。

1. 加强党的建设，发挥党的引领作用

深入学习党对社会组织基层党组织建设的要求，党的十九大报告指出，要统筹城乡社会救助体系，完善社会救助、社会福利、慈善事业、优抚安置等制度。党的二十大报告进一步提出，要实现好、维护好、发展好最广大人民的根本利益，紧紧抓住人民最关心最直接最现实的利益问题，坚持尽力而为、量力而行，深入群众、深入基层，采取更多惠民生、暖民心举措，着力解决好人民群众急难愁盼问题，健全基本公共服务体系，提高公共服务水平，增强均衡性和可及性，扎实推进共同富裕。引导、支持有意愿有能力的企业、社会组织和个人积极参与公益慈善事业。应充分发挥党员的模范带头作用，将党建融入日常工作中，将党的精神落实到慈善工作中，让党建工作成为慈善会进步的领导力和推动力，切实为人民服务。

2. 加强制度建设，坚持依法慈善

"欲知平直，则必准绳；欲知方圆，则必规矩。"依法治国是治理国家的基本方略，依法治理是现代社会治理的基本方式。党的二十大报告指出，全面依法治国是国家治理的一场深刻革命，关系党执政兴国，关系人民幸福安康，关系党和国家长治久安。必须更好发挥法治固根本、稳预期、利长远的保障作用，在法治轨道上全面建设社会主义现代化国家。

要更加注重制度建设，拓展和深化公众参与的制度化平台，提升公众参与的制度化、规范化、法治化水平。要全面落实依法治理的各项重大举措，依法保障公众参与社会治理的各项权利，推进法治建设向基层延伸，全面提升城乡基层社会治理的法治化水平。要坚持依法慈善，认真学习慈善法，严格执行慈善法，把慈善法贯穿慈善会日常工作中。要严格按照章程、财务管理制度、救助管理规定等规章制度办事，坚持规范运作，充分发挥慈善在社会保障中的重要补充作用。

3. 坚持项目科学化管理，推动精准慈善

加强信息化建设，开发项目信息智能管理系统，利用大数据技术应用，优化项目管理，使项目实施更规范、更精准；坚持以人民群众为中心，发挥贴近基层、了解需求和灵活机动的优势，加大调研力度，积极开展走访，利用慈善会救助业务审批系统建立健全慈善救助数据库，通过分析研判，把群众最关心、最亟须解决的困难作为救助重点。

4. 加强跟踪监督，提高慈善资金的使用效益

党的十九大报告指出，要完善社会救助、社会福利、慈善事业等制度，健全农村留守儿童和妇女、长者关爱服务体系。党的二十大报告进一步提出要"深入群众、深入基层，采取更多惠民生、暖民心举措，着力解决好人民群众急难愁盼问题，健全基本公共服务体系，提高公共服务水平，增强均衡性和可及性，扎实推进共同富裕"。这些都为番禺区慈善事业未来的发展指明了方向。因此，要加强跟踪监督，坚持"事前介入，事中跟踪，事后监督"的原则，实时掌握慈善资金的使用情况和项目的实施情况，发现问题能及时整改，确保慈善资金合法合规合理使用，确保项目的开展贴合群众，提高慈善资金的使用效益。

5. 创新公益慈善力量参与扶贫及乡村振兴的管理机制

公益慈善力量参与扶贫及乡村振兴具有民间性、自愿性和无偿性，要不断完善和创新管理方式和制度，进一步明确公益慈善参与扶贫及乡村振兴工作的原则、范围、对象及程序，让公益慈善力量参与扶贫及乡村振兴工作实现规范化、制度化和日常化。

首先，在遵循"政府推动、民间运作、社会参与、各方协调"的前提下，改革社会组织参与扶贫及乡村振兴工作的行政化，鼓励和扶持慈善组织直接参与社会扶贫及乡村振兴。其次，健全反馈制度和激励制度。为激发和调动公益慈善力量参与扶贫及乡村振兴的积极性，建立起针对捐赠者个人及企业的反馈机制和激励机制。最后，应赋予公益慈善组织更多自治权，构建政府扶持与社会自治空间并存的健康政社关系。

6. 创新公益慈善参与扶贫的运作机制

随着互联网和移动电子设备进入千家万户，利用现代信息网络技术构筑各类慈善平台，创新运作方式成为公益慈善事业发展的大势所趋。互联网慈善一定要伴随网络的发展，不断提升自己的产品和技术，更好地服务慈善。未来，互联网慈善必然和慈善法的联系越来越密切，会修正很多原来在网络慈善上存在的概念误区和捐赠误区，更加均匀地让大家的爱心投入不同领域。目前，儿童类、妇女类、教育类的公益项目比重较高，环保类、文化类、艺术类的公益活动大家关注的热情度还不够，所以未来建议番禺更加均匀地引导公众参与不同领域、不同类型的公益活动。政府应在网络慈善传播营销活动中进行有效的信息传播，与公众进行良性互动，加强对慈善事件信息的跟踪，完整性和及时性地报道，使公众加深对慈善事件的印象。

二、番禺区志愿服务

（一）发展历程与概况

改革开放后，中国的志愿服务发展取得了极大的进步，志愿服务成为一项为社会所关注和支持的事业，不少有爱心的人加入了志愿组织，为社会的发展贡献自己的力量。广东省是中国志愿服务发展较早的省份之一，在志愿服务方面创造了三个"全国第一"：1987 年，第一条志愿服务热线诞生于广州；1990 年，第一个正式登记注册的志愿服务团体诞生于深圳；1999 年，广东省人大审议通过了第一部针对志愿服务的地方性法规。近年来，广东省的志愿服务也在茁壮成长中，而番禺区在全省大力促进志愿服务发展的环境下，借鉴国际、港澳与国内志愿服务发展的有益经验，结合本土文化，走出了番禺特色志愿服务之路。

番禺是广州最早成立志愿服务组织的区，有着良好的志愿服务氛围和广泛的社会公益群众基础，专业化水平较高。例如，广州市番禺区义务社会工作者联合会成立于 1996 年，2021 年 3 月 28 日正式更名为"广州市番禺区青年志愿者协会"（以下简称区青志协）①，主管部门是番禺区民政局和共青团番禺区委员会。截至 2022 年 12 月，登记在册志愿者超过 15.3 万人，志愿服务组织及团体 920 个。协助区委、区政府有关部门统筹开展全区青年志愿服务活动、大型赛会等，组织开展了"番禺区 2022 年广州国际美食节""番禺区第八届残疾人运动会""民间志愿者巡河""禁毒宣传"等志愿服务活动。作为面向全区青年志愿服务团体的枢纽型社会组织，区青志协不断强化服务意识和服务能力，加强志愿服务队伍建设，提升志愿服务综合能力，大力培育志愿服务文化，广泛凝聚青年志愿者积极参与社会治理，助力"志愿之城"建设。

广州市番禺区社区志愿者协会（以下简称区社志协）广泛聚合社区志愿者资源，引导区内各志愿者队伍群策群力，协助完善落实"五社联动"机制，成立番禺区社区志愿服务支队，支队下辖 16 个镇街 18 支社区志愿服务大队，275 个村（居）社区志愿服务小队。区社志协一方面设立番禺志愿服务慈善基金，积极开展"禺志愿情暖空巢长者""护花守蕾暖百家行动"等主题活动，围绕"一长一幼一品牌"创建目标，打造公益品牌标杆。另一方面以"禺愿行动"为载体，打造温暖"心愿桥"。在番禺区民政局、番禺区慈善会的指导下，区社志协共开展 4 期"禺愿行动"，其中第四期"禺愿行动"微心愿项目共募集到 16868.62 元，每个微心愿价值在 200 元以内，98 个微心愿全部点亮。微心愿行动还在持续进行中，将满足困难群众更多的生活、学习、医疗等需求。

（二）番禺区志愿服务品牌活动

1. 新春义卖

新春义卖是由广州市番禺区青年志愿者协会（原番禺区义工联）自 2000 年开始于番禺的迎春花市进行的一项公益活动，旨在通过义卖的方式向全社会募集资金，为困境青少年、孤寡老人、残障人士、特困家庭等特殊群体筹款。为配合慈善法的施行，2017 年新春义卖区义工联已向市慈善

---

① 番禺区义工联更名为区青志协 [N/OL]. (2021-03-30). https：//www.gz.gov.cn/xw/zwlb/content/mpost_ 7192071. html.

会申请并取得募捐许可，所筹得的款项会全数转入市慈善会，然后再申请用于帮助番禺区内的困难长者、残障人士、特困家庭、青少年等群体。2020年番禺区义工联在番禺迎春花市开展新春义卖、禁毒宣传等志愿服务活动，合计229人次志愿者参与。其中新春义卖5天累计筹得15288.4元。

2. 情满金秋

该活动始于1999年，人月两圆，中秋节前募集爱心月饼并将其送到困难家庭。近年来，得到番禺区青年企业家协会和其他爱心企业的大力支持，爱心物资增加了米、油等。区义工联各直属服务部、各镇街团组织和义工联在辖区内开展相应的慰问活动，将爱心物资和关怀送到16个镇街的部分困难群众、志愿者服务的困难个案、区儿童福利院等。

3. 情暖高墙

该活动自1999年第一次举办至今已经是第21年了。以探访慰问、帮教座谈、书信帮教等形式为主，活动旨在通过帮教活动使服刑人员感受到社会对他们的关怀和帮助，让他们积极改造、重新做人。在帮教活动中，志愿者与服刑人员开展"一帮一"座谈，志愿者们真诚地倾听他们的心声，了解他们的学习和改造情况，希望他们改过自新，认真学习改造，争取早日回归社会，成为社会有用之才。同时，志愿者向服刑人员送上写有祝福语的新年贺卡，让服刑人员切实感受到来自社会的关爱。2020年，团区委、区义工联发动热心企业捐赠价值1万多元的文具，给番禺监狱的服刑人员送上新春祝福。

4. 寒冬送暖

寒冬送暖活动始于1999年，由番禺团区委联合区内16个镇街团委联合关工委、青年志愿者服务队、区青年企业家协会、各镇街社工服务站，将慰问物品和节日祝福送到困境未成年人、孤寡老人等困难家庭人员手中。寒冬送暖活动不仅惠及本地困难家庭，而且还兼顾外来务工人员。

5. 情满铁路

春运志愿服务始于2010年，而暑运志愿服务始于2014年。每年近5000人次为广州南站春运提供优质的志愿服务。志愿者主要在广州南站地区为广大旅客提供路线指引咨询、行李搬运、寻人寻物、语言翻译、疫情防控、客流疏导等志愿服务。2021 年 4 月广州南站地区志愿服务队获 2020 年广州市志愿服务银奖集体、2020 年广东抗疫先进集体，12 月获"十大番禺好街坊队伍"。截至 2022 年 12 月 20 日，广州南站地区志愿服务注册志愿者 5883 人，志愿服务时长 92392 小时。团区委、区义工联也非常重视南站春运志愿者的保障工作和激励工作，通过中保人寿为所有南站春运志愿者购买保险，保障志愿者人身安全；与区交通局对接，凭南站春运志愿者证免费乘坐番禺区公交车，每年举办"春运志愿服务之星"和"暑运志愿服务之星"评选活动，以先进典型的评选和表彰对所有春运志愿者起到示范和导向作用。

6. 助力金雁城市融入

广州市番禺区金雁青少年之家随迁儿童服务项目，由乐施会（香港）广东办事处支持，团区委指导，区青志协负责整体项目实施。区青志协依托"金雁青少年之家"活动阵地，为来穗儿童提供免费的综合性服务项目，促进来穗人员随迁子女融入社区。2021—2022 年开展了暑期公益兴趣班、儿童课外成长系列课程、儿童早期教育、传统非遗文化活动亲子活动、社区节日活动、心理健康教育活动、传统文化夏令营、青少年防溺水夏令营、小小兵训练营、社区升学规划等活动共计 618 场次，参与志愿者 2060 人次，服务青少年 10423 人次。

7. 慈善健康行

始于 2013 年，每年都为不同的困难群体筹款，所筹善款用于开展各类专题项目。区义工联的志愿者们协助举办该活动，参与了指引参加者、签到、维持秩序等多项任务。2021 年番禺区慈善健康行改为线上捐步+线下打卡形式进行，市民可通过"慈善番禺"微信公众号"健康行"栏目或"慈善番禺"微信小程序参与线上捐步、线下打卡和照片征集活动，帮助困境儿童。2022 年慈善健康行受疫情影响暂停举行。

8. "禺愿行动"微心愿项目

项目以低保低收入对象、特困人员、留守老人、独居孤寡老人、贫困重度残疾人、困境儿童6类特殊困难群体为对象，组织社区党群先锋队及社区志愿者、社会爱心人士为困难群众实现100个微心愿。2021年，项目上线全区困难群众微心愿489个，包括电饭煲、拐杖和学习机等，全部被点亮，价值107605元，2022年持续点亮100个特殊困难群体的微心愿和20个困境儿童的微心愿。

9. 番禺区乡村振兴志愿服务培力项目

项目着力于挖掘、培育番禺区乡村振兴志愿服务队伍，塑造、推广番禺区乡村振兴志愿服务优秀项目，将番禺区志愿者、志愿服务队伍对美丽乡村建设、城乡社区治理工作中的先进人物、先进事迹、优秀服务模式进行充分的挖掘、提炼、展示、表彰和传播，系统呈现番禺区乡村振兴志愿服务实践的成果，通过社会面的表彰和传播，扩大番禺区志愿服务影响力，打造番禺区志愿者助力乡村振兴的服务品牌。

10. "南粤红豆"巾帼志愿服务

"南粤红豆"团队主要由女企业家、儿童专家、心理和法律专家、文化遗产巧匠等人员组成，团队围绕妇女儿童工作中心，引导巾帼志愿者持续开展学雷锋志愿服务活动，打造"南粤红豆""绣美丽""爱无疆""同欣亲子""让爱回家"等特色品牌，获得广州市2019—2020年"最佳巾帼志愿服务组织"、2021年"广州街坊番禺好街坊"、广州市女企业家先进集体、番禺区妇联先进集体等荣誉称号。

(三) 番禺区志愿服务发展特点

一是志愿服务领域全方位发展。番禺区志愿服务注重全方位发展，在帮扶老弱病残、助学、解决心理问题、保护环境、维护交通秩序、社区服务等多个方面都有长足进步，切实为人民群众解决问题。二是镇街服务规模不断壮大。番禺区的镇街志愿服务经历了从小规模团体到不断壮大，从项目单一到逐渐多元化，从无人知晓到社会反响强烈的过程。番禺区镇街志愿服务在发展中避免了过去"一刀切"的方式，通过开展具体、实际的服务活动，引起了社会的关注与重视。

（四）番禺区志愿服务未来发展建议

1. 以"党建引领、社会动员"激活志愿服务事业

番禺区公益发展既要有中国特色也要有番禺特色，其中，必须坚持党的领导，结合党政方针，推动番禺区公益志愿服务的发展。志愿活动尤其需要鼓励人民群众的参与，以社会化运作来激发每个志愿者的主体意识，吸引社会力量有序参与。

2. 以专业化提高发展水平

志愿服务不仅需要志愿者有蓬勃热情，更需要发挥志愿者的专业知识，使被服务者的需求得到有效满足。为了提高志愿服务的专业化水平，必须着重培养志愿人才，对他们进行理论与实践的培训。

3. 以信息化创新工作平台

番禺区可以利用现有的信息技术平台，及时公布志愿活动信息，让更多志愿者更加便利地了解到当下番禺区志愿活动的现状。

4. 打造共建共治共享的社会治理格局

志愿服务具有参与广泛性、行为利他性和方式灵活性的特点，是创新社会治理的重要载体，是参与社会治理的重要力量。番禺区应大力推进打造共建共治共享的社会治理格局建设，让更多人参与志愿服务。

第四章　社区慈善基金整合社区慈善资源

作为"五社联动"的重要一环，社区慈善基金成为广州市番禺区政府近年来大力推广的社区治理关键项目。2020年7月，广州市番禺区民政局印发《关于大力推动社区基金发展指导意见（试行）的通知》，大力推动社区慈善基金发展。2020年10月，广州市番禺区的村（居）社区慈善基金建设工作全面完成，全区275个村（居）实现了社区慈善基金全覆盖，"2+2+275"的治理网络进一步完善。本章以深度访谈、个案研究等为主要研究方法，探索在"五社联动"背景下，番禺区社区慈善基金在参与社会治理过程中的发展现状，并且从社区慈善基金发展的资源视角出发，理解社区慈善基金在实践过程中产生的困境及原因，并参考国内外先进社会慈善基金发展经验，为推动番禺区社区治理创新有序发展，同时也为其他地区的社区慈善基金发展实践提供具有普适性、可借鉴的基层治理经验。

第一节　社区慈善基金的发展背景及概念界定

一、社区治理的背景

自2012年党的十八大以来，社会治理重心下沉到社区已经成为社会建设的新格局。2017年，党的十九大报告提出，我国要打造共建共治共享的社区治理格局，而推动社会治理的关键是要让重心向基层下移，让社会组织扮演好角色，发挥好功能。习近平总书记强调，在推动社会治理的过程中，重心应落在城乡社区，只有社区服务管理能力提升才能夯实社会治理的基础。2022 年，党的二十大报告进一步提出要完善社会治理体系，健全共建共治共享的社会治理制度，提升社会治理效能，营造见义勇为社会氛围，建设人人有责、人人尽责、人人享有的社会治理共同体。

作为社区治理中正在兴起的一种解决方案，从根本上讲，社区慈善是利用了所有社会和文化中自然存在的一种资产——社区内人们互相帮助的意愿。对从事社区慈善的行动者而言，开展社区慈善既是作为社区治理的一种机构形式，也是出于为公的冲动。而社区慈善作为一种载体，恰好拥有将居民的为公冲动转化为长期存在的地方组织的独特能力，并且具有因地制宜和因捐赠者制宜的灵活性，因而能够获得较快发展。作为社区治理的重要内容，社区慈善近年来在我国也获得了较快的发展。从总体上看，我国社区慈善主要包括捐助帮扶、慈善超市、志愿服务和社区基金会四种形式。

二、核心概念界定

（一）社区基金会定义及国内外实践与研究梳理

社区基金会，即一个社区的居民为了更有效地解决本地区的公共事务而设立的带有基金会性质的非政府组织。20 世纪初，伴随西方工业化、城市化的迅速推进，贫富悬殊等社会矛盾层出不穷，为协同解决同质人口聚居地等公共安全和公共服务困境问题，社区基金会应运而生并在西方兴起。经历了近一个世纪的发展，社区基金会在美国得到了长足发展，这一模式也开始了向外输出，逐渐辐射到欧美。20 世纪末，为了寻求超越传统捐赠的既有概念和常识的新理念，以日本大阪商工会议为核心的有识之士通过借鉴和移植美国社区基金会的理念和模式，成功创设日本首家基金会——大阪社区基金会。总的来说，在实践层面，虽然各国和地区实践情况并不相同，但都经历了社区基金会的本土化历程；在研究层面，相比较国外研究，国内社区基金会研究较为滞后。

进入 21 世纪，为破解社区治理难题，我国也开始引入社区基金会这一新型组织形态。自 2008 年起，深圳、上海、南京等多个城市陆续出现社区基金会。截至 2021 年 7 月 1 日，全国已经成立了 180 多家为社区服务的社区基金会、慈善基金会或社区慈善基金。

近年来，我国学界也展开对社区基金会的关注，初期的研究大多从归纳总结国外社区基金会模式对我国的借鉴意义，或是以国内外社区基金会的比较研究为主。如章敏敏、夏建中（2014）通过对西方社区基金会的运作模式的比较研究，指出银行模式、混合模式即类聚焦模式都不属于我国社区基金会发展的目标，聚焦模式才是我国社区基金会发展的理想方向。原珂等（2016）通过对英美发达国家社区基金会的发展背景、运行模式、发展策略等方面进行系统引介，归纳出我国社区基金会的本土推进策略。

随着国内社区基金会的蓬勃发展，一些对我国社区基金会的个案调研和实证探究开始出现。2016 年，徐家良及刘春帅基于上海和深圳的个案，从资源依赖理论视域对我国社区基金会的运作模式进行研究。周如南等（2017）以深圳市为例，对社区基金会的动员与运作机制进行了比较研究。何明洁和潘雨（2021）基于成都市 15 只社区基金，从资源视角分析了社区资金在社区治理中的作用。但总体而言，国内的社区基金会研究仍主要以归纳总结和意义探索为主，案例研究和实证探索较为缺乏。

（二）社区慈善基金的定义及发展现状

社区慈善基金是政府财政以外的社会资金，由城乡社区在慈善基金管理平台设立专项科目，通过专项基金运营实现发起人的社区利益表达，目前已在上海、成都、北京、南京、广州、深圳等地试点，单只慈善基金的体量从几千元到上百万元不等，数量和范围均快速增长。在番禺区的社区慈善基金发展实践中，社区慈善基金的概念被更具体地表述为"由慈善组织根据其与社区慈善基金发起人签订的协议设立并进行管理的，用于番禺区内特定社区（村）公益慈善事业的专项非营利基金"。

社区基金首先在我国的农村兴起。在农村，社区慈善基金被看作一种小额信贷（何广文，2007）。刘胜安、韩伟（2009）的研究指出，国内最早的社区慈善基金实践可追溯到 20 世纪 90 年代：1995 年贵州省村寨发展基金项目是中国最早开展的社区发展基金试点工作，1999 年，香港乐施会也开展了自己的试点。同时，荷兰政府支持的"中荷扶贫项目"也开始了试点工作。观察到社区发展基金在农村发展和建设中的积极成效，2005年，政府开始全面推广社区发展基金。

(三) 社区基金会和社区慈善基金的不同

在现有的国内外研究中，对于社区慈善基金和社区基金会尚未有统一的定义。总的来说，二者都可以被认为是社区治理模式的创新。从共同点来说，社区慈善基金与社区基金会在运作模式、治理理念等方面有很强的相似性。但二者实际上是两种不同的社区治理模式，社区慈善基金实际上是社区基金会的初级形态。部分社区基金会的成立与运作最早是由社区慈善基金发展而来，社区慈善基金属于基金会或慈善组织的专项基金，从社区慈善基金走向社区基金会的成长之路是两种不同的运作形态，蕴含着发展主义的指导观（范斌、朱志伟，2018）。

三、社区慈善基金及其作用

当前，社区慈善基金的本土化探索仅为起步阶段，对社区慈善基金的研究大多出现在政府通知、新闻报道、案例集和实操手册上。当前不管是学界或是实践领域内都没有明确的、统一的概念界定。部分学者认为社区慈善基金是能够集中零散资金、发挥整体优势，解决社区建设投入的问题的。许多学者从社区慈善基金促进多元治理的角度出发，认为社区慈善基金在社区治理的过程中可以挖掘社区骨干、培育社区领袖、孵化志愿者队伍。也有部分学者从社区慈善基金的性质出发，认为社区慈善基金是政府财政以外的社会资金，由城乡社区在基金管理平台设立专项科目，通过专项基金运营实现发起人的社区利益表达（何明洁、潘语，2021），简单来说是指在具有公募资格的慈善组织中设立用于社区公益事业的专项基金。换句话说，一个个社区，不论是从行政辖区意义上的社区，抑或是更广阔区域概念的社区，作为社区慈善基金的落脚点，都旨在有效撬动社区力量参与社区治理，在整合社区资源、解决社区问题、促进社区融合、推动社区自治等方面发挥积极作用，具有独特的魅力，成为基层治理和民生保障的有益补充，总的来说，社区慈善基金对于社区的三个定位在于社区资源动员、社区合作媒介及社区培力。

社区慈善基金对于社区创新治理具有重要的意义，可以根据社区慈善基金的三个定位出发：

整合与链接社区资源：高效整合与链接社区内的资源，为社区内不同主体参与社区公共事务提供新的方式。以往社区内的资源往往并不受重视，或者仅由社区"两委"凭借行政力量驱动社区资源的挖掘和收集。但社区慈善基金不仅能快速灵活响应社区需求，回应社区居民的个性需求，同时还是支持社区长远发展的战略需求。

成为社区合作媒介的慈善枢纽：社区慈善基金作为社区慈善枢纽，能够搭建社区慈善捐赠平台，促进社区内部各方合作，链接各方主体，促进社区"两委"、驻区单位、企业、居民、社会组织、居民自组织和志愿者队伍等多元主体参与社区事务，促进多元治理和共同决策。同时，社区慈善基金作为一笔社会资金，能够链接不同的慈善资源进入社区参与社区营造和社区发展，引进外部的专业服务为社区和社区居民提供服务，满足社区多元和复杂的需求。

作为公益引擎为社区培力：社区慈善基金不仅能支持社区社会组织/社区自组织的发展，协助构建社区互助自助服务体系，培养社区居民公共精神与参与社区公共事务的动力，同时也在运营过程中通过对自身能力建设和资源积累，未来逐步发展成可独立运行的社区基金会。

四、社区慈善基金理论依据

（一）治理理论

社区慈善基金除了作为社区治理的主体之一参与社会治理以外，社区慈善基金的运行所涉及的包括增强公民公共意识、回应和解决社区当地需求、促进社区融合、推动社区自治和发展等都不同程度地发挥着社区治理的作用，充当了社会治理的重要一环。以图 4-1 为例，社区慈善基金能够成为链接社区内外多元主体的平台，政府和智库为社区设立社区慈善基金提供政策和行政支持，并为社区慈善基金的管理和运营提供助力；在整个社区生态链中，社区慈善基金以其支点的作用，架构起社区内外的不同利益相关方，不同利益主体通过社区慈善基金这个平台发挥其相应的作用，起到"1+1>2"的作用。

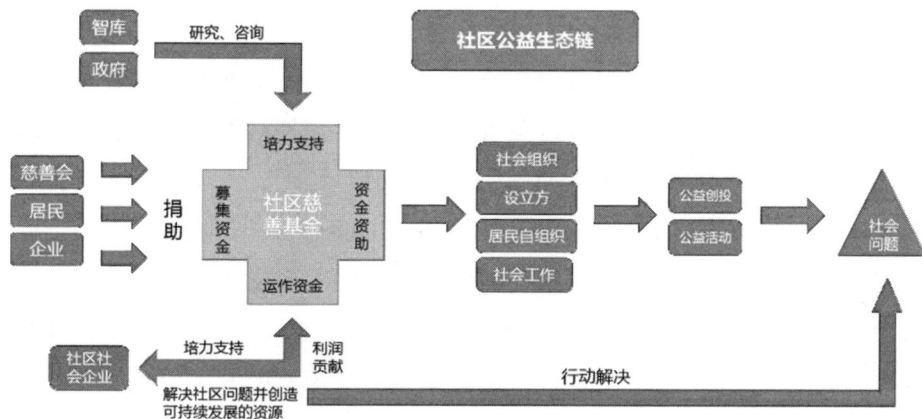

图4-1　社区慈善基金在社区公益生态链中的作用

（二）社会资本理论

社会资本被认为是一种存在于社会关系中的网络资源，它表现为个人关系、成员身份和社会网络，其核心要素或基础要素就是信任关系。之所以被称作"社会资本"，一是因为它们存在于社会关系之中；二是因为它们可以带来增值，被认为是无形资产。由于社会资本关注社会网络和人际关系，体现社会信任和社会归属感，而社区作为人们在地的、真实的社会空间，蕴含信任、合作互信的社区能够通过人与人、人与集体的沟通、互动、组织与资源共享形成社会资本，从而提高社区主体对社区的认同感、信任感和归属感（燕继荣，2010）。

第二节　番禺区社区慈善基金发展情况

一、成立原因

（一）社区慈善氛围浓厚

番禺一直保持着乐善好施、热心慈善的良好形象，番禺"大爱"的情感记忆和文化基因传承，为社区慈善基金的铺开与持续发展积累了深厚的群众基础。从集体记忆塑造方面而言，弘扬慈善精神，倡导"人人慈善为人人"的慈善文化和氛围。从文化基因传承方面而言，存续着敬老宴、龙舟宴等代代相传的习俗，以汀根村为例，自 2011 年开始举办敬老活动，费用皆由企业和个人赞助，2019 年敬老节村筹款近 27 万元。社区慈善基金成立原因之一便是延续长久的社区慈善氛围，将原有的社区慈善和资金使用规范化运作。

（二）原有社区发展水平不足以回应居民需求与社区问题

随着社区居民需求更为多元化，原有的社区功能难以解决实际问题，如基本帮困金难解燃眉之急、求援之路单一、项目审批严格、获取资金周期长等治理难题。在需求无限、政府资源有限的情况下，需要一条成立于社区、服务于社区，具有聚集和运营社会公益资源的功能，可以充当社区需求与资源之间联系的纽带，以便高效发现、跟进、解决社区发展的实际问题。

番禺区慈善会副会长兼秘书长邓红兵介绍："社区慈善基金可有效整合各类社会资源，使许多社会问题在社区层面以慈善、公益、自治、互助等方式解决，进而缓解各种社会矛盾。同时，通过企业、社会组织、社区居民等多元主体共同参与、互动推进的社区治理新体系，有效强化基层'末梢'管理和服务。"

（三）番禺区"五社联动"的建设背景

2015 年广东省民政厅印发《关于推进社区、社会组织、社会工作专业人才"三社联动"的意见》。社区慈善基金是社区服务的保障，鉴于"三社联动"缺乏社区慈善基金的问题，"五社联动"模式将社区慈善基金作为合力治理的基础。快速响应社区居委会的需求，从而高效灵活地解决社区实际问题，回应居民的个性化需求，也为孕育社区组织、开展社会活动提供资金支持。

（四）政策支持

2017 年国务院印发《关于加强和完善城乡社区治理的意见》，鼓励通过慈善捐赠、设立社区慈善基金等方式，引导社会资金投向城乡社区治理领域，提高居民参与资金使用度。2019 年，广州市民政局《关于印发〈广州市实施"社工+慈善"战略工作方案〉的通知》，按照社区慈善基金服务管理指引的规定具体运作，形成"由社区来，到社区去"的"社工+慈善"战略协同发展运作模式。

2020 年，广州市番禺区民政局印发《关于大力推动社区基金发展的指导意见（试行）的通知》，是广东省首个区级指导社区慈善基金发展的规范性文件，该意见规范了社区慈善基金的概念、目的、设立方式、资金来源、使用范围、运营管理和保障措施等全方面治理章程。从政策的角度为番禺区社区慈善发展的顶层设计规划，为社区慈善基金的高效运转发挥了引领作用。

（五）慈善组织介入，激励机制推动社区慈善基金工作

2019 年底，番禺区慈善会将社区慈善基金建设写入年度计划，规划专项资金 825 万元用于社区慈善基金建设，制定了《社区慈善基金管理暂行办法》。2020 年 7 月，广州市番禺区民政局印发《关于大力推动社区基金发展的指导意见（试行）的通知》，规范社区基金的概念、资金来源、使用范围和运营管理。近年来，番禺区创新探索"五社联动"共治生态圈建设，积极培育指导社区慈善基金，加大资金筹集力度，广泛开展为民服务项目，努力打造社区慈善基金助力基层社会治理"番禺模式"。在 2020 年 10 月实现了番禺区 275 个村（居）社区慈善基金全区覆盖。2022 年，番禺区民政局制订了《广州市番禺区推动社区基金发展实施方案（2022—2024 年）》，番禺区慈善会配合制订"六大行动计划"，通过党建引领行动、完善架构行动、社

区募捐行动、项目打造行动、宣传行动、评优和考核行动 6 个方面，全力推进社区慈善基金有效覆盖，让大爱照进社区，让生活更美好。

二、发展历程

（一）探索时期——缓慢生长

2016 年，广州市在"三社联动"的基础上，引入了社区企业与社区慈善基金，以"小试点"模式推进社区"大发展"治理格局。2016 年 8 月 8 日，番禺区"五社联动"公益生态圈建设项目在沙园社区启动，选取 5 个社区作为试点建立"社区慈善基金"，解决社区居民的迫切问题，推动社区问题的自我消化和民间互助。同年，番禺区第一家社区慈善基金在市桥街沙园社区建立。然而前期的"五社联动"模式，由区社联会进行整体运营管理，但因缺少相应的规章制度，仅仅作为概念性的社区慈善基金，尚未真正运行。

（二）网络形成——集中爆发

2019 年，番禺区慈善会提前核定了 825 万元的项目预算金额，用来发展和支持各村（居）社区慈善基金的设立；2020 年，广州市番禺区民政局印发《关于大力推动社区基金发展的指导意见（试行）的通知》，争取社区慈善基金的全覆盖、见实效，实现"一社区（村）一基金"。2020 年 10 月，广州市番禺区的村（居）社区慈善基金建设工作全面完成。全区 275 个村（居），全部建立了社区慈善基金，这个数字是广州市其他区社区慈善基金总量的 4 倍。

（三）后政策时期——仍需深入实践

番禺区副区长文曦介绍，番禺区社区慈善基金实现 275 个村（居）全覆盖，是番禺区委、区政府进一步密切党群关系、丰富社区慈善内容、破解社区治理难题、推动"五社联动"机制向纵深发展的重要举措。而在新的阶段，社区慈善基金是否能够有效运行；是否充分发挥社区慈善基金"整合多方资源、实施公益项目、解决社区问题"的积极作用，聚焦社区居民所需所盼，精准对接服务项目，为公益项目助力，为社会组织赋能，为社区群众服务；是否充分保障社区慈善基金公开透明规范运作，让来自居民的每一分钱都用到有利于居民的地方。这些问题都有待更多的实证研究来回答。

三、发展现状

（一）番禺区社区慈善基金发展基本情况

1. 社区慈善基金数量增长迅速

广州市番禺区民政局 2020 年 7 月发布文件大力推进番禺区社区慈善基金建设以来，番禺区登记在册的社区慈善基金数量已由 2020 年 6 月 30 日的 25 家增长至 2021 年的 275 家，各个街道的社区慈善基金得到快速发展，社区治理的潜力得到一定释放。从番禺区社区慈善基金的城乡比例来看，社区属社区慈善基金数量为 98 家，占比约 36%；村属社区慈善基金数量为 177 家，占比约 64%[①]。

值得注意的是，虽然番禺区 2021 年社区慈善基金的数量较上年增长 10 倍以上，但在 275 家社区慈善基金中，2021 年调研时真正投入使用的社区慈善基金仅有 13 家，其中 5 家为社区属社区慈善基金，8 家为村属社区慈善基金。2022 年社区慈善基金逐渐实现从"有形覆盖"向"有效覆盖"转变，不少社区慈善基金甚至镇街在募捐、项目设计与实施、资源链接等方面作出亮点，2022 年"99 公益日"募捐活动，桥东社区慈善基金以"桥东社区梅山大厦旁出入口便民通道改造计划"为番禺区慈善会子计划上线腾讯公益平台，以自筹资金超 5 万元位居番禺区"三日累计捐款总额前十名榜单"榜首。

2. 社区慈善基金资金利用率不断提升

番禺区各镇街从 2020 年就已经开始募集资金，但 2020 年全区的社区慈善基金并未投入使用，利用率为零；2021 年社区慈善基金资金规模达到 10365111.27 元，社区基金支出达到 7014281 元，总体使用率达到 67.7%。据 2022 年社区慈善基金资金使用情况统计表相关数据，截至 2022 年 12 月

---

① 本部分数据截至 2021 年 2 月 28 日，数据来源于番禺区慈善会。

31 日，社区基金共募集资金 3195.64 万元，总使用率达 55%，其中钟村街社区基金使用率最高，达到 92%。从 2021 年开展社区基金调研到 2022 年底，社区基金在募集资金规模上不断变大，使用率达到较为理想的水平，体现出番禺区社区基金不断为社区基层善治发挥积极作用。

3. 资金来源方面，番禺区慈善会配资和企业捐赠占比突出

对番禺区各镇街社区资金募集来源进行编码整理后，将番禺区社区慈善基金主要来源编码为企业捐赠、个人捐赠、番禺区慈善会统一拨款、镇街慈善会拨款、合作社捐赠、其他社区组织捐赠、其他来源 7 种类型。整理统计发现，番禺区慈善会统一拨款是最稳定和最高频的资金来源，企业/个人的现金捐赠则是社会募集的主要构成，但相较于企业，社区内居民个人形式的资金捐赠无论是频次还是金额表现上都较低，说明社区内居民对社区慈善基金的建设支持仍以部分热衷慈善、事业有成的代表人物为主，更多的普通居民并未参与社区慈善基金的资金蓄水池建设。而在部分村属社区慈善基金中，所在村的股份经济合作社则成为村属社区慈善基金独特的资金来源之一。

而具体到各个镇街社区资金来源的多样性上，除番禺区慈善会给每个镇街所属社区慈善基金的统一拨款和部分原镇街慈善会的拨款（石楼镇、石壁街、沙湾镇、沙头镇社区慈善基金资金来源仅依靠上述两类拨款来源），大部分社区慈善基金的资金来源较为单一，仅依靠 2~3 类资金来源来维持社区慈善基金运作。

4. 番禺区社区慈善基金的使用去向

2021 年番禺区各镇街已投入使用的 13 家社区慈善基金累计开展了 14 项活动，资金用途主要为资助和支持改造社区教育、扶贫、扶老、优抚等方面慈善项目活动支持，占社区慈善基金总支出比例最高，达 95.65%；慈善宣传类活动，2021 年共计开展一项活动，占社区慈善基金总支出的 1.4%；资助和培育社区社会组织的建设和发展类活动，2021 年共计开展 3 项活动，占社区慈善基金总支出的 2.95%，如钟村街道新成立的志愿服务促进会和小谷围街道开展的志愿者协会 LOGO 设计征集等。

（二）6个社区慈善基金案例的工作开展情况

2021年社会创新中心调研团队走访了6个典型社区慈善基金工作人员，了解当时的社区慈善基金工作基本情况（见表4-1）。

表4-1 番禺区社区慈善基金工作人员访谈记录表

		A村	B社区	C村	D村	E社区	F村
基本信息	访问对象职位	社区慈善基金专职人员	社区慈善基金专职人员	社区慈善基金专职人员、联络员	社区慈善基金专职人员、民政干部	社区慈善基金专职人员	社区慈善基金专职人员、主任
	工作时长	近1年的社区慈善基金工作经验，有多年居委会工作经验，刚调到A村工作，本地经验不多	14年社区工作经验，12年B社区工作经验，有计生、妇联工作经验，目前从事社区慈善基金、社区随粤平台的推广、疫苗接种、"五社联动"、人大代表换届准备工作、资料档案整理工作	半年的社区慈善基金工作经验	半年的社区慈善基金工作经验，7年村委会工作经验	1年多的社区慈善基金工作经验	近1年的社区慈善基金工作经验，同时有多年居委会工作经验
	访问对象所在社区慈善基金的成立时间、原因与历史经验	2020年，由政府统一推动成立，此前没有相关工作经验	2020年，由政府统一推动成立，社区曾有募集捐款用于慈善事业的尝试，为统一成立后的社区慈善基金发展提供经验参考	2020年，由政府统一推动成立，此前没有相关工作经验	2020年，由政府统一推动成立，此前每年都会举办长者慰问活动，有一定举办活动的经验	2020年，由政府统一推动成立，此前没有相关工作经验	2020年，由政府统一推动成立，此前没有相关工作经验

		A 村	B 社区	C 村	D 村	E 社区	F 村
基本信息	"五社联动"对所在的社区慈善基金的影响	没有影响	社区慈善基金作为"五社联动"的一部分，互相推动发展完善	在程序方面比"五社联动"工作有改进，更加灵活，可以应对突发情况，不必受限于僵硬的计划	帮助不大	没有相关实践经验	相关工作经验对基金的物资募集有帮助
	社区慈善基金在社区中的作用	帮助社区内的特殊困难群体	社区建设与社区慈善	—	公开、公平、公正地支取资金来建设社区	—	帮助社区内的特殊困难群体
社区慈善基金的资金筹集与经费支出	筹集资金计划	没有，资金由慈善会统一拨款	定期筹集，主要有主动联系、举办活动等方式	定期筹集	慈善企业或个人会主动咨询社区活动需求并捐赠资金	—	定期筹集
	筹集资金的对象	—	企业、居民	—	企业、居民	居民；筹集不到社区内企业的资金	企业、居民
	筹集的资金类型	—	没有限制，目前接受的都是资金	物品、资金	没有限制，目前接受的都是资金	—	物品、资金
	动员居民捐资的方式	—	主动联系居民或通过社区活动如慈善日摆摊来鼓励居民捐款	—	—	—	通过微信公众号、宣传栏、手机短信等途径鼓励居民捐款

		A 村	B 社区	C 村	D 村	E 社区	F 村
社区慈善基金的资金筹集与经费支出	居民参与筹资的积极性	—	较高	—	—	较低，相较之下，扶贫的党员积极度更高	很高，虽然捐款数额不大，但居民参与度高
	资金保值增值方案	没有，一方面是不知道资金可以用于投资等增值活动；另一方面是目前可申请的资金使用范围有限制，只限于开展社区活动项目	番禺区慈善会统一管理	没有，资金申请范围限于社区活动项目	番禺区慈善会统一管理	没有，民政局规定资金每年必须用完一定数目	没有
	管委会开销来源	自己出或用居委会的资金，社区慈善基金未对管委会设立专门经费支持	—	基金没有专门经费支持	没有	没有	居委会直接支出，开销很小

		A 村	B 社区	C 村	D 村	E 社区	F 村
管委会组织成员选任与培训	管委会成员选任标准	由上级直接任命，不清楚选任标准，选任的都是居委会的工作人员	根据政治面貌、工作单位、社会责任感选拔，其中，社会责任感最重要	根据上级指示、具体文件等选任	本村的爱心人士、爱心企业内的职员	由上级从不同单位选任，不清楚标准，管理松散	街道办、居民代表参与选任，根据社区工作经验、相关专业背景来选
	成员培训与其他社区主体交流	民政局组织开会，在管委会内部开会传达会议精神，没有专业基金支持培训一部分原因是没有充足的培训资金	没有专业基金知识培训。会与共建单位和社工共同开展活动、邀请其他社区的文体队伍表演节目	民政局组织开会后，在管委会内部开会传达会议内容，专业基金知识培训由上级统一安排，管委会没有主动安排培训	民政局组织开会后，在管委会内部开会传达会议内容	民政局组织开会。由于距离较远，不会和其他社区的基金工作人员共同开展活动	1~2个月进行一次专业社区慈善基金知识培训，高校教师会参与、会和其他社区的基金工作人员交流基金活动、申请程序等相关经验

续表

		A 村	B 社区	C 村	D 村	E 社区	F 村
项目工作流程与社区主体参与	工作流程与参与主体	从提案、决定到执行都由居委会完成	1. 提案：管委会也即居委会负责提案 2. 决策：管委会内部决策，上报审核，审核通过即确定最终提案 3. 执行：管委会负责规模小的活动，居委会、企业、物业、社会工作者、志愿者等合作负责规模大的活动	没有规范的工作流程，全部工作都由管委会内部完成	1. 提案：根据了解到的居民需求，先咨询相关部门有无直接帮助，如果没有就形成提案 2. 决策：管委会决策 3. 执行：村委会、街道办、第三方专业机构等	没有规范的工作流程，一般是管委会负责统筹类的工作，项目决策时会考虑居民需求和资金状况，形成方案后由民政部门决定是否开展该项目；专人如社联会来管理日常工作；民政局监督	1. 提案：居民代表向管委会工作人员反映需求后，管委人员形成相关活动或解决方案 2. 决策：居民代表参与讨论决定 3. 执行：由专业公司评估和执行
	了解社区具体需求的途径	通过居委会的日常工作了解需求	主动询问居民需求，居民也会反映需求	根据村委会服务村民的经验	管委会主动了解，居民也会主动反映	主要是居民反映需求，还会通过常规活动如传统节日来了解	通过居民代表的反映来了解社区内特殊群体的需求
	居民参与上述社区慈善基金工作流程的积极性	—	参与的积极性较高，居民比较关心社区建设	参与的积极性较高，面向全社区的活动的参与人数多	参与度高	—	参与的积极性较高，居民代表很负责任

续表

		A 村	B 社区	C 村	D 村	E 社区	F 村
项目工作流程与社区主体参与	政府部门、当地知名人士等其他主体对社区慈善基金的帮助	—	—	政府部门会提供政策引导，指导资金使用方向	—	没有	政府部门会提供政策引导
	监管主体	政府部门、慈善会	监督委员会、居委会、街道办、居民	居民、政府	村领导、街道办、番禺区慈善会、村民	监督委员会、第三方审计机构、民政部门、居民	居民代表、居民、慈善会
	监管途径	资金使用报告	居民：社区公开栏 其他：通过提交的活动资料进行审查监督	居民：公告栏	村民：公告栏、微信公众号活动回顾文章 其他：通过提交的活动资料进行审查监督	居民：直接向管委会反映问题；向民政反映问题；拨打12345反馈问题	居民：社区公开栏 其他：通过提交的活动资料进行审查监督
目前发展情况总结与未来发展规划	优势	—	—	—	资料整理方便	慈善会有定期的款项支持，政府也会帮助号召爱心人士参与	各部门配合良好
	困难	资金申请使用的程序烦琐，管委会工作人员同时还是居委会工作人员，工作压力大	疫情打断工作进程，目前还未利用资金开展活动	管委会工作人员同时还是村委会工作人员，工作压力大	资金不是由基金工作人员直接管理，管理、使用的自由度低	资金、人手不足，申请程序烦琐、耗时长	资金数量少，限制了可帮助范围，一个帮扶对象就几乎把资金用完了

续表

		A村	B社区	C村	D村	E社区	F村
目前发展情况总结与未来发展规划	未来发展规划	—	根据社区阶段建设目标来调整资金使用去向，当前阶段规划主要是帮助独居老人希望获得更多政府支持	—	希望有专门的部门对基金进行管控	希望能将申请程序电子化来减少程序耗费的时间，集中精力于具体活动，扩大参与主体范围，如让文艺团体、志愿者等参与基金工作	—

四、机制分析

（一）社区慈善基金多元筹集与共建机制

1. 发起

番禺区社区慈善基金属于"五社联动"模式的一部分，据访谈对象反映，官方牵头统一建立社区慈善基金，一方面有着规范化指引的好处，明确的资金申请规定改善了原来社区内开展活动流程混乱的局面；另一方面则给社区建设经验不足的社区造成了一定的工作压力。部分社区因为此前就有长期的帮扶活动经验，建立社区慈善基金后能够弥补过去由于财政支出范围小等限制而出现的帮扶漏洞。而对于缺乏相关历史经验的社区，管委会完成建立社区慈善基金的任务后，不敢用也不知道怎么用这笔资金，而是等待政府部门等给出明确指示后再使用，这导致社区慈善基金建设在这些社区处于停滞的状态。

2. 启动资金

目前，社区慈善基金是由当地个人、公司、经济社等发起人向慈善会捐赠 2 万元以上作为启动资金后，慈善会再对这些社区给予提供 3 万元的配捐支持，因此一般社区慈善基金的启动资金都在 5 万元以上。

3. 管理委员会

根据官方指引，管委会在人数方面，不少于 5 人，且为单数；在成员来源方面，可以包括社区慈善基金设立人、所属镇街指定联络员、社区（村）居民代表、捐赠人、社区（村）"五社联动"委员会等多个来源；在职位设置方面，主任 1 人、副主任 1 人、秘书长 1 人、委员若干；成员名单还需经过番禺区慈善会秘书处审核批准，并在社区公示。

而从实际访谈结果中可以了解到，在管委会成员来源方面，成员多由居委会、村委会工作人员兼职担任，成员的其他来源少，结构多元化程度低；在管委会成员选任方面，各社区（村）没有统一的选任标准；在管委会成员培训交流方面，实际成效一般，管委会成员对培训的内容语焉不详，而且除了番禺区慈善会的统一安排外，社区慈善基金管委会很少主动寻求外部的学习资源，与其他社区基金管委会进行经验交流的频率低，自我提升的意识薄弱；在管委会工作开销方面，统一管理基金的番禺区慈善会暂时不收取管理费用，而具体执行工作的管委会则是没有设立工作经费，日常开销一般需要自己负担，或由居委会或村委会工作经费支出。

（二）社区慈善基金管理运行与共治机制

1. 运行架构

结合访谈结果和社区慈善基金的使用流程，运行架构见表 4-2。

表 4-2　番禺区社区慈善基金管理运行架构

工作步骤	主要参与主体	主要工作
提案	主要是管委会，部分社区中也有居民、居民代表参与	通过居民、居民代表的反馈和管委会的主动询问来了解居民的需求，并结合第三方报价等信息拟订项目方案
决策	主要是慈善会、管委会，部分社区中也有居民、居民代表参与	管委会召开工作会议决议项目方案，部分社区会参考居民决策意见，决议方案后，根据项目方案的类型（资助类、工程类、采购类）向慈善会提交相应资料，由慈善会最终审核同意

续表

工作步骤	主要参与主体	主要工作
执行	管委会、承办活动的第三方专业公司或机构、慈善会	慈善会审核同意后，管委会需要签署《番禺区慈善会社区慈善基金使用协议书》，由慈善会划拨款项，项目实施方收到款项后5个工作日内向番禺区慈善会开具收款票据
监督	管委会、慈善会、民政部门、居民	管委会在项目结束后提交结项报告及其他相关材料，以供政府部门、慈善会等进行项目监测审计，并通过社区公告栏、微信公众号等途径公开活动细节，方便居民查看监督 在效果评估方面，暂时没有具体的基金发展评估指标

2. 资金筹集与使用

社区慈善基金的资金来源可以包括社会募集、慈善组织资助、政府扶持资金和政府购买公益服务资金等形式，资金形式有限，主要是现金、物资，暂时不接受财产权利等其他形式的资金。

而结合访谈结果和具体数据信息，目前社区慈善基金的主要来源是慈善会拨款、爱心企业或当地经济社捐赠，居民捐款数额占比小。这与社区慈善基金管委会所在地的经济发展状况、社区互助传统以及管委会的募集活动等因素有关。具有长期互助传统的社区，管委会成员的募捐经验更丰富，社区居民普遍具有较强的奉献精神，即使个人捐款数额小，也会积极参加募捐，社区内的企业甚至还会主动咨询捐赠事宜；而经济发展一般、没有相关经验的社区慈善基金则缺乏募捐意识，没有定期募捐的计划，对企业等主体自主捐款和慈善会的拨款支持依赖性强。

为了确保社区慈善基金的正常持续运作，规定还表明社区慈善基金每年筹集资金和支出资金都有最低限额，如果社区慈善基金长期未使用基金且无捐赠资金收入，就要接受整改，如果整改后仍无改善，慈善组织有权暂停或终止该社区慈善基金。该规定一方面提高了社区慈善基金的使用率，根据访谈对象的反馈，即使管委会工作人员对社区慈善基金的目的、用途之广等信息不了解，强制支出和筹集资金的规定也会推动他们自主摸索社区慈善基金的发展道路；另一方面也限制了资金的增值保值计划，管委会工作人员只能通过筹集活动获取资金，并在一定期限内花掉大部分筹得的资金，无法通过投资等活动来拓展资金来源，提高资金的可持续性。

3. 资助体系

根据番禺区慈善会的指引，与过去由财政经费支出的城乡居民活动费用相比，社区慈善基金的用途更加多元化，涵盖了社区建设的各个方面，具体可使用的方向如下：

（1）资助和支持改善社区教育、科学、文化、卫生、体育、环保、扶贫、济困、扶老、救孤、助残、恤病、优抚、救灾等方面的慈善项目；

（2）资助和培育社区社会组织的建设和发展；

（3）资助和发展社区（村）志愿服务，激发社区参与活力；

（4）改善社区（村）公共服务设施，建设幸福社区、美丽乡村，促进乡村振兴和社区共建共治共享；

（5）开展慈善宣传，传播"人人慈善为人人"的理念；

（6）其他符合《中华人民共和国慈善法》规定的项目或活动。

番禺区民政局、番禺区慈善会通过发布各种政策规定和指引，举办社区慈善基金培训等方式鼓励社区慈善基金使用多元化，而反观社区慈善基金实际的使用方向，可以发现目前社区慈善基金使用仍然较为单一，主要是帮扶社区内的特殊困难群体等传统用途。在疫情防控背景下，由番禺区慈善会牵头社区慈善基金创新性作出支持社区疫情防控工作的尝试。从2022年开始，市桥街怡乐等社区利用社区基金开展老旧社区停车棚改造、修建"初心亭"、翻修羽毛球场等社区微改造行动社会反响强烈，有效激励了大龙街、石碁镇等更多的社区慈善基金开展社区微改造，探索多元化的社区慈善基金使用策略，是社区慈善基金在灵活适应社区需求中的一个重要进步。

（三）社区慈善基金的监督与评价机制

1. 监督机制

社区慈善基金的监督力量以番禺区慈善会、番禺区民政局具备一定的财务审查实力的主体为主。虽然居民可以通过社区公告栏公布的项目信息来进行监督，但这种形式难以调动居民主动监督的积极性，即使管委会充分地公开细节信息，实际居民监督的低参与度也会使"透明公开的监督"成为摆设。除此之外，社区慈善基金的项目还没有量化的衡量指标，无法评价项目成效并据此改进管委会工作。

表 4-3　番禺区社区慈善基金监督机制表

监督类型	参与主体	监督程序和方式
专门监督	慈善会民政局	管委会在完成项目工作后，需要根据指引将各类详细资料提交给慈善会，配合慈善会、政府部门等的审查，审查后慈善会也会定期进行社区慈善基金收支的公示 1. 项目持续时间超过 1 个月的，管委会需每月向慈善会提交项目进展报告，直至项目结束。项目结束后，按慈善会的要求提交结项报告及其他相关资料 2. 项目时间在 1 个月以内的，管委会在项目结束后 30 天内向慈善会提交结项报告及其他相关资料 3. 管委会配合慈善会进行专项财务审计，提供相关的财务资料，接受社会监督
社会监督	居民居民代表监委会	通过社区公告栏、微信公众号等渠道公布项目细节，居民也可以直接联系管委会工作人员了解项目情况

2. 番禺区社区慈善基金功能评价

2020 年 10 月，社区慈善基金建设工作全面完成，全区 275 个村（居）全部建立了社区基金。2021 年广州市社会创新中心在开展实地调查时发现，当时大部分社区基金未有效投入使用，已投入使用的社区慈善基金的用途集中在帮助社区内的困难群体，如为独居老人解决生活困难、长者慰问等活动，社区慈善基金在原本的资金支出之外为社区提供了一笔额外的帮扶资金，还有少部分资金用于防疫工作、教育设备添置等。实际上，社区慈善基金的设立不仅是为了帮助特殊困难群体，还有惠及全体居民的愿景，随着市桥街怡乐社区开展社区微改造、石碁镇开展"耆乐安居"项目、市桥街西片6个社区慈善基金联动广州番电电力建设集团有限公司开展"我为群众办实事 用电安全共守护"入户排查用电安全改造项目等尝试取得良好的社会影响，越来越多的社区探索社区基金多元化功能发挥。

链接多元社会资源，开展募捐行动是社区慈善基金的核心工作。2021年番禺区慈善会首次参与"99公益日"活动，发动65个社区基金参加活动开展筹款，2022年参与"99公益日"筹款活动的社区基金数量是2021年的3.78倍，番禺区社区慈善基金获得的配捐额是全市第一。2022年更多的社区基金探索多元化的筹资策略，除了上线腾讯公益平台，社区慈善基金还开展多样化的线下筹款活动，市桥街怡乐社区开展"大夫山慈善健康行"、现场义卖活动等进行筹款，骏新社区慈善基金管委会开展"骏新社区闲置物品义卖"公益集市活动。这都说明番禺区社区慈善基金正从"有形覆盖"到"有效覆盖"转变。

五、挑战对策

据2021年的调研，可以看到番禺社区慈善基金吸纳社会资源投入社区发展，但在社区治理的过程中，社区慈善基金依托其他机构而存在，有资源依赖的问题。从社区慈善基金发展的资源视角来看，调研组尝试对社区慈善基金在社区治理中遇到的挑战及其原因作出分析，并对具体问题提出一定对策。

（一）经济资源

经济资源是社区慈善基金存在的根基和发展的命脉。基于社区慈善基金的理念，社区慈善基金发展的理想状态应该是在初始资金之外，运作资金的来源能够实现多元和灵活的态势，有效动员募资，并以灵活的资金推动基金项目的灵活运作。然而，此次调研发现番禺区社区慈善基金的经济资源存在以下问题。

1. 社区慈善基金的募资渠道单一

根据 2021 年调研结果，已筹集的社区慈善基金的主要来源是爱心企业、当地经济社，最后是占比极少的居民捐款。可以看到，社区慈善基金的经济来源是较为单一的，反映了社区慈善基金对政府和社会资本的依赖。财力较好、社会发展较好的街道或许会支持和培育社区慈善基金的发展，积极开展项目。而条件较差的、社会组织发育不足的街道则更倾向于消极"应对"，将募资看作一项形式化、僵化的流程，最终导致社区慈善基金不仅没有实现基层公共资源的"增量"，反而陷入内卷化的困境（苏晓丽，2019）。

"我个人觉得上级会定期拨一些款项来资助，我觉得这个是比较好的。因为现在像居委会的话，是没有额外的财政收入的，全部收入都是依靠拨款，而且现在政府都是预算制，像社区慈善基金不在预算范围之内，所以只能靠民政那边额外地拨款过来才能开展社区的基金活动，不然的话开展不下去的。"【E 社区慈善基金负责人】

"因为我们社区管辖范围之内的只有一家企业，就是小区配套的企业酒店，所以它那边也筹集不到资金。目前没有收到一些热心人士或者企业给我们捐助，但是其他村或者是一些社区就可能会有，因为他们村里或者是社区里有比较多的企业，有些还是集体企业，所以会有一些帮助，像我们就没有。"【E 社区慈善基金负责人】

2. 社区慈善基金的使用手续烦琐

据 2021 年调研结果，番禺区社区慈善基金的使用去向单一，相较于番禺区民政局规定的六大适用范围，其实际支出集中在扶贫养老等传统慈善项目，且很多临时性的社区服务和活动由于项目申请的流程而无法开展，其原因可能是社区慈善基金使用手续烦琐。多位受访者提及的申请流程复杂、耗时耗力等问题，可以看出社区慈善基金复杂的使用手续给社区慈善基金运作带来了挑战，过于原始和烦琐的手续的确影响了项目推动的进度和相关负责人的活动热情。

"番禺区慈善会把钱放在统一账号下，我们村搞活动，都是用代收代支的方式，即我们先用，然后补资料交到慈善会，一批一批审下来把钱返回到我们村。如果是在成立之前，那些公司直接把钱转到我们社区的账户，我们就可以直接用这笔钱，就不用那么麻烦走这么多的程序。"【D村社区慈善基金负责人】

社区慈善基金大部分用于社区事务、社区微建设，涉及金额不大，部分社区慈善基金工作人员为规避资金与项目实际使用不符的风险，会"边花钱、边改材料"，达到项目申请与资金用途一致的效果。随着番禺区"五社联动"社区治理机制的推进和社区慈善基金的深入运作，当前"先花钱，后补材料"的规范问题将逐步解决。

（二）人力资源

作为社区慈善基金日常运作的执行单位，管委会成员构成在很大程度上会影响社区慈善基金的影响力和筹资能力。在此次调研中，番禺区社区慈善基金在管理团队的人力资源上出现行政化的趋势和专业性不足的问题。在实际运作中，人力资源的行政化和专业度不足问题使得部分社区慈善基金建设处于停滞的状态，在项目运作过程中也伴随操作不规范、运作过于死板的阻碍。伴随专业分工细化，社区慈善基金的发展可能需要更有精力更有能力的执行团队进行运作（苏晓丽，2019）。

1. 管委会行政负担过重

根据对番禺区社区慈善基金管理机制的分析，各个社区慈善基金管委会成员的构成依据指引囊括社区慈善基金设立人、所属镇街指定联络员、社区（村）居民代表等多个来源，但实际操作中成员多由居委会、村委会工作人员兼职担任，成员的其他来源少，结构多元化程度低。一些基金管委会成员反映，管委会是公益工作、兼职服务，基金运营人力不足，难以高效平稳启动常规工作，累得筋疲力尽的工作人员往往很难集中精力于社区慈善基金的运作。

"我们居委会那边根本就不存在专业不专业的问题，我们只是负责开展活动就申请，然后他们批了我们开展而已。社区慈善基金是没有办法顾及的，因为精力分散，肯定不会全力以赴地去做某一件事情。"【C村社区慈善基金负责人】

2. 社区慈善基金人员孵化与培育不足

在访谈的过程中，番禺区慈善会负责人认为可以将基金里面的资金给到第三方，由第三方具体执行，这不失为节省精力的好方式，但仍然是治标不治本，不能根本地解决社区慈善基金管理委员会本身专业性不足的问题。番禺区社区慈善基金在实际开展工作过程中出现的缺乏规范组织管理、人员专业能力差等问题，是孵化和培育人才的相关过程缺位或者没有发挥其应有作用的结果。

"具体培训内容有下来的文件我们就可以学，会组织我们去开会，然后回来传达会议精神。请一些对社区慈善基金情况比较了解，或者有专业知识的高校教师来培训，街道那边组织是有的，但是我们自己没有，如果我们要申请培训，还要做一个预案，申请培训的经费，那就比较麻烦。"【C村社区慈善基金负责人】

"也许因为疫情，所以我们聚在一起开会不多，我们都是通过微信联系，我们有一个群所有的村的负责人大部分都在，如果有新的会议精神可以直接在微信群里发布，然后在微信群里讨论提出问题，然后再解决。"【D村社区慈善基金负责人】

(三) 认知资源

符合利益相关者的心理预期，真正获得认同的社区慈善基金才能更好地生存，社区慈善基金工作者在社区治理中发挥其主观能动性尤为重要，社区居民的认知资源也是其发展需要争取的。但在实际情况中，番禺区社区慈善基金在管理内部并不存在可由共同的认知达成的发展目标，而居民对募资和基金项目活动的参与热情也并不高，这是以上双方都未在认知上达成社区慈善基金发展需要的结果。

1. 社区慈善基金工作者的认知不充分

从2021年调研情况来看，番禺社区慈善基金的发展中认知资源是缺位的，也就导致其自我发展的动力不足，处于一种无序的状态而难以走向有序和高层次的发展。民政办的领导对管委会的运作起到了主导作用，其认知很大程度上决定了社区慈善基金的社区角色，进而影响到管委会的组织架构、项目运作和规划。比如，对于基金项目的发起，实际上社区慈善基金管委会只是项目申报的一方，但真正决定方案是否执行，也即资金流向的是上级部门。在这样的情况下，社区慈善基金的工作是缺乏自由度的。又加之专业程度不高，导致管理成员可能缺乏对社区慈善基金的了解、认同和足够的参与热情。访谈番禺区慈善会负责人时也提到，各社区的积极性并不是特别高，也不好调动。

很多社区慈善基金管委会的发展中出现了不敢用、不知道怎么用、嫌手续麻烦等问题。第一，不敢用是由于团队缺乏主体意识，对外依赖性强（除非上一级有明确的指示，否则不动用），不敢主动作出具有创新性的实践；第二，不知道怎么用，是由于对操作规范不熟悉且没有主动学习的意识；第三，嫌手续麻烦是由于社区慈善基金的管理者既无法主动改善现有的规则环境，又没有深层次的认同去支撑其行动。

2. 社区居民对社区慈善基金的认知未被开启

社区慈善基金在统筹社区资源时，社区居民是不可缺少的需要被动员的一部分，但大多数社区居民的公益慈善观念相对薄弱，造成了社区居民参与度尤其是居民自发的捐赠、志愿服务等行为相对较低的局面，居民对社区慈善基金的认识、信任程度以及参加进社区慈善基金相关项目的参与网络等社会资本有待进一步提高和扩展。社区慈善基金需要开启社区居民对社区慈善基金的认知，促进参与、培养他们共同建设社区的主人翁意识，通过这一部分的认知资源真正达到共建共治的社区治理目标。

第三节　规范社区慈善基金运作流程

整体来说，社区慈善基金的运作包括一系列的规范流程，如筹集资金、发起、管委会的建立、成立后的管理和运营、项目申请、监督和评估等。但由于每个社区有其特色与需求，相应地，资金的多少与发起方、管委会的组成等都需要根据社区当地的实际情况进行调整。同时，不同社区慈善基金的挂靠平台也不一样，因此，不同社区慈善基金的设立及运营也要依据挂靠平台的标准进行。

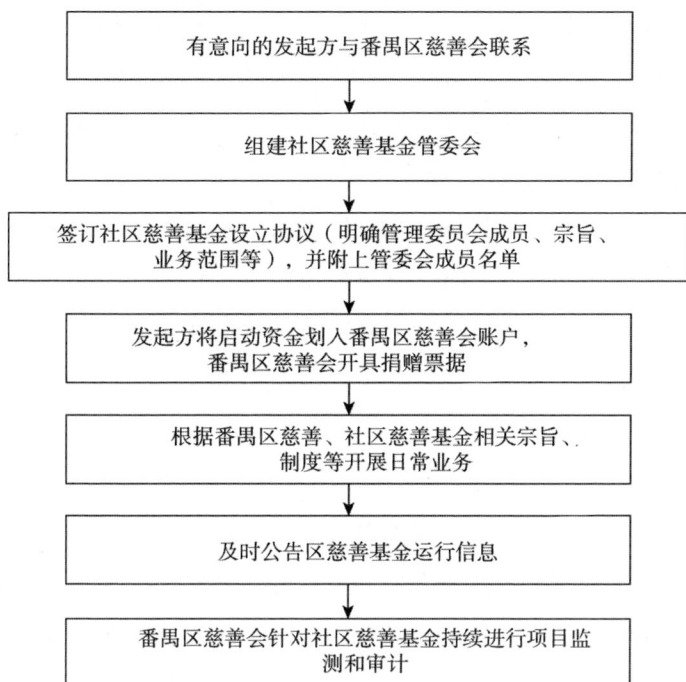

图 4-2　番禺区慈善会设立社区慈善基金流程图

一、多元筹集与共建

社区慈善基金的发起与筹建往往代表了社区事务公共性的实现程度。完全依靠行政力量的社区，通过社区"两委"作为政府半官方代理人从体制内输出公共行政资源，社区内的主体对社区公共事务参与力量不足、参与渠道有限（何明洁、潘语，2021）。社区资金作为社会化资源，能够将顺社区不同利益相关方的主体关系，推动社区不同主体参与社区建设的动力。

（一）发起并提交申请

社区慈善基金的发起常常有不同缘由，包括政府的推动、社区内的突发事件、居民基于人道主义的支援帮助、社区所进行的某项微建设等，个别社区也会主动设立社区慈善基金（何明洁、潘语，2021），通过社区慈善基金这一灵活的资金渠道进行社区营造和社区建设。社区慈善基金的前期发起需要社区内不同主体洽谈，有意向的社区慈善基金发起方需要与具有公开募捐资格的、合适的慈善组织（由于社区慈善基金的成立均需挂靠在具有公开募集资格的慈善组织中，因此本手册提及有关慈善组织下设的社区慈善基金，均默认为具有公开募捐资格的慈善组织）进行联系，并确定初步的合作意向。与此同时，需要提出设立社区慈善基金的申请，同时组建社区慈善基金筹备委员会，负责筹集社区慈善基金启动资金、管委会人数和成员的确定、明确社区需求、确定社区慈善基金使用和发展计划等。

（二）启动资金募集

社区慈善基金的设立需要一笔启动资金，社区慈善基金启动资金的构成也体现了社区不同主体的活力、积极性和主体性，其考验公众的动员能力、检验社区的群众基础。启动资金的金额会根据具有公开募捐资格的慈善组织的不同要求、社区的需求与能力等而有不同的差异。社区慈善基金的本地属性决定了其募集资金的对象是社区内的不同利益相关方，包括社区居民、社区企业、个体经营户、驻区单位等。

（三）管委会构成

社区慈善基金管委会是沟通社区与社会捐赠人之间的桥梁。社区慈善基金管委会成员往往由发起方和慈善组织共同派员组成，通常包括社区"两委"成员、居民代表、党员、捐赠人代表、企业代表、社会组织代表等，具体人数由发起方和慈善组织协商决定，原则上不低于3人且为单数。管委会主任原则上由社区慈善基金发起方指定代表担任。捐赠人代表进入管委会不仅能维护捐赠人的业务要求，也通过这一机制将原本的非行政力量（例如以企业、社会组织、居民等主体为代表的社会力量）吸纳进社区的事务处理中。

但不同慈善组织对于社区慈善基金管理委员会设立的标准不一，以番禺区慈善会为例，根据《广州市番禺区慈善会社区基金管理办法》，管委会应由不少于 5 人单数组成，成员应包括但不限于社区基金设立人、所属街道办事处（镇政府）指定联络员、社区（村）居民代表、捐赠人。可以直接由社区（村）"五社联动"委员会作为管委会。同时，管委会应设主任 1 人，副主任 1 人，秘书长 1 人和委员若干。成员由设立方与社区/村（居）委会协商确定。

表 4-4　××（慈善组织）社区慈善基金管委会成员名单

姓名	身份证号	就职单位及职务	联系电话	管委会拟任职务

注：以上表格可根据管委会实际成员数量进行增减，表格后应附每个管委会成员身份证复印件。

（四）签订协议

前期准备事项确定后，需要与合适的、具有公开募捐资格的慈善组织（如番禺区慈善会）签订一式两份的社区慈善基金合作协议，明确社区慈善基金的使用计划、发展计划以及管委会成员、宗旨和业务范围等。待协议签订后，发起方须将启动资金划入慈善组织的银行账户，同时慈善组织需出具捐赠票据。协议签订后，社区慈善基金正式成立，同时社区慈善基金须向社会公开披露社区慈善基金相关信息。

二、管理运行与规范

（一）组织架构

社区慈善基金的运行和管理包括议事提案、决策、执行和监督四个环节，不同环节由其对应的组织架构专门负责。面对社区需求，社区慈善基金下的基金成员大会、议事委员会提出其议案，寻求基金成员响应；但当面对社区事务、需要决策时，由社区慈善基金内的社区慈善基金管委会进行决策。但根据学者研究，社区由于长期处于"多重任务响应机制"这一独特的工作框架当中，已经能够灵活在已有的组织机制上承接新的任务。所以，社区慈善基金的组织架构与社区本身所存在的组织高度同构，但根据社区慈善基金本身的情况又并不完全一致。

简单来讲，社区慈善基金的议事提案环节，理应由社区慈善基金内的基金成员大会及议事委员会负责运行，但事实上，实际参与的社区主体或组织机制是社区议事会、社区自组织、党小组、积极分子报告机制、网格员信息收集机制；而在社区慈善基金决策环节，应由社区慈善基金管理委员会负责，但在实际参与中，往往由社区"两委"、社区议事会和社会捐赠人代表负责相应的决策；本应由社区慈善基金内的执行干事或分委会进行社区慈善基金内部事务的执行，但实际主要由社区自组织、社区"两委"、党员、积极分子、普通居民、社会组织等社区内的各主体共同参与；另外在监督方面，原本由社区慈善基金监事或监事会负责监督社区慈善基金事务，在实际操作中，监事或监事会也常常会由社区本身所存在的组织和个人，如社区监事会、党员、积极分子、普通居民等进行实际的监督。

（二）资金筹集（筹款）

社区慈善基金由于挂靠在可进行公开募集资质的基金管理平台下，因此可以进行资金募集。社区慈善基金需要联合基金管理平台向社区内外不同主体，如社区居民、社区内企业、单位、社会公众等进行劝募。要想把社区慈善基金"用活"，须有足够的资金支持社区慈善基金进行资助，从而用于社区，助力社区营造和社区发展。

社区慈善基金的资金募集渠道包括以下 6 种：一是社区资源置换。以社区公共场地设施为例，可将场地或设施以有偿的方式租借给需要的社会组织、企业或商家，租借所获得的资金可进入社区专项基金。二是以社区大型活动的组织实施为载体，吸引社区企业或商家的资金支持。

邀请社区爱心企业或商家为大型社区公益活动冠名，为社区慈善基金注入爱心，在后期资金使用中主动邀请商家或企业代表参与相关活动的评审及日常走访等。三是具体事项筹款。挖掘社区需求，并将其包装为筹款产品后，邀请社区居民、社区商家和企业进行捐款，所筹资金将全部投入社区慈善基金，定向用于筹款事项。四是将筹款工作与社区产业扶持联动。如资助项目盈利返还、爱心商品销售返点、公共活动低偿收费等，把社区慈善基金与社区发展挂钩联结，实现捐赠资金的持续注入（何明洁、潘语，2021）。五是将问题及需求设计成筹款项目，在民政部指定的慈善组织互联网公开募捐信息平台上进行网络筹款。六是向全国其他关注社区发展及社区专项基金发展的平台（如资助型基金会、枢纽型机构）争取支持。

（三）资助体系（用款）

实际上，社区慈善基金的资助体系、如何用款占据了社区慈善基金日常管理运营的一大部分。这涉及资金使用部分和规范使用两大部分。

1. 资金使用部分

在资金使用部分，因应社区的特殊性，不同的社区慈善基金其资金使用范围会有所差别，但大部分社区慈善基金的资金使用主要范围离不开服务板块和治理板块。其中，服务板块主要面向财政支出无法解决覆盖，但社区居民/群众有需求的工作，属于补漏性质的资金使用，如面向社区困难人群的扶贫济困帮扶工作、发放慰问金或物资等。同时，服务板块也面向用于资助社区自组织，既是社区慈善基金对社区居民集群需求和集体互动的响应，也利于培育社区自组织、提升居民参与社区事务的能力，如社区文体小组、社区志愿者队伍、社区互助会等，为居民组织化形态提供支援（何明洁、潘语，2021）。

另外，治理板块是面向社区发展治理，通过资金为社区不同主体架设桥梁和沟通与互动渠道，共同助力社区建设和发展，常见的方式是资助社区公益项目，如社区微景观改造、社区设施适老化改造、社区公益倡导、社区研究、社区人才挖掘和培养项目等。同时，治理板块也面向资助社区产业发展，扶持社区小微创业创新。这不仅推动社区产业发展，从产业中获得的相对比例分红也有助于社区慈善基金资金池的可持续发展。

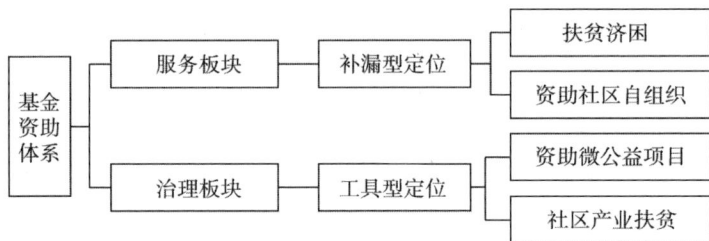

图4-3　社区资金主要资助体系（何明洁、潘语，2021）

以上的服务板块（补漏型定位）、治理板块（工具型定位）是从社区慈善基金使用内容上进行分类，若从资金使用的形式上来看，社区慈善基金的资金使用形式主要包括购买服务和资助公益项目两种。

首先，购买服务是指社区慈善基金/基金管理平台将资金拨付给企业/社区社会组织/社区自组织等单位开展活动或购买相应的服务。例如，在项目的实施过程中，社区有租赁车辆的需求，社区慈善基金/基金管理平台需要与租车公司签订一份租车协议，这份协议就叫作"购买服务协议"。简单来讲，租一辆车，租一个酒店、餐厅等，支付相应的费用，这都是购买服务。其次，资助公益项目是指社区慈善基金/基金管理平台将款项拨付给社会组织等非营利性组织或企业等进行公益项目的研究或实践等。

二者的区别在于购买服务大多指的是社区慈善基金或基金管理平台自己进行公益项目，但在实践公益项目期间，需要第三方提供一定的支持，社区慈善基金/基金管理平台只是购买第三方的服务。而资助项目是指社区慈善基金或基金管理平台把资金交给第三方，让第三方执行该公益项目。对于购买服务和资助公益项目，资助公益项目在管理层面上对社区慈善基金或基金管理平台要求更高，项目的情况需要如实进行汇报[①]。

---

① 603社区. 爱分享 | 基金会专项基金知识大放送［EB/OL］.（2019-08-03）. https：//mp. weixin. qq. com/s/rkF3uV8MiHZyD6kWFH8SCQ.

2. 规范使用部分①

社区慈善基金的资金使用需要凭借基金管理平台所规定的请款说明/项目计划书，按照基金管理平台规范的资金使用标准向基金管理平台提出申请，经过基金管理平台审核批准、拨款，方可使用相应资金。一般来说，社区慈善基金向基金管理平台所提出的请款申请/项目计划书一般包含两方面内容：一是对项目公益性的论证和描述，尤其是对社区营造和社区发展的贡献，不能资助营利性活动；二是所提供的资金用途，将用于购买服务或是资助项目的方式使用。

三、监督评价与共享

社区慈善基金作为一笔持续运行的、挂靠在基金管理平台上的资金，需要接受基金管理平台的监督和社区的监督，不仅需要满足基金管理平台所要求的财务公开、信息透明的专业要求、执行标准，同时也要满足社区不同主体对社区慈善基金的期待，接受社区主体对社区慈善基金运行效用的检验。

与社区多元主体治理的内在逻辑一致，社区慈善基金在社区内的监督主体也十分多元。首先，社区慈善基金本身具有内在的监督主体——社区慈善基金监事。社区慈善基金监事常常由参与公共事务积极性较高、动力较强的社区监事会成员、社区骨干、党员干部等成员担任。其次，作为服务于社区的基金，也意味着其监督主体的广泛性，因此除了社区慈善基金内在的自我监督外，还包括社区"两委"、社区居民、社区企业、个体经营户、驻区单位等多元的社区主体，他们不仅是社区慈善基金的参与者、行动者、受益人，也是社区慈善基金的监督者，除此之外也包括基金管理平台、公众等监督主体。

---

① 603 社区．爱分享｜基金会专项基金知识大放送［EB/OL］．(2019-08-03)．https：//mp．weixin．qq．com/s/rkF3uV8MiHZyD6kWFH8SCQ.

第四节　社区慈善基金评估体系建设

一、社区慈善基金指数评估体系背景

2017 年《中共中央　国务院关于加强和完善城乡社区治理的意见》明确指出，要不断拓宽城乡社区治理资金筹集渠道，鼓励通过慈善捐赠、设立社区慈善基金等方式，引导社会资金投向城乡社区治理领域。这既是社区慈善基金首次写入中央文件，也是中央政策层面对社区慈善基金这一我国改革开放和社会治理实践中出现的新兴社会平台给予的充分肯定。

《广州市人民政府关于促进慈善事业健康发展的实施意见》中主要任务提到培育发展各类慈善主体，进一步激活民间慈善力量，鼓励发展各类慈善基金会，特别是资助型基金会，引导设立企业基金会、家族基金会、社区基金会。广州市番禺区民政局印发《关于大力推动社区基金发展的指导意见（试行）的通知》对于社区慈善基金作出更进一步的解释与规范。

为全面、客观、系统、持续地评估番禺区社区慈善基金发展现状与发展趋势，广州市番禺区率先开发首个社区慈善基金评估指数。社区慈善基金指数评估体系对社区慈善基金的发展趋势作出预测性判断，并且通过评估的过程和结果，促使社区慈善基金系统发展、科学发展。通过社区慈善基金的评估了解社区慈善基金发展的重点和难点，制订有针对性的发展规划，并以此为抓手，进行社区慈善基金发展的引领性工作。

二、番禺区社区慈善基金指数评估体系建立的依据

依据《中华人民共和国慈善法》中公开募捐部分的相关法律规定，广东省民政厅出台的《广东省推动慈善事业高质量发展若干措施》、广州市番禺区民政局印发《关于大力推动社区基金发展的指导意见（试行）的通知》、广州市番禺区慈善会关于印发《广州市番禺区慈善会社区慈善基金管理办法》及匹配的各类相关管理制度和规范性文件，并结合广州市番禺

区社区慈善基金的实际发展情况，综合考量客观性、操作性与全面性，量身定制针对番禺区的社区慈善基金指数评估体系，以有效反映番禺区社区慈善基金发展过程。从社区慈善基金筹备、运营、信息公开、监管4个维度评估当前番禺区社区慈善基金的发展情况。

三、社区慈善基金评估方法

本社区慈善基金评估方法采用自评与他评相结合，由社区慈善基金进行自我评估，根据社区慈善基金评估体系提交自评的分数以及相关的材料，再由番禺区慈善会或第三方进行评估，并且在后期引入专家评估团队。评估过程以动态评估为主，改变传统静态评估，由结果导向转为过程导向，从一种动态的角度对社区慈善基金进行评估，旨在促进社区慈善基金的系统发展、科学发展，并对其发展潜能进行评估。

四、各指标构成及其解读

（一）指标构成

表4-5　番禺区社区慈善基金指数评估三级指标

一级指标	二级指标	三级指标	权重（%）
社区慈善基金筹备（7）	社区慈善基金设立程序规范化（3）	广州市番禺区社会组织公共服务信息平台填报社区慈善基金设立的信息	1
		设立社区慈善基金管理委员会	2
	启动资金来源情况（4）	个人捐赠	1
		企业捐赠	1
		社会组织资助	1
		政府扶持资金和政府购买社会服务资金	1

一级指标	二级指标	三级指标	权重（%）
社区慈善 基金运营 管理 （60）	近三年资金筹 集情况（16）	个人捐赠总额	3
		社区居民捐赠覆盖率	3
		企业捐赠总额	3
		社区企业参与率	3
		社会组织资助总额	2
		政府扶持资金和政府购买社会服务资金总额	2
	资金使用形式 （12）	直接资助	3
		开展社区慈善项目及活动	3
		开展社区微建设	3
		其他符合社区慈善目的的基金使用形式	3
	项目资金使用 情况（10）	资助与支持社区慈善项目数量	2
		资助项目与社区慈善基金业务范围的匹配度	2
		资助项目制度完善程度	2
		资助项目计划完善程度	2
		资助项目管理监督完善程度	2
	其他资金使用 情况（7）	收支平衡，本年支出达到上一年收入的70%以上	3
		基金管理费用不超过当年总支出金额的13%	2
		专款专用，单独核算	2
	组织规范化情 况（5）	组织架构：由社区内部主体依据社区需求提案，由社区慈善基金工作人员负责社区慈善基金内部事务的执行，由社区慈善基金监督人员负责监督社区慈善基金事务	1
		内控制度与工作机制：集体决策制度建设；管理制度建设，社区慈善基金对其主要的业务有成文的业务流程管理制度；内部监督制度建设，社区慈善基金建立明确的内部审计与纪检监察制度	2
		关键岗位设置：社区慈善基金对内部控制关键岗位有明确的划分；人员考评轮岗情况，社区慈善基金对内部控制关键岗位人员定期考评与轮岗机制，不相容岗位分离	1
		风险评估情况：风险评估组织机制的保障	1

续表

一级指标	二级指标	三级指标	权重（%）
社区慈善基金运营管理（60）	社区慈善基金内部制度建设情况（6）	募集收入制度	2
		支出制度	2
		资产控制：运作活动控制；特殊资产处置	1
		基金项目控制：立项、执行、监督、评价	1
	社区慈善基金宣传情况（4）	组织开展会议、座谈会等多种方式，广泛收集社区（村）居民需求信息，向居民宣传社区慈善基金	2
		组织开展会议、座谈会等多种方式，广泛收集社区（村）企业、社会组织需求信息，向企业、社会组织宣传社区慈善基金	2
社区慈善基金信息公开（25）	披露信息的充分性（3）	公开基本信息，主要包括业务范围、管委会委员信息、工作人员信息、联系方式等	1
		公开财务信息，每年向社会公开财务会计报告（慈善法公开募捐部分）	1
		公开业务信息，主要包括筹资活动信息和项目信息两个方面	1
	披露信息的及时性（12）	每年向社会公开年度工作报告	1
		公开募捐超过 6 个月的，至少每 3 个月公开募捐情况	2
		公开募捐结束后 3 个月内应全面公开募捐情况	2
		向社区居民公开公示项目决策过程	2
		项目预算情况及时披露	1
		项目执行动态及时披露	2
		项目决算情况及时披露，项目结束后 3 个月内公布项目决算情况	2

一级指标	二级指标	三级指标	权重（%）
社区慈善基金信息公开（25）	披露信息的真实性（6）	基金管理平台未曾发现并纠正社区慈善基金年度工作报告不实之处，以社区慈善基金的年检报告意见类型作为判断标准	2
		社区慈善基金财务会计报告未曾被审计部门发现并纠正不实之处，以审计部门对财务会计报告作出的审计意见作为判断标准	2
		在开展活动过程中，未曾存在公众或媒体发现并经证实的不实之处	2
	披露信息的易得性（4）	信息公开平台建设	2
		使用报刊、网站或者其他媒体公开信息	2
社区慈善基金监管（8）	社区慈善基金运营受监督水平（8）	选取监督成员：不属于管委会成员，由具有影响力、无直接利益关系的社区能人等代表组成	2
		实行评估制度：约定时期由社区慈善基金的管理平台或第三方进行监督评估	3
		进行审计公示：使用情况纳入社区慈善基金管理平台审计并在年度审计报告中公示	3

（二）指标解读：社区慈善基金筹备

社区慈善基金筹备指标由社区慈善基金设立程序规范化和启动资金来源情况 2 个二级指标构成，全面了解社区慈善基金的筹备情况。

依据广州市番禺区民政局印发的《关于大力推动社区基金发展的指导意见（试行）的通知》，社区慈善基金设立慈善组织需在广州市番禺区社会组织公共服务信息平台（网站：http：//218.20.201.59：821/）填报社区慈善基金设立的信息。每年年底慈善组织应填写社区慈善基金年度工作情况表报送民政部门。因此，社区慈善基金设立程序规范化的具体指标说明如下。

1. 社区慈善基金设立程序规范化

（1）广州市番禺区社会组织公共服务信息平台填报社区慈善基金设立的信息得 1 分，未填报不得分。

（2）设立社区慈善基金管理委员会，管理委员会通常包括社区"两委"成员、居民代表、党员、捐赠人代表、企业代表、社会组织代表等，具体人数由发起方和基金管理平台共同协商决定，原则上不低于 3 人。按规定设立得 2 分，未组建或人数组成不符合不得分。

2. 启动资金来源情况

（1）个人捐赠：启动资金中含有来自社会募集的个人捐赠资金得 1 分，没有则不得分。

（2）企业捐赠：启动资金中含有来自社会募集的企业捐赠资金得 1 分，没有则不得分。

（3）社会组织资助：鼓励各类社会组织通过资助形式推动社区慈善基金开展慈善救助、资助社区公益慈善项目和社区公益慈善活动。启动资金中含有来自社会组织资助的资金得 1 分，没有则不得分。

（4）政府扶持资金和政府购买社会服务资金：社区慈善基金可依托所属慈善组织，积极申请政府扶持资金、购买公共服务资金和公益创投资金，通过项目化运作方式，实现资金结构多元化和服务专业化。启动资金中含有来自政府扶持资金和政府购买社会服务资金得 1 分，没有则不得分。

（三）指标解读：社区慈善基金运营管理

社区慈善基金运营管理由近三年资金筹集情况、资金使用形式、项目资金使用情况、其他资金使用情况、组织规范化情况、社区慈善基金内部制度建设情况、社区慈善基金宣传情况 7 个二级指标构成，指标对于社区慈善基金运营管理的总体情况进行了具体、详细的了解。

1. 近三年资金筹集情况

近三年资金筹集情况包括定向募集及公开募集。定向募集可向管委会成员、特定个人、企业或者组织开展，公开募集资金需通过有公开募捐资格的慈善组织开展社会募集。

（1）个人捐赠总额：统计社区慈善基金1年内在公开募集以及定向募集中个人捐赠的总额与接受的捐赠物资折合现金后的总额，物资折合的金额以物资公允价值确定。个人捐赠总额达到5万元及以上可得3分，总额在4万~5万元可得2分，总额在2万~4万元可得1分，2万元以下不得分。

（2）社区居民捐赠覆盖率：统计期内社区居民捐赠人数÷社区常住人口×100%，覆盖率达到5%及以上可得3分，达到3%至5%可得2分，达到1%至3%得1分，1%以下不得分（社区义卖等筹款活动以成交笔数计算可得）。

（3）企业捐赠总额：统计社区慈善基金1年内在公开募集以及定向募集中企业捐赠的总额与接受的捐赠物资折合现金后的总额，物资折合的金额以市场平均价格折算。企业捐赠总额达到5万元及以上可得3分，总额在4万~5万元可得2分，总额在2万~4万元可得1分，2万元以下不得分。

（4）社区企业参与率：统计期内捐赠的企业总数÷社区内企业登记的数量×100%，企业参与率达到3%及以上的可得3分，达到2%但未达到3%的可得2分，达到1%但未达到2%的可得1分，1%以下可得0.5分，未有企业参与捐赠不得分。

（5）社会组织资助总额：统计社区慈善基金1年内获得社会组织资助总额，总额达到5万元及以上可得2分，总额在2万~5万元可得1分，2万元以下得0.5分，未获得资助不得分。

（6）政府扶持资金和政府购买社会服务资金总额：统计社区慈善基金1年内获得政府扶持资金和政府购买社会服务资金总额，总额达到5万元及以上可得2分，总额在2万~5万元可得1分，2万元以下得0.5分，未获得资助不得分。

2. 资金使用形式

社区慈善基金的使用形式主要有直接资助、开展社区慈善项目及活动、开展社区微建设、其他符合社区慈善目的的基金使用形式。

（1）直接资助：社区慈善基金直接资助的类别范围可包括但不限于社区（村）内困境人群、社区社会组织、社区（村）公共设施及公共服务设施、社区灾害受灾群体等国家相关法律法规规定的资助对象。社区慈善基金采取直接资助的形式使用可得3分，其他情况不得分。

（2）开展社区慈善项目及活动：社区慈善基金以开展社区慈善项目及活动的形式使用可得3分，其他情况不得分。

（3）开展社区微建设：社区慈善基金以开展资助和发展社区（村）微建设的形式使用可得3分，其他情况不得分。

（4）其他符合社区慈善目的的基金使用形式：除上述三种形式外的其他资金使用形式得3分，无则不得分。

3. 项目资金使用情况

（1）资助与支持社区慈善项目数量。统计期内社区慈善基金使用于资助和支持改善社区的慈善项目，资助社区慈善项目达3个以上得2分，资助1~3个（含3个）社区慈善项目的得1分，未资助社区慈善项目的不得分。

（2）资助项目与社区慈善基金业务范围的匹配度。资助社区慈善项目与社区慈善基金协议签订时所规定的业务范围匹配的得2分，否则不得分。

（3）资助项目制度完善程度。建立项目管理制度、财务管理制度、档案管理制度、人员管理制度，以制度保障项目的推进；提供相关的制度材料，每项管理制度可得0.5分，2分封顶，其他情况不得分。

（4）资助项目计划完善程度。社区慈善基金所资助项目具有完善的项目计划，如建立项目需求评估、推进计划排期表等得2分，否则不得分。

（5）资助项目管理监督完善程度。社区慈善基金所资助项目具有相应的管理监督机制，如项目沟通机制、风险评估与方案、项目反馈、服务对象满意度等得2分，否则不得分。

4. 其他资金使用情况

（1）收支平衡，本年支出达到上一年收入的70%以上。社区慈善基金提供相关的财务报表资料，达到85%以上可得3分，在75%~85%可得2

分，在 70%～75%可得 1 分，若未能达到或者资料未能证明则不得分。

（2）基金管理费用不超过当年总支出金额的 13%。提供相关的财务资料，基金管理费用不超过当年支出金额的 13%可得 2 分，超过则不得分。

（3）专款专用，单独核算。社区慈善基金提供近 1 年内的相关财务资料。若做到专款专用，单独核算得 2 分，未做到不得分。

5. 组织规范化情况

（1）组织架构：由社区内部主体依据社区需求提案，由社区慈善基金工作人员负责社区慈善基金内部事务的执行，由社区慈善基金监督人员负责监督社区慈善基金事务。组织架构完善可得 1 分，其他情况不得分。

（2）内控制度与工作机制：集体决策制度建设；管理制度建设，社区慈善基金对其主要的业务有成文的业务流程管理制度；内部监督制度建设，社区慈善基金建立明确的内部审计与纪检监察制度。相关制度完善可得 2 分，其他情况不得分。

（3）关键岗位设置：社区慈善基金对内部控制关键岗位有明确的划分；人员考评轮岗情况，社区慈善基金对内部控制关键岗位人员定期考评与轮岗机制，不相容岗位分离。关键岗位人员进行定期考评可得 1 分，其他情况不得分。

（4）风险评估情况：社区慈善基金设置风险评估制度并且定期评估可得 1 分，其他情况不得分。

6. 社区慈善基金内部制度建设情况

（1）募集收入制度。社区慈善基金拥有完善的资金募集制度可得 2 分，其他情况不得分。

（2）支出制度。社区慈善基金拥有完善成文的资金使用制度，包括公益事业支出的完整流程可得 2 分，其他情况不得分。

（3）资产控制。在运作活动控制方面，保障社区慈善基金正常运作所产生的工作人员工资福利和行政办公支出不超过章程规定的比例；在特殊资产处置方面，当社区慈善基金收到需要变现的特殊物资时具备完善的变现流程、成文的制度规定与完善的监督机制。资产控制相关制度完善可得

1 分，其他情况不得分。

（4）基金项目控制。基金项目的立项合法、合理、可行；执行过程中资金管理严格，支付审批手续齐全，按规定对项目资金实现专款专用，不存在资金截留、挪用及超批复内容使用资金情况；对项目的收支情况与资金使用效率全程进行监督与评价。进行以上的基金项目控制可得 1 分，未进行不得分。

7. 社区慈善基金宣传情况

（1）组织开展会议、座谈会等多种方式，广泛收集社区（村）居民需求信息，向居民宣传社区慈善基金可得 2 分，否则不得分。

（2）组织开展会议、座谈会等多种方式，广泛收集社区（村）企业、社会组织需求信息，向企业、社会组织宣传社区慈善基金可得 2 分，否则不得分。

（四）指标解读：社区慈善基金信息公开

社区慈善基金的信息公开是关于社区慈善基金信息披露的一个概念，因此，其评价标准应围绕社区慈善基金披露信息的充分性、及时性、真实性、易得性等方面进行分析。社区慈善基金的财务透明度，由披露信息的充分性、披露信息的及时性、披露信息的真实性、披露信息的易得性四个二级指标构成，社区慈善基金的财务信息公开主要考察社会组织依法进行信息公开的状况，也反映公众对社区慈善基金知情权与监督权的落实情况。

1. 披露信息的充分性

充分性是指社区慈善基金应充分提供与外部信息使用者相关的信息，不能遗漏按法规和制度必须确认披露的一切事项，将组织的财务状况与运营状况公示于众，使管理者担负公众受托的责任。

（1）公开基本信息。从信息使用者角度看，调研组认为社区慈善基金基本信息披露中的关键信息主要包括社区慈善基金业务范围、管委会委员信息、工作人员信息、联系方式等。社区慈善基金向公众公开完整充分的基本信息可得 1 分，其他情况不得分。

（2）公开财务信息。完整的社区慈善基金财务信息包括但不限于资产负债表、业务活动表、会计报表附注、年度工作报告、审计报告。每年向社会公开财务信息可得 1 分，未进行公开不得分。

（3）公开业务信息。业务信息主要包括筹资活动信息和项目信息两个方面。社区慈善基金向社会大众公开筹资活动信息和项目信息可得 1 分，其他情况不得分。

2. 披露信息的及时性

社区慈善基金的管理过程是一个动态的过程，由于存在信息不对称，公众不可能像社区慈善基金管理者一样清楚社区慈善基金的状况，所以社区慈善基金管理者应及时地披露有关重要信息。

（1）每年向社会公开年度工作报告；年度工作报告是否在次年 5 月 31 日前公开披露，是则得 1 分，未及时公开不得分。

（2）具有公开募捐资格的慈善组织公开募捐超过 6 个月的，至少每 3 个月公开募捐情况，及时公开得 2 分，未及时公开不得分。

（3）公开募捐结束后 3 个月内应全面公开募捐情况，募捐过程和结果都应公开和透明，及时公开可得 2 分；未及时公开不得分。

（4）向社区居民公开公示项目决策过程：开展公益资助项目过程中，所开展的公益项目种类以及申请、评审程序与评审结果，每个环节结束后 1 周内向公众披露；及时公开信息可得 2 分，未及时公开不得分。

（5）项目预算情况及时披露：项目预算在项目开展前向公众披露项目预算信息可得 1 分，未及时公开不得分。

（6）项目执行动态及时披露：项目过程中的进度以及项目的执行情况通过公众号、公告栏等方式 1 周内向公众公开得 2 分，未及时公开不得分。

（7）项目决算情况及时披露：项目结束后 3 个月内公布项目决算情况，及时公布可得 2 分，未及时公布不得分。

3. 披露信息的真实性

真实性是指社区慈善基金披露的各项信息不存在不当差错，并能如实反映其理当反映的业务或事项，在传递给信息使用者之后能充分反映其受托责任。

（1）社区慈善基金管理平台是否曾发现并纠正社区慈善基金年度工作报告不实之处，考虑到信息收集的复杂性，调研组以社区慈善基金的年度工作情况报告意见类型作为判断标准；未曾发现并纠正社区慈善基金年度工作报告不实之处可得 2 分，其他情况不得分。

（2）社区慈善基金财务会计报告是否被审计发现并纠正不实之处，以审计对财务会计报告作出的审计意见类型作为判断标准；未被审计发现并纠正不实之处，可得 2 分，其他情况不得分。

（3）在开展活动过程中，是否存在公众或媒体发现并经证实的不实之处。不存在公众或媒体发现并经证实的其不实之处，可得 2 分，其他情况不得分。

4. 披露信息的易得性

社区慈善基金信息的使用者包括捐助者、受助者和普通社区居民，社区慈善基金信息的使用者获取信息的途径主要有报刊、网站和其他类型的信息公开平台。网站包括政府监管部门的网站、第三方评估机构或第三方信息披露平台和自有网站，其他类型的信息公开平台包括社区（村）里的信息公示栏和微信公众号或者微博等网络信息公开平台。

（1）信息公开平台建设：是否在街道（镇）或居（村）设立公示栏，是否开通微信公众号或者微博等网络信息公开平台；已经设立公示栏或者开通网络信息公开渠道可得 2 分，其他情况不得分。

（2）使用报刊、网站或者其他媒体等渠道公开信息：使用其中一种公开渠道得 2 分，未使用不得分。

（五）指标解读：社区慈善基金监管

1. 选取监督成员

在管委会成员以外具有影响力且无直接利益关系的社区能人等居民代表中产生监督成员 3 名，并在社区进行公示。监督成员列席管委会会议，监督管委会和社区慈善基金运行情况。选取 3 名监督成员并且实行相关监督作用可得 2 分，其他情况不得分。

2. 实行评估制度

社区慈善基金实行评估制度，在约定时间由社区慈善基金的管理平台或第三方进行监督评估，可得 3 分，未实行评估制度不得分。

3. 进行审计公示

社区慈善基金使用情况纳入社区慈善基金管理平台审计并在年度审计报告中公示。涉及社区慈善基金单独审计的，管理委员会宜予以配合，可得 3 分，未进行审计公示不得分。

五、结语

本评估体系旨在为番禺区社区慈善基金的运行提供一个良好的规范。通过社区慈善基金筹备、社区慈善基金运营管理、社区慈善基金信息公开、社区慈善基金监管 4 个维度，综合考量客观性、操作性与全面性，量身定制针对番禺区的社区慈善基金指数评估体系，评估目前番禺区社区慈善基金的发展情况，以有效反映番禺区社区慈善基金发展过程。

社区慈善基金在中国尚处于起步探索阶段，需要通过政府、企业、居民多方配合发展，通过开展项目来激发社区活力，已成为解决社区问题的平台，同时也成为多元化参与社区建设的主要力量。争取社区慈善基金全覆盖、见实效，实现"一社区（村）一基金"，为番禺区社区建设、社会治理工作探索创建"番禺模式"。

第五节　番禺区社区慈善基金思考建议

党的十九大报告指出，"打造共建共治共享的社会治理格局，加强社会治理制度建设，完善党委领导、政府负责、社会协同、公众参与、法治保障的社会治理体制"，"推动社会治理重心向基层下移，发挥社会组织作用，实现政府治理和社会调节、居民自治良性互动"。党的二十大进一步提出："完善社会治理体系，健全共建共治共享的社会治理制度，提升社会治理效能。"社区慈善基金作为共建共治共享、多元协同治理的重要一环和创新机制，将对强化社区主体性、拓展和增强社会参与、构建多元协同的社区治理具有重要的推进作用。

通过对番禺区社区慈善基金的发展历程、基本发展情况的梳理不难发现，社区慈善基金更多是发挥工具性作用，即基层政府进行社区治理的触手。但是，番禺区社区慈善基金作为基层治理改革的产物，表现出明显的资源依赖性，包括但不限于单一僵化的经济资源、行政化与专业化不足的人力资源以及较弱的认同资源。本研究认为，社区慈善基金应该在不断的互动中，减弱对政府的资源依赖性，凭借自我"造血"，逐步拓展自身资源，实现组织的自主化运行。

一、明确定位，品牌化建设

品牌化是提高团队工作能力、扩大组织社会影响力的有效手段。番禺社区慈善基金品牌化工作建设可从以下三点出发：其一，强化品牌意识。以打造社区慈善基金品牌作为工作创新的核心目标，借此引导其向长期战略指向的高视野发展。其二，明确品牌定位。以促进社区善治、支持社区服务、推动社区发展为主要目的，提高把握工作重心与社区居民需求的能力，详细分析本社会基金所拥有的条件和所处的环境，明晰品牌的目标定位，确立品牌主题，提炼品牌内涵。其三，注重项目化运作与品牌宣传推介。例如，为增强居民对番禺区社区慈善基金的了解和认可，可开展覆盖面广、实用性强的项目。

二、专业思路，规范化发展

聚焦到番禺社区慈善基金，如何落实相关工作，进一步发挥社区慈善基金作用，以便更好地承接政府公共服务，成为社区慈善基金工作探索的重要命题。在政府和公众的双重考验压力下，专业化构建是社区慈善基金的策略选择，组织专业化是衡量政社合作绩效的重要因素之一，也是提升社区慈善基金参与社会治理成效的方向（吴克昌、车德昌，2017）。

社区慈善基金在服务过程中要坚持专业化、规范化。在运营模式层面，从独自摸索转型到联袂合作。社区慈善基金在发展初始阶段，往往侧重于自身的实物工作，欠缺外部力量以实现理论与实践的高度融合。番禺区社区慈善基金作为新发展的工作组织，缺乏必要的、系统的社会工作专业知识和实践经验，难以快速有效衔接政府与居民。通过寻求行业内专业机构合作，借助专业领域的师生力量强化专业力量和专业医师，从而提升专业服务能力。

在服务领域，朝专业化方向纵深探索推进。社区慈善基金所提供的产品以及服务的质量水平将是未来专业化发展的主攻方向（吴彤雕、王晖、周平，2004）。居民所需求的服务领域不断扩张，要求社区慈善基金划分更为精细的工作领域，如社会救助、应急协调等领域，不断开拓覆盖领域，并实现各细分领域的专业化推进。

在人才培养层面，明确社工角色，搭建专业工作团队。居民日益多样化精细化的需求，要求更为完备专业的人才队伍，以提供社区慈善基金工作的服务质量。社区慈善基金工作人员类型多样，兼有专职工作者、志愿者等，存在过度依赖兼职人员群体的问题（吴克昌、车德昌，2017）。逐步建立专职的工作团队，并加强工作人员的专业培训，链接专业的督导资源以弥补当下专业化不足的缺陷。社区慈善基金自我培养专业人才，完善交流平台和渠道建设，吸纳更多专业人才加入社区慈善基金工作，并进一步发挥各职能人才间的协同作用，从兼职人员培养为专职人员，从"一人多岗"转变到分工化专职模式。同时，需要坚持规范化运作，在制度建设、项目运作、培训流程等方面需要形成较为固定的范式，形成以制度为核心的自我运转，以便将人从烦琐的运作消耗中解放出来，获得更多的自主发展空间。

三、拓展资源，链接式推动

资源依赖理论着眼于组织如何获得资源进行生成和发展。分析社区慈善基金与政府之间的关系，发现两者之间的资源不断进行互动转化，如政府所拥有的资金资源、政治资源、公信力等可过渡为社区慈善基金赖以发展的社会慈善资源,反之,社区慈善基金所拥有的专业人才团队、产品服务资源等,可以弥补基层治理在社区服务领域中的缺陷(胡小军、朱健刚,2017)。但是由于目前社区慈善基金与政府双方的资源转化力度存在强弱差异,因此构成了非对称性的依赖关系(徐宇珊,2008)。

社区慈善基金尽可能地拓宽资源渠道,减少政府调整所带来的不确定性,降低对政府的资源依赖,同时可以降低自身运作成本,从而更好地维持组织的稳定运行与长远发展(许亮,2020)。徐宇珊(2008)从发展的视角指出,随着社区慈善基金获取资源的能力提升、公信力的提高,以及政府直接行政动员方式的失效,社区慈善基金可以突破"能力限度",在自主实现基金会功能时,逐步减少对政府的依赖,当发展至一定程度,成为公共事业的一股重要力量时,政府对社区慈善基金的依赖性加强,两者之间的非对称依赖关系将会改变,逐渐趋于平衡。

构建多元化的筹资体系,社区慈善基金作为社区慈善的重要形式,区域范围内居民的捐赠在收入结构中占据重要地位(胡小军、朱健刚,2017),培养居民捐赠意识,营造社区捐赠文化氛围。社区慈善基金建立更为多元化的筹资战略,其一,基于公民慈善心理,定期发布线上募捐项目,启动月捐等功能,从工具、平台、渠道等方面全部大同,营造一个便利的筹款、对接平台,完成一整套捐赠流程,助力获得长期稳定的社会捐赠;其二,发挥社区慈善基金平台优势,维护社区公益项目与社会捐助方之间的动态关系;其三,发展社区慈善信托等新型捐赠模式,为社区累积长久资产。

建立"社区资助+"模式,社区慈善基金需不断优化服务策略,公益资金社会效益的最大化,依靠自身掌握的资源与政府进行资源置换,以社区服务为基础,以实际效益换取自主性发展空间(许亮,2020)。催生政府转变职能,通过购买社区慈善基金的公共服务,使社区慈善基金形成资源聚集的平台,维护社区秩序、满足居民需求,促进合作共治。

第六节　社区慈善基金从"有形覆盖"
向"有效覆盖"转变

慈善事业是社会文明进步的重要标志。习近平总书记在党的二十大报告中指出，要"引导、支持有意愿有能力的企业、社会组织和个人积极参与公益慈善事业"，社会慈善资源是慈善事业持续发展的基石，也是基层社会治理有效推进的活力源泉，而社区基金作为社会慈善资源的重要组成部分，是解决社区治理问题的关键。

经过多年的探索实践、试点拓展、全面开展，2020 年番禺区实现 275 个村居社区慈善基金全覆盖，是广州市其他地区社区慈善基金总量的 4 倍。至此，番禺区的慈善服务和社会组织培育的"1+16+275"三级慈善服务网络体系全面建成。

番禺区慈善会多措并举联动镇街政府、镇街慈善会、社会组织联合会、社区（村）等多层次枢纽力量，通过社区慈善基金打造资源对接平台，聚力支持社区慈善发展的资源联动与统筹，推动社区慈善基金从"有形覆盖"向"有效覆盖"转变，以社区慈善基金赋能社区发展，多元共建美好社区。番禺区先后印发了《关于大力发展社区慈善基金的通知》《广州市番禺区推动社区基金发展实施方案（2022—2024 年）》等文件，进一步明确社区慈善基金发展方向，以加强社区慈善基金的政策保障，全力推进社区慈善基金"有效覆盖"。一方面，加强对社区慈善基金会的管理与监督。番禺区慈善会定期对社区慈善基金的运作情况和财务管理进行评估与审计，加强监督管理，并聘请第三方机构对社区慈善基金的运行进行全流程监测；社区慈善基金管委会负责社区慈善基金的管理，找准社区居民需求，推动社区慈善基金反哺社区建设；各社区（村）以适当形式向社区居民公开公示社区慈善基金决策过程和资金使用情况，接受居民和社区的监督，以此形成社区慈善基金良性运作的循环链。另一方面，加强社区慈善基金的专业服务与培训。开展社区基金培育计划，为 16 个镇街 275 个社区相关人员开展赋能培训，为社区基金培育独立运营能力，搭建渠道打通自我"造血"功能；不断总结提炼社区慈善基金运行经验，制定、撰写了《社区慈善基金运行指南》《广州市番禺区社区慈善基金发展调研报告》《广州市番禺区社区慈善基金操作手册》《广州市番禺区社区慈善基金指数评估体系（试行版）》等，通过制定行业标准规范行业行为，引领行业发展，形成行业秩序。

社区慈善基金建设全面完成后，番禺区社区慈善基金启动资金超过1550万元，其中社区（村）自筹资金720多万元。共收集有效活动项目方案677个，其中639个项目已划拨资金共计2509.34万元，项目涵盖了扶老、济困、助残、教育、环保、体育、志愿服务、社区公共服务设施改造、社区社会组织培育等领域，整合多方资源精准解决社区群众问题，打通了社区治理的"最后一米"，推动社区慈善基金培育和发展稳步从"有形覆盖"向"有效覆盖"迈进，助力社区"善治"。

第五章　公益慈善创投激发慈善活力

2022 年是党的二十大召开之年，也是推进"十四五"规划的重要一年。党的二十大提出把实现全体人民共同富裕作为中国式现代化的重要特征和本质要求，为新时代慈善事业高质量发展提供了根本遵循。公益慈善事业作为社会治理的重要组成部分，对于推进国家治理体系和治理能力现代化具有重要意义。在推动公益力量参与公共服务和公共管理的过程中，"公益创投"成为一个新兴且重要的资金筹集途径。在国内，公益创投不仅有利于引导公益慈善行业向政府期待的方向发展，同时，也为培育优秀的中小型公益项目提供丰沃的土壤。

广州市作为我国公益慈善领域最具代表性的城市之一，目前已推出许多有效促进公益慈善行业发展的创新举措。自 2014 年首次开展以来，广州市社会组织公益创投活动已连续举办 9 届，逐渐探索出自己独有的公益创投"政社合作"模式。番禺区作为广州市知名"慈善之区"，依托本区浓厚的公益慈善氛围，打造出"一基双引四轮驱动全民慈善"的番禺区公益慈善创投模式，搭建起"比赛+项目""资金+资源"的公益创投框架，构建出区域创投大赛与社区微创投活动相结合，创投服务落地到每个村（居）社区的创投格局，在资金体量、运作方式和绩效成果方面都有许多值得总结的亮点。

本章从番禺区 7 年来的公益创投实践出发，从其历年来不断优化的创投活动及其成绩中总结出番禺区的公益创投模式，并与其他地区对比凸显出"番禺特色"。

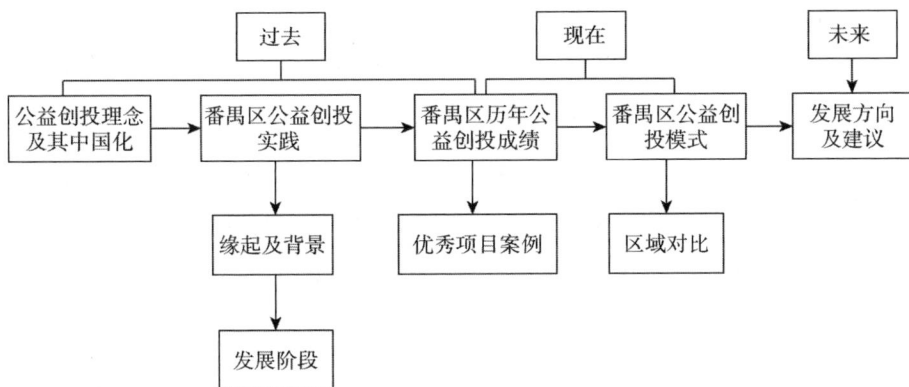

图 5-1 本章脉络图

第一节 公益创投理念的形成及中国化

一、"公益创投"理念的产生和西方经验

"公益创投"理念由 20 世纪 70 年代约翰·洛克菲勒三世在美国国会税收改革法案听证会上提出，意图解决传统福利国家内部不断增长的公共债务和国家财政预算压力。1997 年，学者莱特、代尔和格罗斯曼在《哈佛商业评论》上发表了《向创投借镜：基金会与创投公司的比较》，被视为开公益创投理论探讨之先河。该文指出，以社会公益为目标的"慈善资本"应当向以经济收益与财务回报为目标的"风险资本"学习，从而提升非营利组织的能力以求可持续经营。此后，公益创投在世界范围内被广泛运用，并在 20 世纪 90 年代随着互联网科技产业的腾飞而快速崛起。

总的来看，公益创投是借助商业领域中风险投资的理念和方法，为公益事业提供资金、人力和技术，从而推动公益组织实现自我可持续发展。相比于传统风投活动，公益创投的目的不在于追求利益而是公益发展。而与传统慈善活动相比，公益创投的投资者在追求公益和社会影响力之外更加关注资助产生的经济收益。因此，公益创投的投资者将会高度参与资助资金的使用，关注资助产生的经济收益，以实现慈善公益事业的可持续发展。由此可见，资助者与公益组织合作的长期性和参与性是公益创投的重要特征。这种长期的、深入参与的伙伴关系一般包括两点：一是向资助对象提供大额资助；二是义务为资助对象提供管理咨询服务，或者为其寻找外部培训资源，着重培养资助对象的组织运营能力和长期生存能力。在这种合作伙伴关系内，被投资者能够快速地成长，则资助者就更为有效率地达到了最初设定的公益目标。

在西方，公益创投的主体较为广泛，涵盖公益风投基金、社会企业、银行、管理咨询公司、商学院、律师事务所、会计师事务所等私营企业和社会组织。政府通常不直接向资助对象投资，而是通过设立专项基金或成立专门机构来推动公益创投的发展。例如，欧洲设立的公益创投协会，美国设立的公民参与和社会创新白宫办公室，英国设立的社会影响力投资专题小组和社会资本银行，法国通过国有银行设立公益创投基金，等等。这些组织机构除了以资金、人力、技术等方式参与公益创投活动外，如欧洲公益创投协会还会联合欧陆和英国的公益创投机构，为会员提供交流平台和信息、技术及资源支持，设立行业标准和行为守则，并向政府开展政策游说。

在资助对象上，西方许多公益风投基金选择投资已经实现稳定和良好运转的、处于成长或趋于成熟阶段的社会组织，甚至是具有清晰社会效益的商业企业，凸显出西方在公益创投中风险的规避和兼顾社会、经济效益的投资取向。投资人会对资助对象开展"尽职调查"，评估资助对象的能力和潜力，主要包括透明度、财务状况、现金流情况、所提供服务的质量、项目规模化发展的潜力、团队管理和执行能力、资助对象价值增值幅度和未来成长性等。一般只有2%~5%的申请者能够获得资助。

在资助周期和退出机制上，欧美投资人一般提供3~10年资助，并在退出投资时充分考虑资助对象在物资和心理上所可能面对的各种风险和隐患。例如，欧洲公益创投协会规定了一套严格的退出机制，由投资人与资助对象共同讨论退出问题，最大限度减少了对资助对象和社会效益的潜在影响。在退出程序方面，他们还设计了以下阶段，包括重估资助对象价值、研发退出方案，以及退出后的跟踪陪伴等，相对更为人性化。

二、"公益创投"实践的中国化

21 世纪前十年，美国和欧洲以外的国家和地区对公益风险投资的兴趣稳步增长，尤其在印度、新加坡、日本、中国（包括香港、台湾）和韩国等亚洲国家和地区也纷纷开始了对公益创投的理论和实践摸索。2006 年，非营利组织——"新公益伙伴"对公益组织的成功投资成为大陆最早公益创投的典型代表，标志着公益创投首次在我国落地。2009 年，上海市民政局联合恩派公益组织发展中心举办了第一届上海社区公益创投大赛，面向全社会征集社区服务的创意金点子和操作方案，获胜者将获得 5 万~20 万元的创业投资奖励，得到包括办公场地、设备、能力建设等全方位服务，并有专家跟踪指导服务。这场大赛成为国内政府参与公益创投的首次尝试。

在我国，公益创投的发展方式和西方模式有很大不同。国内公益创投鲜有企业、基金会、非营利组织等多元投资主体参与，而主要通过政府购买社会服务的项目制运作方式发展起来，资金来源也多为公共资源，体现出显著的政府主导特征。因此，符合政府预期的公益组织或公益活动往往更有可能获得投资机会，一般指向的是具备政策支持性的、符合社会发展需要的以及能够承接政府职能的支持性公益组织与活动。而项目的绩效评估也以政府为本位：通常追求即时效应，投资周期以一年为单位，项目完成指标以能够解决当年度城市治理中的现实问题为原则。同时，由于我国非营利组织发展历史短，公益创投的对象大多是处于初创时期的非营利组织和社会企业，为它们提供创业及发展资助，更多体现的是孵化器的功能。

在国内政府主导公益创投的大环境下，广州市从 2014 年开始举办本市首届公益创投活动。2016 年和 2017 年两届公益创投大赛，广州市公益创投活动的资助金额年均增长 20% 以上，并逐渐探索出了自己独有的公益创投"政社合作"模式。首先，广州市公益创投活动基本由政府主导，公益创投资金由财政拨款，严格按照行政审批程序操作，这使得广州市的公益创投活动结构性限定条件较高，但也确保了受资助的公益项目能够有的放矢，满足社会公共利益最大化。在政府加大资金投入的情况下，广州市创新地提出支持最高不超过项目预算总额的60%且不超过50万元，意即自筹资金比例在40%或以上。这使得政府的公益创投资金仅作为公益机构可以撬动的资金之一，既为公益项目提供一个可获取的稳定资金来源，也带动社会资本进入公益领域，打造出了政府与企业、社会组织共投共创、共建共享、协同善治的"1+1+1>3"的公益创投"广州模式"。这也使得广州公益创投行为吸引了企业、公益性基金会及社会群体等多元群体的积极参与。除此之外，广州模式更与时俱进，采用了互联网等平台，大大提升了资金募集的规模和效率。

番禺区作为广州市内公益历史悠久、公益成绩优异的辖区，自2015年举办公益慈善创投项目大赛以来，逐渐积累出丰富的公益创投经验，截至2022年12月底，番禺区慈善资金投放资助金累计1400多万元，累计获资助项目达146个，全面覆盖番禺区16个镇街，涵盖社区治理、社区社会组织培育、困难单亲家庭支持、失独家庭支持、来穗务工人员子女服务、未成年人保护、青少年冬夏令营、扶老服务、关爱残障人士等社会效益好的公益项目，为番禺区公益事业增光添彩。

第二节　番禺区公益慈善创投的建设历程

一、番禺区公益慈善创投的缘起及背景

番禺区的公益慈善创投的兴起及发展首先得益于广州市慈善项目的迅速发展。自2013年开始，广州连续举办慈善项目推介会，对接1203个慈善项目，累计募集项目捐款12亿元。广州市强化政社协同，打造最具公信力慈善城市，在全市政社协同发展的背景下，公益创投成了发展慈善项目

最合适的方式之一。

同时，广州市出台的关于公益创投项目管理的相关政策规制为番禺区的公益创投发展提供了政策指导。2013 年 10 月，广州市民政局联合市财政局出台了《广州市社会组织公益创投项目管理办法》。该办法总则规定了公益创投项目要遵循"扶老、助残、救孤、济困"的宗旨。此外，该办法还对创投主体、项目征集、评审、实施、监管进行了全面的规定。这为番禺区自主进行公益慈善创投建设提供了科学规范的政策指导，2014 年，番禺区开始自主进行公益慈善创投实践，独立举办首届"番禺区异地务工人员子女冬令营大赛"，番禺区慈善会内部独立承办、策划、立项试点、评估，服务领域主要为异地务工人员子女冬令营，为后来规范化、专业化引进社会组织承办、评估奠定了基础。

二、番禺区公益慈善创投的发展

截至 2022 年 12 月底，番禺区公益慈善创投实践已历经 7 年时间。以其所支持的项目范围和资助资金的增长作为划分标准，本研究将其发展分为起步阶段、发展阶段和成熟阶段三个阶段。

起步阶段主要指的是 2014—2015 年，番禺区慈善会主办"番禺区关爱异地务工人员子女冬令营项目大赛"，该大赛作为"番禺区公益慈善创投项目大赛"的前身，为后续大赛的目的、赛程设置、大赛形式、项目类别等积累了经验，奠定了基础。在此基础上，由广州市慈善会、番禺区慈善会主办，番禺区社会组织联合会承办的广州市第二届公益慈善创投项目——"番禺区关爱异地务工人员子女夏令营项目大赛"铺开，此次公益慈善创投实践基于广州市第二届公益创投项目大赛，以"异地务工人员子女"作为主要服务对象，针对性较强，同时夏令营项目评选的形式对于有过往经验的番禺区来说实践操作难度不大，可行性较高，因此获得了圆满成功，为接下来的发展积累了信心，番禺区的公益慈善创投实践就此起步。

发展阶段主要为 2016—2018 年，这一阶段番禺区公益慈善创投主要体现在服务项目逐步完善、资助金额逐步提高。就支持的申报项目而言，从 2015 年只关注"异地务工人员子女"，2016 年增加失独群体、未成年人，截至 2017 年，增加困难单亲家庭，2018 年增加老年人、残障群体，番禺区公益慈善创投在发展阶段不断扩大申报项目所服务的范围。同时，2018 年番禺区公益慈善创投大赛进行了重大变革，只允许本区登记的社会组织参与，这体现出番禺区公益慈善创投更加注重自身区域建设，自身定位和发展目标更加明确。

成熟阶段主要为 2019 年后的创投实践阶段，这一阶段番禺区公益慈善创投开始寻求自身区域特点，尝试进行创新化探索。2019—2020 年番禺区公益慈善创投大赛为巩固并扩大过往几年大力孵化、培育社会组织的工作成果，提出"创新+服务"理念，以创新引领项目发展，鼓励社会组织运用创新服务手法，并调动各方主体，创新支持项目优化并鼓励本地社会组织充分发挥扎根本地、贴近居民群众的优势，根据实时掌握的需求进行项目创新。2020—2021 年的公益慈善创投项目大赛聚焦社会痛点难点，关注为老服务、来穗融合和社区治理模块，并注重培育本土社区社会组织，力求引领和提升社会组织创新能力。2021—2022 年番禺区公益慈善创投大赛在上年的基础上增加了青少年素质拓展类别，在 23 个资助项目中，青少年服务类占比最大，为 31%。这一阶段番禺区公益慈善创投着力于探寻地域特色，以"创新+服务"着力打造"番禺模式"。

目前，番禺区公益慈善创投实践正处于成熟发展期，不仅需要积累更加丰富的经验，还要抓住自身区域更鲜明的优势特征进行创投建设，进而打造出可被借鉴的具有引领性的"番禺模式"。

三、番禺区公益慈善创投项目大赛机制

番禺区公益慈善创投项目大赛 2015—2022 年已连续举办 7 届。经过 7 年发展，番禺区公益慈善创投项目大赛已形成一套运行机制，并在每年新一届的公益慈善创投项目大赛中根据实际情况不断创新、完善和发展。在每年的番禺区公益慈善创投项目大赛中，番禺区慈善会与创投大赛协办方

共同发布系列文件机制，方便参赛方了解番禺区公益慈善创投项目大赛背景、目的等相关参赛须知，并通过报名表、申报书、申报材料自查表等系列文件方便参赛者阅读、填写与报名，在番禺区 2020—2021 年（第六届）公益慈善创投项目大赛中，还创新性地引入线上平台报名方式，通过电子化申报、信息化审核推动番禺区公益慈善创投项目大赛逐年向数字化的方向推进。番禺区 2021—2022 年（第七届）公益慈善创投项目大赛不断完善对创投主体的指导、培训和评估监测，通过全流程的专业管理赋能创投主体专业能力。

四、历年公益慈善创投成果

自 2015 年起，番禺区慈善会凭借公益慈善创投的形式，以公益慈善创投项目大赛为平台，发动社会组织积极参与公益慈善项目，利用社会组织的行业优势，为区内群众提供多元、专业化和优质的公益服务。

（一）申报项目逐年增加，服务领域逐渐完善

2014 年，番禺区慈善会独立举办首届"番禺区异地务工人员子女冬令营大赛"，番禺区慈善会独立承办、策划、立项试点、评估，服务领域主要为异地务工人员子女冬令营，为后来规范化、专业化引进社会组织承办、评估奠定了基础。

2015 年，番禺区慈善会以广州市第二届公益创投为契机，举办"番禺区异地务工人员子女夏令营项目大赛"，广泛发动社会组织参与，共有 24 家社会组织报名参赛并提交了项目方案。

2016 年，番禺区举办了主题为"益路同行，慈善共赢"的公益慈善创投项目大赛，吸引了 26 家社会组织参赛，服务领域从单一的外来务工人员子女夏（冬）令营扩展到包括失独家庭支持、未成年人保护、外来务工人员子女夏令营 3 个服务领域，所提交申报的项目方案在服务领域逐步健全完善的基础上增加至 39 个。

2017 年，番禺区延续传统，继续以"益路同行，慈善共赢"为主题举办公益慈善创投大赛，共吸引 49 家单位报名参与，收到 39 家单位投件，

其中有 10 家区外单位，共收到 44 份项目方案参赛。服务领域也增加到 4 类，分别为困难单亲家庭支持、失独家庭支持、来穗务工人员子女服务、未成年人保护。

2018 年，番禺区公益慈善创投大赛将报名设置为只允许本区登记的社会组织参与，因此没有区外组织参赛，区内 23 家社会组织报名，共收到 30 份申报书。在吸纳行业参考意见的基础上，服务领域也迅速增加至困难单亲家庭支持、失独家庭支持、来穗务工人员子女服务、未成年人保护、青少年冬（夏）令营、扶老服务、关爱残障人士 7 种类别。

2019—2020 年，番禺区"益路同行，慈善共赢"公益慈善创投项目大赛已发展成为期一年的大型创投大赛，共收到公益项目申报书 88 份。在吸纳行业参考意见以及在番禺区慈善生态打造的背景下，大赛服务领域延展至社区社会组织培育、来穗务工人员子女服务、未成年人保护、社区治理创新、扶老服务、关爱残障人士、其他公益类、青少年夏（冬）令营 8 大类别。

番禺区 2020—2021 年公益慈善创投项目大赛共收到 71 份申报项目书，本届创投大赛较之往届，呈现两大特点：一是立足社会综合治理实际，拓宽服务领域；二是科技助力，在新投入使用的慈善组织综合服务信息管理平台上开通创投大赛通道，让申报、评审、督导等各个环节更高效。

番禺区 2022 年度（第七届）公益慈善创投项目大赛共收到 51 份申报项目书，涵盖为老服务、助残服务、救助帮困、来穗务工人员及其子女服务、青少年冬（夏）令营、青少年素质拓展、社会治理、社会创新 8 大类别，覆盖全区各镇街。本届慈善创投申报主体类别更为丰富，覆盖面更广，除了吸引本土社会组织外，还吸纳了省级、市级登记的社会团体、社会服务机构和基金会申报，且大多具有相关的项目执行经验。

随着举办经验的丰富，番禺区公益慈善创投大赛所设置的项目类别不断增多，从最初只涉及来穗务工人员子女服务项目，逐渐细化到覆盖老人、青少年、残障人士、单亲家庭、失独家庭等多个特殊群体。作为每年投件的重点类别，从来穗务工人员子女服务到 2018 年逐渐转移到青少年冬

（夏）令营，各服务项目的投件呈现逐渐均衡的态势。2019—2020 年番禺公益慈善创投大赛在延续原有分类的基础上不断完善，与时俱进，新增了社区社会组织培育和社区治理创新，将困难单亲家庭支持、失独家庭支持等相近类别进行整合。2022 年番禺公益慈善创投大赛为迎合中共中央办公厅、国务院办公厅印发《关于进一步减轻义务教育阶段学生作业负担和校外培训负担的意见》，在 2021 年青少年服务类基础上增加青少年素质拓展类别。

项目类别的发展彰显出番禺的社区发展特色，2021—2022 年公益慈善创投大赛类别设置的变化基于 2020 年番禺区所实现的镇街社区基金全覆盖，社区、社会组织、专业社工人才、社区企业、社区基金"五社联动"的共治生态圈的发展进程，同时体现出番禺区以"创新+服务"理念指导的公益慈善创投的理念升级，也积极探索公益慈善创投项目的升级发展之路，尝试的结果体现在公益慈善创投项目大赛中以新增的社区社会组织培育类别为创投培育重点，扩大创投服务主体，推动社区各类组织和党员加入公益慈善创投的队伍，夯实公益慈善创投服务主体的队伍力量。

2020—2022 年，番禺区"益路同行，慈善共赢"公益慈善创投项目大赛继续细化完善，有为老服务、救助帮困、助残服务、来穗务工人员及其子女服务、青少年服务、社会组织培育、社会治理、其他社会创新 8 大类别，在原有社区救助对象的基础上，关注相对贫困人员，关注社会难点，优化项目类别，扩大了服务对象和范围，同时注重为老服务、来穗融合和社区治理模块，满足社会多元化的服务需求，巩固推进城乡一体化。

历数近年番禺区"益路同行，慈善共赢"公益慈善创投项目大赛的项目设置，能够发现其不断积累举办经验，结合番禺建设发展，呈现出申报项目逐年增加，服务领域逐渐完善的态势。同时，结合社区微创投项目，由面到点，让更多社区社会组织能有更多的资源共同参与社区治理，达到共建共治共享的社会治理格局。

总的来说，在番禺区打造慈善生态、践行慈善责任、完善"五社联动"社区治理机制的公益慈善建设背景下，番禺区公益慈善创投项目大赛的服务领域逐步完善，聚焦重点也逐渐从来穗务工人员子女服务、青少年夏（冬）令营转移至社区治理创新及社区社会组织培育上来，为番禺区构建"五社联动"社区治理机制，营造共建共治共享的社会治理格局奠定了良好的项目平台基础。

（二）资助金额大幅提高，覆盖范围涵盖全区

公益慈善创投是政府转移职能购买社会服务的重要形式，为初创型和中小型的社会组织提供"种子资金"，将资本市场的创业风险投资理念引入公益慈善领域、延伸到公益社会组织的培育发展之中，番禺区慈善会连续7年采用创投项目大赛的形式为服务型社会组织进行资助，帮助其实施慈善项目，资助资金不断增加，项目服务的范围也不断扩大，覆盖全区。

2015年，经过公益慈善创投项目大赛，共有16个项目获得资助，资助金额超过30万元，受助范围覆盖全区11个镇街，惠及异地务工人员子女由前一年的100人迅速增加到500多人。

2016年的公益慈善创投项目大赛共10个项目入选资助项目名单，其中，协议一年期的失独家庭支持和未成年人保护项目各获得超过20万元资助，其余8个外来务工子女夏令营项目各获得不超过5万元资助，总资助金额超过70万元。

2017年的项目大赛历时3个月，最终对16个项目进行资助。其中对一年期服务项目资助总额达100万元，服务覆盖全区的来穗务工人员子女服务、未成年人保护、失独家庭支持及困难单亲家庭支持4个领域；12个来穗务工人员子女（夏令营）项目获得47.3万元资助，夏令营服务范围预计覆盖全区10个镇街。16个资助项目的服务人数预计23000多人次，总资助额超过150万元。

2018年的项目大赛历时4个月，最终决定对18个项目进行资助，其中一年期服务项目资助总额达131.18万元，服务覆盖全区的困难单亲家庭支持服务、失独家庭支持服务、来穗务工人员子女服务、未成年人保护服务、扶老服务、关爱残障人士服务6个领域；9个青少年夏（冬）令营项目获得79.06万元资助，夏令营服务范围预计覆盖全区各个镇街。18个资

助项目的服务人数预计 29500 多人次，总资助额超过 210 万元。

2019—2020 年，经过公益慈善创投项目大赛，共有 27 个项目获得资助，其中长期项目 16 个，短期项目［青少年夏（冬）令营］11 个，涵盖总资助金额超过 303 万元。项目覆盖番禺区 16 个街镇，累计开展专业服务 1110 场次，直接服务（受益）辖区居民超过 3.2 万人次。

2020—2021 年，2020 年番禺公益慈善创投项目大赛（涵盖妇联献爱心公益创投）资助 51 个项目，涵盖总资助金额超过 600 万元，是番禺区历年来规模最大、项目最集中、投入资金最多的一次，覆盖番禺区 16 个镇街，累计开展专业服务 1475 场次，直接服务（受益）辖区居民 5.8 万人次。其中 2020—2021 年度公益创投项目大赛共资助 26 个项目，共计资助金额 299.5 万元。

2022 年，番禺区投入 300 万元慈善资金，资助在番禺区 2022 年度公益慈善创投大赛中优异的 23 个公益慈善项目，其中资助金额最高的是为老服务类的项目，达到 19 万元，自筹资金最高达到 13.25 万元，项目覆盖全区 16 个镇街。

除此之外，2020 年，番禺区妇联第二届献爱心公益创投活动同步开展，由番禺区慈善会妇女献爱心互助基金提供立项资金 300 万元，最终确定资助 25 个公益慈善创投项目。

作为开放性的公益慈善创投平台，番禺区公益慈善创投项目大赛自举办以来，番禺区慈善资金投放资助金累计 1400 多万元，累计获资助项目达 146 个，全面覆盖番禺区 16 个镇街，辐射广州市各个地区的社会组织培育孵化，促成资源对接及整合，资助并成功培育了一批具有社会影响力的创新公益慈善项目，涵盖了社区治理、社区社会组织培育、困难单亲家庭支持、失独家庭支持、来穗务工人员子女服务、未成年人保护、青少年冬夏令营、扶老服务、关爱残障人士等多个领域的内容及群体。公益慈善创投项目大赛充分发挥比赛优势，为推动番禺区公益慈善创投实践开展了许多前沿探索。

资助金额的大幅度提高得益于番禺区已经搭建起多元的创投资金来源

体系，不仅发挥政府财政支持的作用，也吸引企业、基金会等其他主体的加入，从资金层面促进政府、市场、社会组织在公益慈善事业发展中的跨界融合。尤其是大型基金会的加入，如 2020 年由番禺区慈善会妇女献爱心互助基金提供立项资金 300 万元，开展妇联第二届献爱心公益创投活动，更是在其中发挥巨大作用。同时，番禺区社区微创投的发展一定程度上也得益于番禺区各社区基金的成立和发展。自 2016 年番禺区第一家社区基金在市桥街沙园社区建立，到 2020 年社区基金建设工作全面完成，全区 275 个村（居）全部都建立了社区基金，不仅推动"五社联动"机制向纵深发展，更为社区微创投活动的开展奠定了资金基础。

2019 年番禺区首个社区微创投于南村镇锦绣香江社区启动，开始了社区项目自实施、社区自组织的孵化、扶持和培育的创新尝试，随后洛浦街丽江社区，桥南街番奥社区，市桥街康裕社区、先锋社区、西涌社区、社学社区、华侨城社区等相继开展社区微创投活动，2019 年共立项资金 34.196 万元，开展服务项目 57 个，涉及党建活动、垃圾分类、心理健康、智能养老、特色社区、教育培训等多个服务领域，吸引专业社工机构、社区社会组织等多方参与，实现社区需求和社会资源的有效对接。2020 年番禺区更多社区镇街开展微创投活动，通过完善政府负责、社会协同、公众参与、法治保障的社会治理体制，提高了社会治理社会化、法治化、智能化、专业化水平，打造共建共治共享的社会治理新格局。

在社区微创投志愿者培育层面，2020 年，在番禺区妇联第二届献爱心公益创投的资助下，广州市社会创新中心"探索她力量"——番禺区巾帼志愿服务能力提升计划面向番禺区巾帼志愿服务队伍全面开展，对全区巾帼志愿服务队伍进行行动研究和理念倡导，采用以赛促建的方式，举办巾帼志愿微创投比赛，经过自主申报和专家及居民代表评委评审，最终 5 家巾帼志愿服务队伍的项目进入资助期，项目类别涵盖养老、助残、交通安全等，除了为她们提供资金资助外，还帮助她们更为专业地开展志愿服务活动。

番禺区公益慈善创投以公益慈善创投项目大赛为主，以社区微创投建设为辅，各社会组织、社区自主申报、以赛促建，从点到面将创投项目服务范围拓展至番禺区各个镇街社区，区民政局作为主办单位积极为各公益慈善创投项目提供资金支持，提供能力建设培训、陪伴式督导以及实地参访等资源支持，使社区链接社会，发挥社会各群体如党员群体、女性群体等多方力量，在创投项目实施过程中构建共建共治共享的社会治理格局，为促进基层社会治理创新提供全新的路径。

第三节　番禺区公益慈善创投的模式研究

一、番禺模式："一基双引四轮驱动全民慈善"

番禺区公益慈善创投致力于打造"一基双引四轮驱动全民慈善"的番禺模式，实现公益慈善创投模式的"本土化"发展。

一基指的是以打造番禺"慈善之区"为基准。打造"慈善之区"，既是基准也是目标，2021 年番禺区率先启动"慈善之区"创建，以"慈善之区·幸福番禺"为目标，通过创新慈善服务手段、拓宽慈善服务领域和丰富慈善服务内容等方法，全面展现番禺慈善品牌和形象，进一步巩固番禺区"五社联动"社区治理机制，营造"人人慈善　慈善人人"的社会氛围。

双引指的是坚持党建引领和政策引领。番禺区在区委、区政府的正确领导和高度重视下全面贯彻落实《广州市推动慈善事业高质量发展行动方案》，坚持党建引领，坚持党对慈善事业的全面领导，2022 年番禺区慈善会党支部共组织主题党日 15 次，党课学习 11 次，编印理论学习材料 5 期，志愿服务 4 次，组织生活会议 3 次；打造党建品牌，加大慈善组织党建品牌的选树、培育和宣传力度；强化服务管理，完善党员管理服务方式，从严抓好慈善组织中党员的教育和管理。番禺区从创投初期就根据慈善法及番禺区慈善会相关制度规定制定创投项目执行及财务管理办法，以确保项目执行合法合规。

四轮驱动指的是民政主导、慈善会搭台、社联会推动、社会组织唱戏。番禺区民政局作为主办单位或指导单位，番禺区慈善会作为联合主办单位或承办单位，番禺区社联会作为联合承办单位以开展公益慈善创投项目大赛的形式组织公益慈善创投活动，鼓励各社区有能力且项目可行性和创新性较高、预期社会效益良好、与政府目标契合的公益性社会组织作为项目申报的主体参加，促使他们为社会公益事业发展服务。

番禺区公益慈善创投"以打造番禺'慈善之区'为基准，坚持党建引领和政策引领，坚持民政主导、慈善会搭台、社联会推动、社会组织唱戏四轮驱动"，在社区公益慈善创投整体建设上打造番禺慈善品牌，真正普惠社区居民群众，提高社区服务水平，同时引领群众感受慈善、参与慈善，最终力求实现全民慈善。

二、运行模式：依托比赛平台驱动项目创新

冯元和岳耀蒙将我国公益创投的发展模式总结为 5 种，分别为公益组织孵化与培育模式、社区公益项目选评模式、校园公益创投模式、企业公益创投模式和政府主导公益创投模式。番禺区采用的是民政主导、社会协同的公益慈善创投模式，以番禺区民政局、番禺区慈善会为主办单位，采用公益慈善创投项目大赛的形式，通过比赛启动—项目征集—项目初审—项目复审—项目终审—签约仪式—媒体宣传等工作流程，将既具创新性又符合社区需求的公益项目选拔出来，对其进行资金支持、能力培训支持。该模式是以政府为主体，以项目为核心，以社区、社会组织、社会工作者等为主要公益服务载体。

在政府和项目的关系上，政府对申报项目社会组织保持了较低的介入和参与度，双方建立了更为平等的新型合作关系，给社会组织创造更多自主创新的空间。具体而言，番禺区以创投项目大赛作为主要驱动形式，不断鼓励社会组织进行项目创新，实现慈善、企业和社会的跨界融合。通过公益项目评选的形式，向全区社会组织广泛征集创新公益服务项目，综合考量项目需求调研情况、方案设计分析、机构管理水平、规范财务管理

等，确定最终获得资助的项目名单。在此过程中，相比于社会组织被动承接创投项目的方式，采用创投比赛的形式：一方面能够充分发挥申投组织的自主性，为各申投组织提供展示项目的机会；另一方面，项目竞争机制和评审制度，能够最大限度激励申投组织不断进行项目创新，提高项目质量。

在 2020 年 9 月，中国慈善联合会发布《公开遴选公益创投运行指南》，为公开遴选形式开展的公益创投活动的筹备、项目征集、项目遴选、绩效评估等确立了标准。2022 年 3 月，广州市民政局制定了《广州市慈善组织实施公益创投流程指引（试行）》，为番禺区公益慈善创投项目大赛提供了科学参考依据。在番禺区公益慈善创投大赛申报中，各组织以项目为单位进行申报和实施，推动公益服务由活动化向项目化转变。项目申报完成后，公益慈善创投项目大赛主办和承办单位依靠完整专业的项目申报接收和审查机制组织评审活动。在确定资助项目后，创投大赛主办方为所有资助项目配以全链条的日常专业指导、季度监测反馈、能力建设提升培训、实地走访督导等常规服务以及中期评估、结项评估、集中督导等节点管理，以全流程管理和服务推进各项目有序、健康执行。

番禺区通过"比赛+项目"的社区公益项目评选模式，驱动社会组织自我创新；以项目贯彻服务，在项目实施过程中促进社会服务的可持续发展。除此之外，番禺区依托"五社联动"社区治理机制，通过社区基金提供的小额资助资金开展社区微创投，推动社区基金与社区需求的精准化对接，形成良性公益生态圈。在全区域公益项目大赛模式之外，番禺区也在探索社区微创投等其他可能性。

三、支持模式："五社联动"经验打造品牌项目

番禺区通过公益慈善创投项目大赛不仅为资助项目提供资金支持，还联合学界、业界，整合社区内外多元主体资源，为项目提供全流程培训及指导，提升项目质量、落实项目服务效果，使项目成果真正惠及社区居民。

从最基础的资金支持来讲，番禺区公益慈善创投大赛为初创型和中小型的社会组织提供"种子资金"，其资助的来源主要为番禺区慈善会。与传统慈善相比，公益慈善创投更注重对社会组织的主动"造血"能力培养。主办方倡议、鼓励创投主体广泛链接社会资源，提升自筹资金额度，丰富项目内容。以番禺区 2022 年度（第七届）公益慈善创投项目大赛为例，截至 2022 年 7 月 8 日，创投主体共自筹资金 42.38 万元，到账率为 72.86%，自筹资金和到账率较往年均有提升。在主办方的指引下，大部分创投主体都按照财务指引要求，签订捐赠协议（物资、资金），备注本届创投大赛专项项目及用途，并对物资进出库做好相关记录，在新媒体平台进行信息公开。

综合能力培训方面，番禺区公益慈善创投大赛从最初每届历时三四个月，到如今每届大赛历时一年，流程逐步完善，番禺区委区政府、大赛主办方、社区和专业机构致力于为社区社会组织搭建平台、提供服务、整合资源，尤其是在公益实践、业务培训、组织建设、政策解读、党建指导等方面提供支持，整合番禺区社区内外多元主体的资源，在"五社联动"机制的经验下，通过综合能力培训、专项督导培训、专家智库支持和社区多元主体联动四个维度为创投主体构建一系列立体的能力建设支持。公益慈善创投项目大赛利用社区项目案例探讨、网络培训等形式提高各组织的项目管理、财务管理能力，并开发公益筹资和短视频传播课程提高创投主体的资源拓展及传播能力。

专项督导培训上，番禺区依托于"五社联动"社区治理机制，重点培育镇街社区社联会，通过问卷调研和专人一对一跟进，深入了解镇街社区社联会的发展和培训需求，创新地形成了"线上+线下+实地督导"的混合培训模式。通过线上培训帮助镇街社联会打通基础技能的掌握通道，通过线下培训进行案例实操和加固技能应用，再安排项目和财务专家进行实地走访，请专家对社联会的项目管理和财务管理进行有针对性的实务督导，对项目管理查漏补缺。

除系统的培育支持之外，番禺区公益慈善创投项目大赛注重发挥专家智库团队的建设作用，组建了一个多元领域的专家智库团队，涵盖社会组织理论研究、项目管理、社工实务、财会法务、传播创新等多个领域；囊括广州市优秀行业领军人物，包括番禺本土资深专家、番禺区本土专业社工人才等。这批专家从项目入选、实地督导、中期评估、末期评估、能力建设培训等全程参与，为初创型组织规范化、成熟型组织品牌化发展提供智力支持和专业建议。

另外，大赛项目还立足社区，根据项目需求，对公益创投项目链接社区内外资源提出要求。除了直接的资金支持外，社区公益慈善项目还链接了企业、社会组织、热心人士提供的礼品、场地、人员、物资等外部资源。其中番禺区2022年度（第七届）公益慈善创投项目大赛中，广东省山海源慈善基金会链接企业、爱心人士，获资助活动礼品、活动场地等累计金额2.5万元；广州市绿点公益环保促进会链接区内中小学、相关环保组织、企业环保团队、环保相关的优秀讲师等资源助力项目的实施开展。广州市番禺区大学城志愿者协会链接大学城高校、岭南印象园、科学教育基地等场地资源，保障项目开展。

总的来说，番禺区公益慈善创投项目大赛注重引导项目通过发掘社区内外资源、联动社区主体力量，融合社会协同，提升项目服务的专业性、创新性和品牌化。

总体来看，番禺区公益慈善创投项目在番禺区构建"五社联动"社区治理机制的经验和作用下，撬动多方社会资源。尽管番禺区公益慈善创投项目的主要实施主体为政府和承办单位，但市场和其他社区社会力量的助力能够为活动增效，基金会、媒体为创募主体提供劝募平台、公益资源支撑和活动宣传等支持，学术机构、专家智库能够为其提供专业的培训指导和监督支持。相较于单一的政府购买服务、社会组织提供服务的模式，番禺区在创投项目实施的过程中更加注重的是在"五社联动"机制的引导下，吸引更多社区社会资源参与其中，以政府的公信力为引导鼓励倡导更多企业、基金会和媒体参与，实现政府、市场和社会组织的多元共创。

四、区域对比：坚持党建引领政社协同创新

在运行模式上，与广州其他区域相比，番禺区公益慈善创投建设也自有区域特色。从化区同样采用公益慈善创投项目大赛的模式，更加注重微创投建设，以乡村振兴为目标；而番禺区更加注重服务项目的创新性和品牌化，以创投大赛为主，微创投建设为辅，凭借连续多年举办的创投大赛积累了丰富的经验，已经打造出一套成熟的公益慈善创投比赛的机制，创投项目的类别丰富，投件量级和服务范围都逐年增大。

番禺区所采用公益慈善创投项目大赛为主的创投模式沿袭广州整体的创投特征：党建引领、对社会组织有结构性限定条件、体系较成熟完善，与周边城市如佛山公益创投大赛"传媒搭台、企业支撑、第三方执行、社会共建、公众参与"的模式和中山公益创投大赛"政府、企业、市民三方联动"的模式相比，更具服务性和创新性。

在现有研究中，对不同省市地区的创投模式对比多从资助主体、运行机制、监督评估等方面进行，集中于宏观层面，而在微观层面的创投支持上，相较于其他区县级公益创投以资金捐赠为主要目的，番禺区在"五社联动"机制的经验作用下，地区公益慈善创投呈现出鲜明的多元社区社会主体合作共同提供资金、综合能力提升建设、专项督导支持、专家智力等多面向的支持特征，符合公益慈善创投高参与性和非财务性支持的典型特征。具体来讲，在财务支持方面，番禺区公益慈善创投不仅发挥政府资金的作用，还积极筹措社会资金，积极发展社区基金会，结合社区微创投从点到面进行创投服务覆盖。非财务支持方面，番禺区公益慈善创投更加发挥自身"管家"角色，参与创投主体的成长过程，并在必要的时候采取监督矫正措施。此类创投后增值服务是公益慈善创投管家角色的重要内容，番禺区的增值服务以能力建设和培训为主，在前期申报培训和后期能力培训中充分会同多方力量提高社会组织"造血"能力，构建项目支持网络，对获选项目的团队系统进行能力建设专题培训。

从多元协同的角度看，有学者将政社合作模式分为购买服务模式、协

作治理模式和合作治理模式，分别指的是政府运用自有资金发起公益慈善创投，将公益慈善创投外包给一家或几家公益慈善创投组织；政社合作共同治理，由一方建立"母基金"吸引其他主体投入资金或人力等资源，共同开展公益慈善创投；基于合作治理理念，双方或多方平等参与公益慈善创投，通常要求合作发起一个新的公益慈善创投机构。番禺区公益慈善创投沿袭广州市公益慈善创投的特征，采用协作治理模式，并非完全由政府提供支持，政社合作程度达到中等水平，政府通过其有限资源的注入，利用自身公信力，有效发挥涟漪效应，带来撬动性改变，吸引社会各界参与，实现资源的整合。

第四节　番禺区公益慈善创投的发展方向和建议

为了进一步巩固并扩大番禺区公益慈善创投活动成效，深化辖区内社会组织的扶持工作，本调研对番禺区继续开展公益慈善创投项目大赛提出以下 5 点建议。

一是鼓励社会资本参与，加强政社合作。在党和政府对公益慈善创投项目大赛的指导下，番禺区鼓励慈善会、社会组织向外发掘社会资本，补充项目的资金缺口。这有利于公益行业和公益项目的活动方向和价值取向以一种更符合政府预期的形式出现，同时也有利于新型公益活动和组织的孕育和发展。除此之外，鼓励公益项目寻求社会资本，促进社会组织走向市场化和专业化的运营道路。但是，番禺区目前仍没有摆脱公益慈善创投的负面效应：公益项目资金来源的单一性、投资支出的无偿性等问题导致公益组织过多地对资助产生依赖，仍然难以主动建立自身的创业投资机制，获取长期稳定的资金来源；同时，以番禺区慈善会资金投入为主的公益项目将更多以项目目标为导向，对组织运作方式缺乏反思和调整。为此，番禺区公益慈善创投可适当补充资助条件，例如根据不同项目的需求，对已赢得社会资本资助的项目给予一定比例的政府资助，鼓励公益项目以社会资本为重要资金来源，从而让社会各界通过"投资"选择和监督更有利于社会发展的公益项目，减轻政府筛选、跟踪、评估等多方面行政工作的负担。

二是鼓励多主体协作，促进社区参与。番禺区举办公益慈善创投项目大赛的目的之一是发掘并宣传辖区内一批深受社区居民欢迎、具有良好社会效益的社会组织和公益项目。目前，番禺区公益慈善创投全流程以政府、爱心企业、基金会、媒体、学术机构为主要参与主体，相对充分地囊括了社会各界人士，但仍缺乏来自社区居民以及项目受益人的声音，使得公益项目筛选很可能总是精英视角，缺乏自下而上以受众需求为中心的公益关怀。因此，鼓励社区居委会、社区居民、社会力量等社会治理多元主体参与项目评选、项目设计和执行等全过程是公益慈善创投保持初心不变的方法。番禺区公益慈善创投项目大赛一方面可以引进社区力量参与项目评选，由社区居民发声决定公共资金的去向，选出更适合本社区发展的公益项目，从而加强公益慈善创投项目对社区整合和社区自治的促进作用；另一方面，优先考虑能够引导和动员社区参与的公益项目。通过公益慈善创投项目大赛，番禺区可以实现以社区公益慈善创投项目为载体，充分发挥社区居委会和居民自治的基础性作用，培育居民主体性，深化社会参与，整合社区治理资源。

三是鼓励创投基金长期投资，延续创投成果。目前，番禺区民政主导、社会协同的公益慈善创投大赛投资仍是以一年期项目为主，意味着公益项目执行人需要在一年内完成资金筹备、项目执行、项目评估等多项工作，并保证资金完全用尽，导致项目的实际执行周期较短、项目执行仓促、目的性较强。同时，考虑到部分社会问题的解决并非一蹴而就，尤其是教育培训类项目更是需要制订长期规划，逐步深入。因此，以年为单位的创投项目大赛制度是人为打乱"慢"公益项目的运营节奏，而短期公益项目往往也很难给社区环境带来根本性的改变，最终只能以活动开展次数、参与人次作为评估标准。因此，番禺区公益慈善创投大赛未来可以尝试开放3年期、5年期甚至更长时段的项目申请，允许如社区治理、青少年教育等需要投入大量时间和精力的项目也可以获得公益慈善创投的资金支持，鼓励社会组织以改变社会观念、态度和行为方式作为项目目标，推动社会组织参与社区治理工作。同时，对成功申请的公益项目进行定期评估，并给予逐年减少的资金投入，以鼓励项目寻求更稳定、独立的资金支持，最终成长为长期性的公益项目品牌。

四是加强第三方评估，"以评促建"规范公益慈善创投。公益行业作为社会治理的重要力量，意味着公益项目的推行将会对社区以及居民产生实质性改变。因此，对公益慈善创投成果进行科学、专业、客观的评估有利于政府等投资方规范公益项目的运营方式，确保公益项目的运作合法合规。目前，番禺区公益慈善创投活动的评估工作主要由承办单位组织邀请行业内专家学者评估。同时，番禺区公益慈善创投项目大赛对第三方评估缺乏监管机制，容易导致专业性不足、深度调研不足、主观性明显等公益慈善创投评估工作软肋。因此，建议尽快健全和完善第三方评估制度，引进更为专业的、独立的第三方评估机构，引进多元资金支持第三方评估工作，避免评估工作的专业性和客观性受影响。另外，从顶层设计为第三方评估建立恰当适度的管理监督机制，避免监管者缺位现象的出现，确保评估工作的科学客观。

五是加强宣传工作，扩大创投大赛影响力。番禺区公益慈善创投项目大赛的媒体曝光度不高，基本局限于公益行业内部宣传，尚未实现"破圈"宣传。这容易导致公众对公益慈善创投的理念认可度不高，认为公益慈善创投乃至公益活动和自己无关，最终导致公众的公益参与度难以提升。因此，番禺区相关部门应当积极开展与媒体的合作，利用互联网力量为公益慈善创投活动助力。一方面，合作媒体紧密跟进公益慈善创投项目大赛进展，扩大活动影响力；另一方面，及时报道受益项目进度，加强项目信息透明度，提高活动公信力。除此之外，增强对典型案例的宣传工作，让民众对公益项目产生同理心和共情能力，切实理解公益在现代社会治理格局中的地位和意义，让公益真正走进民众生活。因此，加强媒体宣传工作除了能够有效提高公益慈善创投项目大赛的知名度，也有助于在民众间推广"人人公益"理念，打造"全民公益"氛围，促进公众从公益

"受益者"转变为"参与者""组织者"。

第五节　番禺区公益慈善创投优秀项目案例

一、来穗务工人员及其子女服务类

（一）"从新造出发新造小主人"主题冬（夏）令营

实施机构：广州市同创社会工作服务中心

实施时间：2019年1—8月

新造镇青少年约为5200人，其中来穗务工人员子女约为1600名，占本地青少年人口的30.7%，每年还有来自全国各地的150~200名青少年暑寒假期间在新造度过。由于父母忙于工作，该部分青少年一般只能在居所及附近范围活动，形式仅限于手机、电视及有限的同辈互动。由于新造镇处于农村地区，家长的教育方式较为单一，平时只注重学习成绩，对青少年的兴趣培养和能力培养较为忽视。并且该地区多以隔代教育为主，父母由于工作繁忙，较少与青少年交流。科技的突飞猛进，导致青少年在手机网络电视上所投入的时间太多，参与社区活动的平台较为缺乏，很少有机会接触社区事务，对社区的公共资源、当地文化、历史变迁等方面了解较少，缺乏对社区的关注度和投入度，不利于来穗人员子女融入社区。

新造家庭综合服务中心于2019年1月15日—8月19日开展两期"从新造出发"文化主题冬令营和"新造小主人"青少年欢乐暑期夏令营，促进来穗务工人员子女较快地融入城市社区生活，了解本地文化，营造来穗务工人员子女与本地青少年和谐、互助的朋辈关系，从而促进来穗务工人员子女身心健康发展。项目通过组建9个小组，举办4个活动为来穗和本地青少年服务（见表5-1、表5-2）。

表 5-1　"从新造出发新造小主人"主题冬（夏）令营小组内容介绍

小组名称	小组内容及成效
科技文化之"交通工具的演变"小组	小组内容：以参观体验和分队完成任务为主，以一大带两小为队伍，体验地铁，参观地铁博物馆，乘坐有轨电车、双层旅游观光巴士，骑摩拜单车，坐水上巴士，亲手设计未来新型交通工具 小组成效：丰富参与者对广州科技特色的认识，促进团体能力发展
历史文化之"一物一历史，放眼看广州"小组	小组内容：以大带小的模式进行组队任务，以参观体验和相关游戏互动为主，参观西汉南越王墓，了解广州南越王国辉煌的历史，到镇海楼感受文物背后的故事和文化 小组成效：提升参与者对广州历史的了解，增强参与者对广州历史的兴趣，提升其人际的交往能力
广绣文化之"绣出我精彩"体验小组	小组内容：通过团队合作的方式，共同参观十三行博物馆，一起学习广绣基本针法，共同动手制作精美广绣作品 小组成效：让参与者了解蚕丝到广绣的系列工序，加深对广绣的认识，了解广绣的工匠精神
革命文化之"先进伟人的故事"小组	小组内容：以大带小的模式进行组队任务，以参观体验和相关游戏互动为主，沿着革命历史的足迹，从中山纪念堂感受辛亥革命的震撼，到农讲所感受农民运动的意义 小组成效：让参与者了解广州近代革命历史，感受广州革命精神
美食文化之"行走的吃货"小组	小组内容：参观体验广州美食园、领略西关美食，以队员互换的形式进行广州美食寻根探源，以此让参与者反思与他人的互动沟通模式 小组成效：让参与者了解广州美食历史和特色，提高社交能力
"星星之火可以燎原"青少年社区参与提升小组	小组内容：社会工作者、义工、参与者三者联动，结合新造特色共同策划设计完成墙绘方案和图样 小组成效：通过社会工作者的带领和引导，提升参与者的社区参与感，增强其社区参与意识
"唱"出精彩，了解自己——青少年自我认识提升小组	小组内容：参与者共同排练、合作共唱一首歌曲，借助其他组员的评价打分以及综合表格的前后变化，增加对自我的了解 小组成效：通过参加本次小组，为青少年构建一个相互支持的平台，并在平台上让青少年通过讨论及社会工作者引导，提升青少年的自我认知能力，提升其对于自我同一性及自我角色的认同感

小组名称	小组内容及成效
"剧显精彩"青少年自我成长小组	小组内容：参与者共同排练、合作表演一部舞台剧，组内根据自己能力选择角色，借助其他组员的评价打分以及综合表格的前后变化，增加对自我的了解 小组成效：通过本次活动，为青少年提供展示能力的平台，发掘自我潜能，提高自我认知程度，促进青少年自我同一性建立
新造小主人夏令营之 eiei 舞蹈小组	小组内容：通过组员举荐、投票筛选舞蹈，以组员带组员的形式开展活动，培养社区青少年领袖 小组成效：组建社区舞蹈团队，培养社区领袖

表 5-2　"从新造出发新造小主人"主题冬（夏）令营活动内容介绍

活动名称	活动内容与成效
"从新造出发"文化主题冬令营开幕式	活动内容：活动分为两部分，第一部分进行站军姿、喊口号、跑步等军训项目，第二部分进行领导讲话、宣誓、团建游戏的开幕仪式 活动成效：锻炼入营成员的纪律性与团队意识，磨炼成员的毅力与意志力，明确作为一名冬令营员的责任和使命
"从新造出发"文化主题冬令营闭幕式	活动内容：参与者大胆展现自己的才艺和自信，家综领导对学员颁发夏令营毕业证书、家综 Logo 水晶吊坠和大合照，并合影留念，在美食中共同分享成长喜悦
新造小主人夏令营开幕式	活动内容：军训、唱国歌、宣誓、团建游戏 活动成效：通过开营仪式让夏令营成员尽快适应、融入夏令营活动团体
"欢唱同乐"新造小主人夏令营闭幕式	活动成效：通过本次活动，为青少年提供一个才艺分享的平台，增强青少年的社区参与意识，提高社区参与度和责任感

（二）火把社区的成长中心项目

实施机构：火把社区（广州市番禺区小金雁社会工作服务中心）

实施时间：2010—2022 年

珠三角处于改革开放的前沿，随着经济发展，越来越多来穗人员在番禺安了家，扎了根，成为"新番禺人"。为了助力"新番禺人"的孩子健康成长，火把社区（广州市番禺区小金雁社会工作服务中心）于 2010 年在新桥村创建了珠三角地区第一个流动儿童社区活动中心（以下简称中心）。2022 年，火把社区的成长中心项目成功获得番禺区公益慈善创投大赛资助，有效解决了运营中心资金紧缺的难题，完善中心建设，通过持续提供社区基础服务，增加流动儿童的社区教育资源，支持来穗务工人员子女及其家庭在参与式的学习环境中获得个人能力成长，获得参与活动的孩子、家长一致好评。

新桥村户籍人口仅有 4000 多人，外来人口约 2.6 万，周边工厂务工人员流动性非常大，导致服务对象也具备流动性。中心刚进驻时，新迁移到新桥村的来穗伙伴走进中心，对火把社区、公益服务的认知度和接受度还不高，也会保持警惕。让新伙伴认识火把社区，喜欢来中心活动，是提供有效服务的第一步。

火把社区多年培养的来穗家庭志愿者队伍发挥了重要的协调凝聚作用。志愿者带着众多抱着"试试看"心态的新伙伴一起串街走巷派传单，参与探访活动，在一次次小组活动中相互认识，加深了解，并逐渐产生认同感。后来，不少受益对象还给他们的老乡、同学推荐活动中心。

据统计，新桥村随迁儿童数量约 3000 人，学前儿童约 800 人，小学阶段约 1500 人，来穗家庭的经济、教育都存在压力。绝大部分家长为生计奔忙，缺乏陪伴孩子的时间。项目负责人李小凤介绍，2022 年，中心共对外开放 248 天，为社区的流动儿童及其家庭提供了便民的公共空间。志愿者在这里陪伴孩子，聆听孩子的心声，减轻家长的负担；也为家长提供沟通、倾诉的平台，让家长们可以相互取暖。在本项目周期，中心也在不断拓宽服务内容和提升课程质量，争取社会资源，增加图书，为社区的孩子及其家庭提供"家门口"的图书馆，每月借阅量平均超 500 册。

火把社区链接专业教育力量为儿童开展了达 227 场次合计 13 门儿童课外课程，如硬笔书法课、毛笔书法课、美食课、生活技能课、社区探索课、儿童观影会、托管班、戏剧课程等。为社区的儿童提供有趣又丰富多彩的儿童课外课程，给来穗务工人员子女提供弥补性的社区教育资源，培养其鉴赏美创造美的能力，获得更多的成长可能。

二、青少年服务类

（一）绿豆丁爱地球青少年环境教育项目

实施机构：广州市绿点公益环保促进会

实施时间：2020—2022 年

环保教育一直是青少年教育中的一项重要内容，2020 年度、2021 年度，广州市绿点公益环保促进会（以下简称绿点）负责实施的"绿豆丁爱地球青少年环境教育项目"（以下简称"绿豆丁"）连续两年均成功获得由番禺区民政局指导、番禺区慈善会主办、区社联会承办的番禺公益慈善创投项目大赛的资助，借助机构 14 年开展青少年生态环境素养培育的经验，结合番禺青少年群体的特色，以"构建环保教育体系""建立行为养成模式""倡导社区文明"三步走，探索番禺青少年环境保护培育体系，致力于为番禺区青少年提供最优质的环保宣教科普及最便捷的环保参与体验，成效明显，连续两届被评为十大优秀项目。

环保教育怎样才有效？只是课堂的理论学习够不够？"经过我们 14 年的环保教育服务经验，环保教育必须打破单向传播教育，要有一个从学习到现状调研，再到实践的过程。"绿点有关负责人表示。绿点向雅居乐北苑社区的青少年和家长们开展了"河涌守护"巡河、护河志愿服务的招募。活动中，志愿者带领居民了解市头涌的基本情况、讲解治理状况和河涌现状，并通过对市头涌的水质检测，学习水质分类和评价，了解城市生活产生的污染对水质的影响，以及对生态环境的影响，最后带领青少年和家长们开展"河涌守护"巡河、护河志愿服务。

"绿豆丁"打破环境教育单向传播的方式，以生态文明科学知识、生态环境保护相关法律法规为基础开展生态环保知识学习，随后以家庭为单位对具体环保主题进行科学探究，最后延伸至环保志愿服务，初步构建

"学习生态环境知识+探究环境问题现状+提供解决方案思路或服务"即"学习—任务—服务"的青少年环境保护培育体系。

绿点有关负责人介绍，2021 年，"绿豆丁"项目走进番禺区中小学开展生态文明教育课堂及活动，短短两个月时间，分别在剑桥郡小学、坑头小学、赤岗小学、东城小学、南阳里小学和雅居乐北苑社区共开展课堂 33 次，直接服务中小学生 1278 人次，主题包括垃圾分类、低碳生活、空气污染等。中小学生除了上课学习生态环境知识以外，还在课后完成家庭垃圾分类、河涌巡查等环保实践及志愿服务行动，成为一名环保行动者。

在这个陪伴成长模式建立的过程中，呈现三个特色。一是场景多样化，"绿豆丁"将青少年的生态文明素养培育从学校拓展到社区、河涌等环境现场，除了青少年以外，社会工作者、党员、家长、物管人员、社区居民也参与进来，实现了多方联动。二是讲师多元化，学校老师、社会工作者、家长义工等成为讲师和环保志愿者，不断壮大宣讲教育团队，可持续发展。三是实践立体化，项目结合学校的具体需求延展内容，包括党支部共建，家社校联动，以及手抄报、环保标语、家庭任务等具体活动，提升了合作深度和持续性。

经过系统而持久的环保教育，环保理念植根青少年脑海，需要引导其"学以践行，服务社群"。"绿豆丁"借助"五社联动"平台，链接番禺区内广泛而多元的合作网络资源，与社工服务站、街道居委会、社区物管、企业等开展合作，为青少年开展环保生活实践和志愿服务提供支持，达到"小手拉大手"，影响家庭、学校、社区的目的。例如，通过"家庭垃圾分类任务单"活动，发动学生以家庭为单位记录和落实家庭垃圾投放情况，并动员家长一起参与，培养了正确垃圾分类投放意识和行为习惯。在学校、社会组织的带动下，同学们不但在家庭完成了调查和垃圾分类，还成了宣讲员、调研员，影响身边的人和社区。

据统计，"绿豆丁"开展的两年时间里，共开展生态环境教育活动 134场，为支持教育活动开展讲师培训 18 场，直接参与讲师 291 人次，直接影响青少年 11294 人次；在 2021 年直接参与环境探究研学及志愿服务活动青少年为 702 人次；通过工具化，如教具、学具、漫画、视频等方式间接影响番禺区青少年及其家庭 25118 人次。"十年树木，百年树人。"在育人的路上唯有坚持才能见到成效，绿点在环保教育的路上，勇于创新、坚持实践、多方联动，为番禺区构建更加扎实有效的青少年生态文明素养教育模式，为倡导社区绿色文明，推进番禺慈善文化蓬勃发展贡献力量。

（二）"艺启成长，寻迹大石"青少年文化传承主题夏令营

实施机构：大石街社区社会组织联合会

实施时间：2021 年

"艺启成长，寻迹大石"青少年文化传承主题夏令营，以"培能—参与—传承"为服务主线，整合大石街辖区社区社会组织的优势资源，带领大石街青少年拓展艺术兴趣爱好，寻迹、传承大石传统文化。该项目成功获得由番禺区民政局指导、番禺区慈善会主办、番禺区社联会承办的番禺区 2020—2021 年公益慈善创投大赛资助，并被评为十大优秀项目。

"灯芯草出现在明清时期，有着极高的利用价值，可以制作油灯，可以入药，可以做工艺品，而大石产的灯芯结构柔软、吸油力强、点灯更持久，因此大石礼村很多家庭靠制作灯芯花补贴家用，并成为大石礼村很多家庭的经济支柱之一。要让学生理解这段历史、传承灯芯花制作工艺，最好的方式莫过于让他们在夏令营期间亲手制作灯芯花。"大石社联会副会长、大石灯草文化协会副会长廖景添介绍，在设计夏令营活动内容时，以传统手工艺为载体，设置"讲堂—表演—体验"的文化节活动，不仅仅是灯芯草，还有舞狮、汉服、油纸伞等多元文化内容。

内容丰富的夏令营吸引了辖区内累计共 63 名青少年参与，其中不乏来穗务工人员子女，通过该夏令营亲身体验大石传统文化的"工艺美"，同时推动本土青少年及来穗务工子女融合，增强对番禺文化的认同感和自豪感。

文化传承，不仅需要学习，更需要身体力行参与传播。为此，大石社联会在设计夏令营活动时，特意安排了志愿行动，让学生亲身参与社区文

化的传播，推动青少年成为传承社区文化的中坚力量，夏令营志愿老师带领学员徒步走访会江村禺南武工队红色遗址、大象岗森林公园等文化点，感受大石红色文化和乡村习俗。此外，还培育青少年社区导赏队伍，带动学员参与完成大石街社区导赏地图及素材整理，以自己的努力让社区居民体验大石街人文的博大精深，影响并带动更多居民参与社区文化传承。

文化传承不是一个人一个组织能完成的事，需要最大限度链接社会资源，本次夏令营的主要资金就来自番禺区慈善会主办的创投大赛。而在夏令营开展之前，为了让学习更有针对性和成效，大石社联会还调研了青少年对大石街传统文化了解的现状，并充分调动辖区社区社会组织资源，调研番禺大石灯草文化协会、大石书画艺术协会、番禺礼村龙狮团、大石和悦书画社等本土社会组织，采访了很多传统文化才艺能人，并将这些社会组织资源引入夏令营，丰富内容。

举办夏令营，让青少年学习传播大石传统文化只是第一步，接下来，将有效发挥社区村（居）委会、社会工作者、社区组织、社区志愿者、社区慈善基金等多元力量的联动作用，初步探索党建引领、政府引导，大石街社联会作为资源中枢平台，社会工作者提供组织培育支持、社区基金提供资金支持、社区组织提供服务、社区志愿者参与志愿服务的社区文化传承发展模式。

三、为老服务类

（一）"耆乐友善，爱'邻'距离，邻里互助计划"
实施机构：正阳社会工作服务中心
实施时间：2022—2023 年
本项目是"益路同行，慈善共赢"番禺区 2022 年度（第七届）公益慈善创投项目大赛八大优秀项目之一。邻里互助项目是以市桥街作为试点，聚焦先锋社区老旧而且困难长者多的小区为主要服务地点，在调研老旧小区的基本情况和困难长者的需求后，以培育社区志愿服务力量为切入点开展邻里互助。

社会工作者发挥领路人的角色，为志愿者提供志愿服务政策知识培训、团队管理、服务策划等赋能培训，并制定活动规范、激励措施来完善工作机制，发动队伍成员每月自主开展恒常敲门和巡巷服务。在服务中及时发现社区需求，并引导志愿组织群策群力制订服务介入方案，整合社区资源推动方案的服务实施。

社会工作者根据实际情况对志愿者进行分类。分别以"邻里和、邻里帮、邻里情、邻里乐"四个服务主题进行服务介入，联动资源为志愿者搭建服务平台，吸引多元主体参与，共同为社区居民提供多类型、多领域的志愿服务和社交发展活动，如健康义诊、家电维修、疫情防控、趣味文艺活动、群防共治等。还开展"耆聚一堂"社区串门系列活动，在服务和活动过程中，持续发掘热心、有能居民，动员其加入志愿队伍，不断壮大发展，为社区长者编织"接地气"的邻里关爱网。

不断总结"慈善+社工+志愿服务"融合发展的特色经验，充分发挥"1+1>2"的协同效应。通过"敲门助老进社区"的形式，社会工作者带着志愿者队伍上门关心和慰问社区困难长者，跟进困难长者近期的身心状况、生活经济实际需求，为社区长者提供应急防疫健康包、应急技巧手册，发挥"小管家"志愿者主体力量，通过常态陪伴困难长者，增强社区情感支持，促进社区邻里关怀互助。正阳社会工作服务中心还动员社区多元主体力量为 9 户困难长者敲开"幸福门"，点亮"微心愿"。

（二）"康乐同行，健康相伴"长者综合服务计划

实施机构：番禺区康乐居家养老服务中心

实施时间：2022 年

番禺区康乐居家养老服务中心于 2022 年实施"康乐同行，健康相伴"长者综合服务计划。该项目由番禺慈善创投大赛资助，聚焦钟村街辖区内高龄、失能、半失能长者需求，以社区探访、技能培训、科普宣传、互助养老志愿者的培训和团建等服务为主要内容，直接服务对象 1320 人次，有效提高长者生活质量和健康水平。

"随着社会老龄化逐步加剧，我跟公益伙伴关注到社区长者服务的迫

切需求，在 2017 年共同发起成立康乐养老驿站，一开始我们筹建长者饭堂，希望为长者提供营养健康的饭菜。通过运营 6 个长者饭堂，为 350 名长者提供配餐服务，陪伴过程中发现他们居家护理需求非常大。于是我们扎根在钟村，逐步拓宽长者服务领域，深化服务落地。"项目负责人曾飞扬介绍中心成立背景初衷。正因为有 6 年多的服务深耕，项目团队十分了解钟村街各村村情，为老服务对象情况，社区各方面资源。这些都为他们开展慈善创投项目实施长者服务计划奠定了坚实的基础。

"许多长者在饭堂用餐后，都会留下来唱唱歌跳跳舞，于是我们成立长者文艺队伍，包括歌友会、舞蹈队、合唱队、旗袍队等 300 余人，以满足长者文化养老。随着业务不断拓展，许多服务对象都变为我们的志愿者，一起参与社区互助养老的行动，成为我们项目的扎实力量。"曾飞扬说。

项目积极探索"互助养老"模式，构建互助养老支持网络，大力发展社区志愿者服务队伍，在 i 志愿管理系统注册、广州公益时间银行注册的志愿者 436 人。除了长者志愿者，项目还联动钟村街各村村委会、天汇百货、广外金融学院等党支部共建，发动社区党员、企业员工、学生党员持续为辖区内 75 位残障长者进行服务，实现社区共建，受到钟村街、社区群众的普遍欢迎和支持。

长者服务离不开专业力量的支撑，康乐养老驿站联合惠智医学平台、艾仁凯瑞慢性病管理服务中心、长护险定点服务机构、钟村街敬老院、钟村街社区居家养老服务部、钟村街羊城家政基层服务站、番禺区就业训练中心、广州颐康养老产业服务有限公司等社会慈善资源，建立居家护理站，运营 7 个社区颐康服务站，为社区 6800 多位长者提供居家社区养老服务；开展居家养老照护、推拿保健按摩、家庭保洁、长者日常康复应用、养老护理员（长护险）等培训共 15 场次，在社区开展义诊服务，受益社区居民 1546 人次。培育家政服务人员 145 人，为辖区的 160 多位失能失智老人申请长护险服务，并为他们提供居家生活照料护理服务。

项目以老助老，多方位关注长者身心变化、健康维护需求等，调动当地资源，为老人提供同伴互助、沟通交流的机会和平台，缓解社区高龄、独居、空巢等特殊老人生活困境，探索可持续、可复制、可推广的康乐养老驿站综合服务计划。

四、救助帮困类

（一）小蜗牛666——读写困难儿童支持计划

实施机构：广州市羊城公益文化传播中心

实施时间：2020—2021年

"小蜗牛666——读写困难儿童支持计划"（以下简称"小蜗牛"项目）是在番禺区民政局、番禺区慈善会、番禺区社联会指导下由广州市羊城公益文化传播中心（以下简称羊城公益中心）实施的番禺区首个关注读写困难儿童的公益项目，该项目被评为广州市番禺区慈善会2020—2021年公益慈善创投大赛十大优秀项目。

向公众科普读写障碍症。"读写障碍症是一种常见的特殊学习困难，通常在刚入学阶段最为凸显，但是对读写困难有准确认识的家长，甚至老师并不普遍，因此对孩子的成长有负面影响。"羊城公益中心负责人符喆明介绍，"我们希望通过这个项目让更多人认识到读写障碍症，关注背着重重的壳，依然一步步向前的'小蜗牛'，所以我们在为项目起名称的时候选了'小蜗牛666'，希望他们能'666'。"

为有效推进项目，向社会普及正确的读写障碍症知识，为"小蜗牛"及其家庭提供专业服务，羊城公益中心组建了专家智库，智库人员包括中山大学、华南师范大学等研究读写障碍的教授。同时确定"先覆盖，再深入"两步走的阶段目标。羊城公益中心在全区16个镇街举行了16场科普宣讲，和全区多所学校、社工服务站建立合作关系，让老师、家长、社工了解读写障碍症孩子的特征。然后，由学校根据观察量表，评估儿童日常识字、书写、阅读表现，排除智力因素的影响，向羊城公益中心推荐疑似服务对象，再由专家智库针对这批孩子进行"学习能力测评"，确认与同龄人的差距，并通过语音加工、音形转化、工作记忆等测评手段判断儿童需要加强的功能。

项目需求调研发现，读写困难儿童在学校转介个案中占比超过 50%。在确定服务对象需求后，羊城公益中心为"小蜗牛"提供专业服务，包括 8 场儿童读写专业训练，32 次读写困难儿童及其家长专业支持、32 次志愿者结对陪伴。但是读写障碍症并非药物或短期训练可以根除，"因为读写困难儿童的困扰不仅仅来自学业，还有自身情绪、自我认知、同学关系、师生关系以及亲子关系等方面，需要长期的专业服务。""小蜗牛"项目核心成员汤晓雪表示，项目的时间是一年，为了能给予"小蜗牛"更持续的支持，同时让支持的覆盖面更广，羊城公益中心还联合教育培训机构，共同研发了一套《读写儿童训练工具包》，包括：汉字 UNO（红卡片）、同音找碴儿（黄卡片）、偏旁部件（蓝卡片）、汉字找碴儿（绿卡片），《儿童读写能力测评 & 训练操作手册》《儿童读写功能训练册》《儿童读写技巧训练册》《广州市小学生读写能力发展评估表》，帮助老师、家长掌握科学、有趣的训练方法，有效提升儿童读写技能。项目不仅提高了"小蜗牛"读写能力，更强化了其社会支持网络，为其身心健康提供多方位的支持，营造积极关注和良性互动的氛围。

项目多次获得省级媒体报道，曾在广东省重点新闻网站金羊网、省级媒体《羊城晚报》移动端羊城派和活动派共发布 9 篇报道，极大提升了项目在全省、全市的影响力。"小蜗牛"项目核心成员汤晓雪说："虽然本年度项目已经结项，我们仍然持续开发支持读写困难儿童的教育素材，设立专业咨询联系渠道，定期开展 8 个家庭跟踪服务，持续接受番禺区家长对读写困难的咨询，并提供专业解答和教育资讯，共同为番禺区教育、公益事业持续出力。"

（二）暖心计划之失独家庭支持项目

实施机构：广州市番禺区普爱社会工作服务社

实施时间：2018 年 10 月—2019 年 9 月

番禺区在册失独家庭 63 户 100 人（随着服务期内在册人数增减修改）。在丧子之后，失独家庭往往精神濒临崩溃、陷入自我封闭，容易出现健康恶化、社会交往退化等情况，还要独自面对养老和基本生活照顾等问题。本项目主要以"自助成长"为服务主题，从情绪关怀、健康、社交及养老 4 个失独家庭成员的需求出发，为失独家庭建立社会支持网络，搭建互助交流平台，关爱失独家庭，协助他们面对健康、情绪、养老等实际问题，整合人生，重拾生活信心，走出困境，重新融入社会。

通过对失独家庭成员的需求调研，失独家庭的需求主要表现有获得情感支持、健康管理与就医技能提升、拓宽社会支持网络及提升自我效能感等方面的需求。项目针对失独家庭成员的需求进行分析，通过情绪的疏导与支持，协助失独家庭在一定程度上解决生活上遇到的困难，克服情绪的困扰，缓解他们的失落、哀伤等情绪，同时也在一定程度减少上访率及失独家庭对亲属及相关部门的依赖和照顾压力；根据失独家庭健康方面的需求及家庭自身特点，为服务对象创造条件，提升就医能力，促进失独家庭对自身身体状况的了解，能够顺利就医；通过开展失独家庭最受欢迎的出游活动、季度生日会、节庆日活动等服务，鼓励他们参与社区活动，同时为失独家庭举行定期的庆生与节庆联谊活动，搭建互助交流平台，加强失独家庭间的联系，增加他们之间的凝聚力和归属感，巩固失独家庭这一支持系统之间的关系；协助失独家庭了解居家养老、院舍养老方面的资讯及相关政策，以增加失独家庭对照顾及养老资源的了解，提前计划养老生活。

五、社区社会组织培育类

（一）番禺区慈善组织项目设计与募捐能力拓展支持计划

实施机构：广东省丹姿慈善基金会

实施时间：2021 年

广东省丹姿慈善基金会（以下简称丹姿基金会）申报并实施的"番禺区慈善组织项目设计与募捐能力拓展支持计划"，通过招募、培训慈善组织上线募捐平台，助其筹得近 38 万元善款，有效提升了慈善组织"造血"能力，荣获 2021 年十优创投项目。项目"CPU 计划"，其中"C"指

"Community"（社区），"P"指"Philanthropy"（慈善），"U"指"Union"（联结），意指联合和凝聚社区多元力量。

"比起单纯的'输血'，'造血'才是组织发展的长远之计，因此在进行项目设计时，考虑的是如何帮助社会组织思考日后发展提升。"丹姿基金会理事长黄志勇介绍。"CPU计划"通过实施社区项目设计与社区慈善募捐策略两大主题，帮助社会组织拓宽资源筹集渠道。为了集中力量培育有潜力的公益慈善组织，丹姿基金会向全区公开招募有意于提升自身社区项目设计和募捐能力的公益慈善组织。"我们一共收到了15家社会组织的参与意向书，经过调研了解组织成立初衷、业务范围、发展规划、特色项目等方面，综合考量机构的发展潜力之后，最终遴选了9个公益项目，引导其上线募捐平台。"

为了充实专家力量，"CPU计划"根据入选项目执行团队的学习需求，整合广州、深圳、佛山等地的高校和社会专家资源建构"CPU"智库，在充分借鉴国内外慈善组织项目设计与资源募集经验的基础上，对入选项目团队采取集中培训、团体督导、个体督导、经验交流会、成果总结会等形式开展共计80场次的督导，陪伴支持他们优化设计项目方案与筹款方案并付诸实践，直接服务人数达445人次，间接服务人数达827人次。

9个公益项目在督导专家团队的指导支持下积极开展线上与线下筹款活动实践，在疫情防控常态化与广益联募平台停服维护等各种现实挑战下，在实践中运用所学筹款知识与技巧，积极撬动与链接社会资源，最终筹得善款总额合计近38万元。其中，丹姿基金会在本项目中按1:1比例配捐约19万元，配捐支持力度远超预期。

不断总结反思，形成可借鉴可复制经验。对个体而言，"CPU计划"的重点在于公益慈善组织能力的培育，但对整体而言，希望能引导社会组织深入认识"五社联动"运行机制，将社区需求、社区资源、社会组织等元素连接起来，形成顺畅的供需关系链，从而推动社区治理的高效发展。"CPU计划"把社会募捐的全流程操作和精选典型案例进行分析，开展《社区慈善工作者手册（升级版）》编制工作，以延续项目落地性，期望为更多慈善组织、一线社工机构、社区社会组织以及社区工作者提供有价值的参考和借鉴。

（二）禹路同行 2.0——番禺区社志团队督导成长计划

实施机构：广州市天河区协创志愿服务中心

实施时间：2021—2022 年

禹路同行 2.0——番禺区社志团队督导成长计划基于番禺区"五社联动"治理经验，着力孵化、培育、发展番禺区本土社区社会组织、社区志愿者团队，以助力各镇街"五社联动"示范点建设工作有效开展。

项目团队选取洛浦街道广奥社区、丽江社区，小谷围街道北亭村，石壁街道石壁一村，石碁镇海傍村 5 个示范点，并摸查走访社区志愿服务队伍现状及社区治理需求，从而针对不同的社区志愿团队情况，完善志愿培育计划。积极联动多方资源，包括洛浦街团委、广奥社区居委会、石壁街社工服务站等，对接广东省丹姿基金会、广州市企业管理服务协会、民生银行广州分行财富私银党支部为项目提供物资或资金支持。

"我们发现社区志愿者甚至是志愿团队骨干，一开始对于'五社联动、社区基金'的认识都是停留在表面，所以培育的第一步就是让服务对象由表及里深刻理解何为'五社联动'。"项目负责人李淑雅介绍。成员们从认识"五社联动"概念开始，到掌握运用"五社联动"机制策划志愿服务，从而切实把握居民需求，独立开展社区志愿服务。比如，广奥社区的薪火志愿服务队，结合广奥社区党建引领志愿队伍建设的主要方针，开展党建引领体验式专题解读、志愿服务活动的策划与执行工作坊、社区志愿团队端午社区反哺活动、社区志愿服务"品牌打造、项目执行优化"督导培训等。

项目开展期间，志愿服务队从志愿者招募、志愿者培训、现场运行、社区问题解决、活动宣传等方面进行团队协作，积累了丰富的社区服务活动运作经验。协创中心联同社区志愿服务团队共同完善、细化社区志愿服务工具包、社区志愿服务工作手册，产出 3 个志愿服务工具包。社区志愿服务队伍结合本地社区需求，把相关知识、技巧运用到社区活动执行中，助力社区融合教育、社区环境整治、社区邻里互助三大板块服务。

通过培育，石壁一村的志愿团队在社区推广居家用电安全知识、防诈骗知识案例宣讲、情感陪同知识和技能，并促进排查 15 户困境长者存在用电安全隐患，及时发现问题，有 1 户已完成用电安全改造，得到群众的一致肯定。陪伴困境长者，了解困境长者更多的需求，策划社区互助活动，促进更多的村民加入志愿队伍。发动一些退休老党员，以党员的身份积极带动更多的有能长者参与志愿服务，在社区也慢慢形成"邻里互助"的志愿服务模式。

各志愿服务队在疫情防控期间，多次协助大规模核酸检测。在暑期志愿服务活动中，成功组织多次青少年志愿服务活动，如珠江花园净滩行动、洛浦公园垃圾分类活动等，带领社区居民动手去改善社区居住环境。

协创中心期盼继续深化"五社联动"合作交流平台，精准对接社区志愿者团队品牌服务落地社区，细化社区基金运营机制，激活社区基金，实现社区志愿者团队与社区居委会、社区工作者、社区企业以及社区慈善基金的可持续合作运转。

六、"五社联动"社区治理类

"1+N 模式·联动共建"化龙镇社会组织助力乡村振兴项目

实施机构：化龙镇社区社会组织联合会

实施时间：2021 年

"1+N 模式·联动共建"化龙镇社会组织助力乡村振兴项目（下文简称乡村振兴项目），以乡村振兴为工作重点，通过"三微"行动，链接多元资源参与社区治理，解决社区公共问题。该项目被评为 2021 年番禺区慈善公益创投项目大赛优秀创投项目。

"番禺社区治理的亮点之一在于'五社联动'机制的建立，我们项目的实施正是在这一基础上，深挖社会资源，让'N'更丰富，联动共建提升乡村治理效能。"化龙镇社联会秘书长曾浩基介绍。近年来番禺区乡村振兴工作主要是政府主导，社会协同力量还不够突出。为发动化龙镇社会组织参与乡村振兴工作，化龙镇在 2020 年已经和番禺区社联会合作申请广州创投项目，以潭山村为试点，在全区率先探索"五社联动"助力乡村振兴。"村委会、服务对象、合作方的肯定给了我们很大的动力。2021年我们提炼模式，继续引导动员社会组织参与乡村振兴工作，将试点范围扩大到东南村、塘头村和化龙社区。"曾浩基说。为了更清晰了解社区治理需求，摸查可链接的社会资源，化龙镇社联会在项目开展之初就进行了深入的调研，走访社会组织30余次，了解和关注乡村社会组织的现状，同时深入调研试点村实际需求，整理需求问卷167份、走访6次、社区访谈39次，整理资源、服务供需对接清单。

搭建议事平台，聚焦民生实事。乡村治理是推进乡村振兴的基础，提升村民的法治、自治、善治水平，是乡村振兴项目的工作重点。

在村民自治方面，化龙镇社联会通过搭建村民议事平台，收集社情民意，了解居民最迫切需要解决的问题，由村民表决村（居）重大事项，然后有针对性地设计微改造项目，解决公共问题，实现社区治理。"为了解决加装照明设备问题，我们组织了2次'五社联动'工作委员会协商加装照明灯的事宜，聚焦筛选了8栋老旧居民楼，最终联动社区党委和安全办利用'为群众办实事'党建资金采购照明灯具，由化龙绰达建筑装饰装修公司无偿对加装工程进行有针对性的指导和实施，合力为老旧居民楼解决照明问题。"曾浩基说。

在法治上，化龙镇社联会开展了4场"党建引领法治进万家"社区宣传，内容包括防诈骗、防疫、保障妇女儿童权益等普法宣传，倡导村民守法依法。在德治上，化龙镇社联会协助村委会健全村规民约，发动新乡贤，培育回村在职党员志愿者，开设村民道德讲堂和公益活动，利用宣传渠道加强对正能量、家风家训、先进典型的推广，主流媒体推送8篇，在自媒体推送14篇，营造良好村风。

培育乡村社会组织，"三微"行动办实事。挖掘出社区治理问题，还需要有社会组织参与共同解决问题。化龙有着深厚的历史文化底蕴，飘色、乞巧、龙舟、龙狮、曲艺等民间文化艺术历久不衰，所以化龙镇有不少文艺队伍，备案的文艺类社区社会组织有44家。这同时也是一个庞大的社会组织资源。为了把这些文体类社会组织转型为公益类、服务类、互助类社会组织，化龙镇社联会通过"督导培训+服务实践"的方式进行培育，成功孵化培育了社区党员服务队、高校志愿服务队、微心愿圆梦队等9家乡村服务类社会组织。有了充足的社会组织队伍，化龙镇社联会积极链接社会资源，开展"微创投、微心愿、微改造"的"三微"行动为群众办实事。据统计，链接的社区资源折合人民币约5.86万元，其中1.9万元立项开展微创投资助4家乡村社会组织，开展了10个微心愿，其中1项为8栋老旧居民楼加装照明灯，解决了群众的烦心事。"三微"行动帮助了很多困难群众。

乡村振兴项目以解决群众烦心事、解决村（居）难点问题为出发点，提升农村社会组织、志愿者、"五社联动"委员会的服务能力，链接社会资源，促进村（居）民从被动参与到主动参与基层治理。村民对项目的实施纷纷点赞，并表示期待项目覆盖范围进一步扩大到全镇，让化龙村（居）更美更和谐。

七、其他公益创新类

（一）"社工同行、社区共赢"番禺区社会工作发展项目

实施机构：广州市番禺区社会工作协会

实施时间：2020年

为解决当前番禺区公众对社会工作认知度和社会工作者身份认同度普遍较低，社工服务机构之间、社会工作者之间缺乏定期交流、有效沟通的平台和机制，专业社会工作督导及管理人才紧缺，社会工作从业人员持续学习动力不足等问题，"社工同行、社区共赢"番禺区社会工作发展项目通过建立区内社会工作服务组织联动机制，包括服务交流、服务研讨、行业宣传、人才培养、评优表彰等，以联席会议、电子简报、培训班、研讨会、社工宣传周、总结会等形式，为全区社工服务机构和社会工作者搭建一个行业培训、学术研讨、交流合作、行业信息与资源共享的平台，全面展示传播番禺区社会工作服务成效，提升专业社会工作人才职业荣誉感，提升公众对社会工作

的知晓度和认可度，推动番禺区社会工作从业人员的持续学习。

番禺区内 18 个镇街社工服务站及其承办机构、各社工服务站的持证社工以及社区中从事社会工作相关工作的人员及民政干部积极参与本项目，包括报名参与"十佳社工""十佳项目"评选，参加"番禺区社会工作总结大会暨项目启动仪式""番禺区社会工作发展联席会议""番禺区为老服务宣传活动"，向《番禺区社会工作简报》《番禺区社会组织参与社区防疫工作案例集》《番禺区老年社会工作服务宣传手册》积极投稿，报名参与"番禺区社会工作管理人才培训班"以及"番禺区社会工作督导人才培训班"。而本项目的间接受益人群——社区居民、相关单位人员，从本项目的各宣传渠道（微信平台、朋友圈、微信/QQ 群组等）了解到本项目的活动进展，增进了对番禺区社会工作的知晓度。

通过实施本次公益慈善创投项目，社工机构在项目管理方面明确了机构在项目管理中的定位角色：社工机构作为项目的申报及执行单位，不是单方面的执行者角色，而是项目共同利益的体现者。番禺区社会工作协会执行本项目，服务对象直接受益，机构本身也是受益者，在项目执行过程中增加了曝光度、知名度，提高了机构在行业的影响力。同时对项目的整体把控更加具有系统性：通过执行本项目，总结了对项目应做到三控制、二管理、一协调。三控制：对项目进度的控制、对活动质量的控制、对项目活动成本的控制；二管理：对合同的管理、对信息的管理；一协调：协调与资助方、合作方以及服务对象的关系。

不仅如此，本项目主要服务对象包括番禺区社工服务机构、各镇街社工服务站、社会工作者，超过 900 人直接参与了项目活动，对服务对象来说，发布 3 期电子版《番禺区社会工作简报》和 1 本《番禺区社会组织参与社区防疫工作案例集》，对和悦社工等 8 家社工服务机构、钟村社工服务站等 16 个社工服务站的防疫服务、项目品牌/特色服务、案例故事、社工心得等进行报道宣传，其中简报发布 44 篇文稿，案例集选登 15 篇案例和 10 篇优秀防疫人物事迹，充分展示各社工机构和项目的社会工作服务成效和社会工作者的专业形象，同时提升社会工作者的职业荣誉感。此外，通过举办番禺区社会工作服务总结大会暨项目启动仪式、联席会议、社会工作服务宣传活动、研讨会暨总结会等活动，为番禺社工机构、社会工作者搭建服务项目展示、服务分享交流、学术探讨的平台。并且通过举办番禺区社会工作管理人才、督导人才培训班，为番禺区社会工作者提供一个强化专业学习、提升社会工作专业能力的平台。

对社会公众来说，发布《番禺区社会工作简报》《番禺区社会组织参与社区防疫工作案例集》，使公众更加全面、深入了解番禺区社会工作者在新冠疫情防控期间的服务工作以及各项目有特色有亮点有成果的服务，提升他们对社会工作者及社会工作服务的知晓度、认同度和参与度。通过开展番禺区为老服务宣传活动，以宣传视频、项目汇报、宣传手册等方式，向社会各界展示番禺区老年社会工作服务的风采、特色和服务成效，使更多相关方了解长者服务，推进全区适老化改造项目，惠及更多散居特困长者及民政老年兜底人群。

（二）社区基金同行者能力提升计划

实施机构：广州市社会创新中心

实施时间：2021 年

基层治理是国家治理的基石，统筹推进乡镇（街道）和城乡社区治理，是实现国家治理体系和治理能力现代化的基础工程。自 2016 年起，番禺区率先探索"五社联动"共治生态圈建设项目，社区慈善基金作为其中重要一环，在 2020 年番禺区实现了社区基金全区 275 个社区全覆盖。广州市社会创新中心申报并实施的"社区基金同行者能力提升计划"项目（下文简称同行者计划），以社区基金为切入点，提高区社区慈善基金管委会负责人的业务水平，巩固和深化区"五社联动"城乡社区治理模式，促进基层社会治理水平提高，颇有成效，被评为番禺区 2020—2021 年公益创投大赛十大优秀项目。

项目推出社区慈善基金能力建设营，课程内容包括"社区基金概论"、"社区基金资源募集策略"、"社区基金项目策划管理"和"社区基金组织管理与运营"。课程中，主讲嘉宾围绕社区基金的运行、筹募、动员等环节以实例分析讲述方法，并为社区慈善资金管委会及慈善组织同人开展专题督导。近 330 人次参与学习，课程活动满意度达 95%，为众多社区慈善基金工作人员及相关工作者提供了难得的交流答疑机会，引导社区慈善基金工作人员围绕"如何用活"社区慈善基金进行深度思考，为许多正在摸索未来发展道路的番禺区社区慈善基金提供了有益的参考。

除了课堂专题学习，同行者计划还策划组织了外出探访交流的游学营。例如，组织近 30 名番禺区社区基金同行者前往深圳市光明新区凤凰社区基金会参访交流，嘉宾与同行者一起走访"凤凰驿站"、社区营造成果展示廊，共同探讨凤凰社区基金会的缘起和发展，在交流分享沙龙中，嘉宾以社区基金在社区治理中的成功实例，结合番禺区"五社联动"社区治理机制、社区慈善基金的运作情况，提出可行性建议。学员不仅了解基金会孵化、培育社区社会组织的经验，还加深对社区基金会在挖掘社区文化、孵化培育社区社会组织等方面作用的理解，进一步推动两地社区慈善基金行业内的相互交流、学习和促进。

番禺区社区慈善基金探索之路走了近 6 年，同行者计划通过文献分析、访谈、实证研究等方式，从专家视角探讨分析番禺区社区慈善基金发展共性问题，提出优化发展策略，并编制《广州市番禺区社区慈善基金操作手册》《广州市番禺区社区慈善基金指数评估体系（试行版）》《广州市番禺区社区慈善基金发展研究报告》等番禺区社区慈善基金系列手册。多维度引导社区慈善基金行业发展，提升各社区慈善基金工作人员能力。此外，结合媒体、成果展等宣传助力，提升"番禺慈善模式"影响力，助力促进区内社区慈善基金及行业的规范化和专业化发展。

社区同行，社区慈善基金先行。番禺区社区同行者计划顺利开展，由点到面，由浅入深，由硬操作至软实力，全方位提高了社区基金同行者有关知识、技能和能力。丽江社区基金工作人员表示，社区同行者计划，实实在在地让社区慈善基金工作人员理解社区慈善基金在社区中所扮演的角色和所承担的责任，对于保障社区服务、链接社区有效公益慈善资源、促进社区"五社联动"具有重要作用。

第六章　打造慈善社区，树立慈善典范

第一节　社区慈善的发展与概念定义

一、社区慈善的发展

（一）传统的社区慈善

依据中国慈善事业发展的历史特征，中国的慈善类型大体可分为植根乡土的"差序慈善"、政府主导的"官办慈善"和现代意义上的"专业慈善"，其中"差序慈善"受儒家"爱有差等"思想观念的影响，慈善救助对象的范围往往局限于亲朋好友，具有明显的熟人社会特征和"圈子性"①。可以认为，"差序慈善"是传统的社区慈善的主导模式。但亦有学者指出，即便在传统中国社会，不同的社区形态也存在着不同的社区慈善模式。

传统的社区慈善具有明显的民间性和救济性特征。就其"民间性"而言，传统乡村社区慈善以血缘关系为纽带，以宗亲组织和乡绅为慈善主体，形成熟人社会的"封闭式慈善"模式（或曰"差序慈善"模式）；而传统城市社区慈善则以行会组织和商人为慈善主体，形成陌生人社会的"开放式慈善"模式。传统社区慈善的"救济性"则是传统慈善的基本特

---

① 刘威. 冲突与和解：中国慈善事业转型的历史文化逻辑 [J]. 学术论坛，2014，37（2）：84-91.

征：朴素的福利观下，社会共同体成员过着互助共济的社会生活，由此衍生出尊老爱幼、同舟共济的社会风俗，形成特定文化规定下的救助传统①。传统慈善的首要任务是扶贫救济、救死扶伤，中国历史上佛寺赈灾济贫、道观设悲田养病坊、宗族设义庄义田，均是"救济性"特征的体现。

中国传统社区慈善更多地由差序慈善文化主导，长久以来发挥着重要的社会保障功能，但在一定程度上阻碍了现代慈善事业的专业化发展。一方面，避风港式的保障减少了个体向社会寻求支持的意愿，压缩了专业慈善机构的生存空间；另一方面，熟人圈子的互助网络强化了求助关系的内敛性和封闭性，违背了现代慈善平等、开放的原则。另外，差序慈善文化影响下的价值理念和行为方式严重限制了社区居民参与慈善的热情，制约了社区慈善文化的现代转型。因此，社区慈善从传统到现代转型必须有所扬弃，从封闭走向开放，从精英主导走向多元参与。

（二）社区慈善的现代化

社区慈善的现代化是中国慈善事业现代化的有机组成。从传统向现代的转型是当前我国慈善事业面临的重要课题。与传统慈善强调救济的模式不同，现代慈善强调专业发展和全民平等参与②。自改革开放以来，我国慈善事业在各方面都取得了实质性的进展，经过几十年的发展，以基金会、社会团体、社会服务机构为主干的慈善组织基本体系初步形成，慈善事业管理体制也基本建立，为慈善事业发展提供了重要的组织保证和制度保障，标志着新中国慈善事业走上了组织化、专业化、制度化的现代化之路③。2016年《中华人民共和国慈善法》颁布，更是在法律上为中国慈善事业正了名，把传统意义上少数富人参与的"小慈善"拓展为人人参与的"大慈善"，慈善事业领域扩展到促进经济、科技、教育、文化、卫生、体

① 任雯．中国民间慈善事业：萌芽、发展与复兴［J］．学术探索，2021（2）：69-75.
② 石国亮．慈善文化进社区：意义、挑战与路线图［J］．社会科学研究，2015（5）：123-129.
③ 尚德．新中国公益慈善事业发展的成就与启示［J］．理论视野，2022（2）：60-66.

育和生态文明建设等方面①。2019 年，党的十九届四中全会首次提出要"重视发挥第三次分配作用，发展慈善等社会公益事业"；2020 年，党的十九届五中全会首次对扎实推动共同富裕作出重大战略部署，会上通过的《中共中央关于制定国民经济和社会发展第十四个五年规划和二〇三五年远景目标的建议》，进一步强调要发挥慈善事业在第三次分配、促进共同富裕、加强文明建设和完善社会治理中的重要作用，将实现"全体人民共同富裕取得更为明显的实质性进展"列为 2035 年远景目标。自此，慈善事业发展具备了法律和政策层面的坚实保证和保障。

慈善事业社区化是我国慈善事业发展的必然趋向之一，慈善事业与社区治理、社区发展结合，以社区为基础把各慈善主体（包括捐助者、慈善组织、爱心企业等）与受益对象联系成一个慈善生态网，以实现慈善事业的全面发展。有学者对慈善事业社区化进行分析，指出慈善事业社区化对于改善或克服制约现代慈善事业发展的不利因素具有重要作用②。其一，慈善事业社区化符合中国传统的由亲及疏、由近及远的差序慈善文化，更容易为大众所接受。其二，慈善事业社区化与社区建设事业相辅相成，把社区慈善事业作为社区文化建设、社区道德建设、社区救助和社区服务等社区建设项目的重要组成部分，培养新型慈善理念，充分调动社区居民参与社区治理和社区慈善的积极性，形成多元参与的社区善治。对此，有学者进一步提出，我国应当将社区慈善作为慈善事业发展的重要方向，大力培育社区型慈善组织，鼓励社会慈善机构直接抵达社区或者通过社区慈善组织直接服务于社区居民③。

在慈善事业社区化的过程中，社区慈善事业必然得到快速发展。尽管社区慈善的现代化需要对传统社区慈善文化进行扬弃，但这一过程并非断裂展开。社区慈善现代化过程中往往与基层政权建设和群众自治组织有机

---

①　杨方方.共同富裕背景下的第三次分配与慈善事业［J］.社会保障评论，2022，6（1）：133-159.

②　高灵芝.论慈善事业的社区化与社会化［J］.社会科学研究，2004（3）：104-106.

③　郑功成.中国慈善事业的发展方向［J］.社会治理，2020（10）：10-13.

结合，不仅符合中华文化的邻里互助传统与"行政吸纳社会"① 的现行体制，而且畅通了社会成员参与社区治理的途径，巩固了国家治理的根基，形成了"治理吸纳慈善"② 的新时代中国公益慈善事业总体特征。当前，各类民间草根公益慈善类组织重新意识到社区是人们的日常生活之地，人们对此有利益归属和情感纽带，但社区处于治理体系的基层，社会问题和矛盾会通过漏斗效应渗透到社区，而政府和市场很难包揽解决，因此社区往往需要各种社会资源和各类民间草根组织的力量参与解决社区问题。民间公益慈善主体对社区的回归，既是探索社区治理共建、共治、共享的关键，也是社区慈善现代化建设过程中组织资本日益多元和壮大的体现。

总的来说，社区慈善的现代化是从传统社区慈善丰饶的思想和实践土壤中破土而出的。我国社区慈善的现代化发展既是对传统儒家"仁爱"思想的传承，也是对传统慈善文化局限的突破：一方面，我国当代社区慈善事业建设与社区治理建设紧密相连，一定程度上沿袭传统的"慈善补充治理"关系，提倡尊老爱幼、邻里互助互爱等传统美德，形成基层善治；另一方面，突破差序慈善和精英慈善的有限性，拥抱社会多元主体参与的共建共治共享模式，吸纳慈善组织、专业社工、爱心企业深入基层社区，形成多元开放和专业支持的社区慈善生态。同时，由于我国慈善事业从"小慈善"到"大慈善"的转型，慈善的范围扩大到教育、医疗、文化、体育、环保和社会服务等领域，慈善事业与社会发展有机结合，社区慈善的内容和形式也随之变得丰富多样、百花齐放，社区慈善事业也与社区发展有机结合。我国社区慈善事业的发展呈现出生机勃勃、蒸蒸日上的趋势。

---

① 康晓光，张哲. 行政吸纳社会的"新边疆"：以北京市慈善生态系统为例［J］. 南通大学学报（社会科学版），2020，36（2）：73-82.

② 朱健刚，邓红丽. 治理吸纳慈善：新时代中国公益慈善事业的总体特征［J］. 南开学报（哲学社会科学版），2022（2）：71-81.

二、社区慈善的概念定义

(一) 社区慈善及相关概念辨析

从社区慈善的发展，可以看出社区慈善与社区治理、社区发展、慈善事业等密切相关，要对社区慈善进行定义，须通过与相关概念一同进行辨析，才能清晰明确地辨明"社区慈善"的含义。

1. 社区、社区治理、社区发展

"社区"具有两层含义，一是表示聚居在一定地域范围内的人们所组成的社会生活共同体。例如，德国社会学家滕尼斯认为社区是通过血缘、邻里和朋友关系建立起的有机人群组合，以血缘、感情和伦理团结为纽带。二是表示随着城镇化的推进，"镇改街道"的基层治理体制改革中产生的"建制社区"，"建制社区"是以社区居委会的设置为基本属性，以为城市道路所环绕的居住地段为管辖范围而建立的法定社区，由不设区的市、市辖区的人民政府决定设立并具有行政建制的社区①。

"社区治理"是指政府、社区组织、居民及辖区单位、营利组织、非营利组织等多元主体基于市场原则、公共利益和社区认同，协调合作，有效供给社区公共物品，满足社区需求，优化社区秩序的过程与机制。社区治理体现为单一的主体管理模式逐渐向一个新型的"共治"模式演变②。

"社区发展"是指社区居民在政府机构的指导和支持下，依靠本社区的力量，改善社区经济、社会、文化状况，解决社区共同问题，提高居民生活水平和促进社会协调发展的过程。早在 1955 年联合国就发布了《通过社区发展推进社会进步》的报告，将社区发展定义为"旨在通过整个社区的积极参与和全面依靠社区的首创精神，为社区建立一种经济条件和社会的过程"。

---

① 褚慧蕾，宋明爽．"镇改街道"与"建制社区"问题研究 [J]．齐齐哈尔大学学报（哲学社会科学版），2016（5）：4-7.

② 李友梅．社区治理：公民社会的微观基础 [J]．社会，2007（2）：159-169+207.

2. 慈善、慈善活动、慈善事业

在中文里，"慈"是指长辈对晚辈的爱，"善"是指人与人之间的友爱和互助。"慈善"是对人类的热爱，为增加人类的福利所做的努力，通过救济、援助或者捐赠等手段增加人类之间的爱并扩大人类的福利。

根据《中华人民共和国慈善法》第三条规定，"慈善活动"是指自然人、法人和其他组织以捐赠财产或者提供服务等方式，自愿开展扶贫、济困、扶老、救孤、恤病、助残、优抚，救助自然灾害、事故灾难和公共卫生事件等突发事件造成的损害，促进教育、科学、文化、卫生、体育等事业的发展，防治污染和其他公害，保护和改善生态环境，以及符合该法规定的其他公益活动。

"慈善事业"是一种有益于社会与人群的社会公益事业，是政府主导下的社会保障体系的一种必要的补充，是在政府的倡导或帮助、扶持下，由民间团体和个人自愿组织与开展活动的、对社会中遇到灾难或不幸的人，不求回报地实施救助的一种无私的支持与奉献的事业。慈善事业是我国社会保障体系的重要组成部分，是实现社会财富"第三次分配"的重要工具，实质上也是一种社会再分配的实现形式。

3. 社区慈善

"社区慈善"这一概念当前在国内还未有相对统一的定义，但是仍有一些大家共同认可的特征：第一，社区慈善活动的范围一般是在某一特定的地理区域之内，如村（居）或镇街范围；第二，开展社区慈善活动的主体可以非常多元，但主要是由当地社区为主的居民、法人和其他组织自愿发起；第三，社区慈善活动的资源可以非常多样，但从长远来看，主要是来自本地社区的资源支持。基于上述理解和分析，可将社区慈善定义为：在共建共治共享社会治理理念指导下，以改善社区生活质量，促进社区全面发展为目标，以本社区为主的居民、法人和其他组织基于慈善目的自愿开展的公益行动。

从社区与慈善的关系角度看，其一，社区是培育现代慈善理念的重要载体。培育现代慈善理念，倡导慈善的公益性、自治性、民间性，其核心在于建立人与人之间的信任关系。在社区这个小社会，居民之间容易形成互帮互助的良好氛围，绝大多数居民愿意展现"善"的一面，而且邻居之间的慈善榜样最有说服力、最容易起到引领示范作用。其二，社区是整合慈善资源、拓展慈善筹资方式的重要平台。以社区为基础整合救助资源，为慈善组织在社区开展活动提供信息，能够节约慈善资源、实现慈善组织精准救助，同时还有利于进一步拓宽慈善组织的筹资渠道。其三，社区是发现救助对象，建立慈善公信力的重要方式。慈善组织通过在社区"自下而上"开展活动，精确寻找救助对象，并实施及时、有效救助，使居民在参与过程中了解慈善组织的所作所为，在实践中构建慈善公信力。其四，社区是创新慈善形式、巩固慈善活动合法性地位的重要场域。社区内的互助互济型、社会公益型社会组织有着比较大的发展空间，不仅已经具备社会合法性和政治合法性的基础，而且将持续获得来自政府方面的财政、政策支持，这对于健全慈善运行机制、创新慈善运行方式，确保我国慈善事业健康发展具有重要意义①。

　　除了理解社区与慈善的关系，还需要理解社区慈善与社区治理、社区发展存在着密不可分的关系。社区发展基于良好的社区治理，也就是"善治"。世界银行认为，善治是指"以开放的、透明的、负责任的、平等的并能满足民众需求的方式来成功管理国家的资源和事务"。以社区为基础开展慈善救助，顺应了社区治理的理念，是实现社区"善治"的重要推动力。

　　（二）社区慈善的本质与内涵

　　对社区慈善以及相关概念进行辨析后，能够从概念上对社区慈善形成相当清晰的认识。接下来将进一步诠释社区慈善所具有的四个本质与内涵②，以形成更为深刻的理解和认同。

　　其一，社区慈善是人人可参与的慈善。互联网技术的快速发展，极大

---

① 杨荣.社区慈善：我国慈善事业发展的新方向［J］.东岳论丛，2015，36（10）：43-48.
② 社区慈善工作手册（基础版），广州市番禺区慈善会.

提升了公众参与慈善的便捷度，公众参与慈善的形式也更加丰富和多元，全民慈善、人人慈善的理念逐渐深入人心。社区慈善是人人可参与的慈善，一方面，社区慈善倡导社会组织等各方在开展慈善活动的过程中更加聚焦社区，关注基层需求；另一方面，社区慈善特别强调依靠本社区的力量，积极搭建慈善参与平台，促进社区成员的广泛参与和各方的有效合作，注重凝聚社区每个个体的智慧和力量，聚沙成塔，营造"人人慈善为人人"的良好文化氛围。

其二，社区慈善是"家门口"的慈善。社区慈善活动的开展主要由社区成员发起，并通过广泛动员社区资源，力所能及地回应社区的各类需求。社区慈善具有很强的互助性，能够充分体现"我为人人，人人为我"的理念和价值。此外，通过开展常态化的社区慈善活动，社区有需要的人士和家庭在家门口就能够获得相应的公益支持和帮助，社区慈善也成为打通服务群众"最后一公里"的慈善。

其三，社区慈善是"微慈善"。"微慈善"一方面可理解为"随手慈善"，慈善逐渐成为人们的一种生活方式；另一方面，从社区需求角度来看，社区需求本身具有多层次性，并且随着人口的大规模流动，社区内部和不同社区之间的需求差异日趋增大。一般而言，社区慈善主要关注和致力于回应社区的各种"微需求""微实事"，通过开展各类慈善活动和项目，参与解决社区居民面临的急难愁盼等问题，以"小切口"带来"大变化"，不断增强社区居民的获得感、幸福感和安全感。

其四，社区慈善是多方协力的慈善。慈善事业是全社会共同的事业，有赖于各级党政部门、企事业单位、社会组织、社区、居民等合力推动。社区作为地域性的生活共同体，社区主体和社区需求日趋多元化。因此，社区慈善活动的开展有赖于社区多元主体的积极参与和协作，基于共同的愿景，打造社区慈善生态，凝聚社会多元力量，培育积极向上、和谐友爱的社区文化。在此过程中，诸如社区慈善捐赠站点、社区基金等社区慈善平台及相关合作机制的构建至关重要。

（三）社区慈善的主要形式与功能

1. 社区慈善的主要形式

不同的慈善主体或对社区慈善的理解各有差异。社区慈善是人人皆可为的慈善，任何单位或个人均可基于慈善目的，以捐赠财产或提供服务等方式自愿开展各种公益活动。因此，在实践中，社区慈善的表现形式非常多样。随着慈善法的实施，慈善的组织化程度日趋加强，这不仅有利于慈善事业的专业化发展，而且能够促进各类慈善活动的常态化、可持续开展。

学者杨荣[①]认为，目前我国社区慈善从总体上看主要包括捐助帮扶、慈善超市、志愿服务和社区基金会 4 种形式。若从组织化的角度来看，社区慈善的组织方式主要包括如下几种[②]。

一是社区基金（会）。社区基金会是基金会的一种类型。在全国层面，当前上海和深圳两地登记注册的社区基金会数量最多。但是，发起成立社区基金会有着较高的门槛。例如，按照《基金会管理条例》的规定，基金会的最低注册资金需达到 200 万元，虽然深圳等地探索降低社区基金会的注册资金门槛，但也需要 100 万元。在此背景下，"社区基金"这一形式得到更快的发展，特别是由于市、区慈善会系统的积极推动，社区基金近年来在广州也得到快速发展。例如，广州市慈善会于 2019 年制定出台了《社区慈善基金合作服务指引（试行）》，将社区基金界定为：以慈善为目的，以参与社区治理、支持社区服务、推动社区健康发展为主要领域，在广州市慈善会设立的用于社区慈善服务的专项基金。社区基金可由捐赠人、街道办事处（镇政府）、社区（村）居委会、承接驻地社工服务站的社工机构、慈善组织、志愿（义工）团体、爱心企业、居（村）民代表等自主、自愿发起申请设立。发起人（单位）向广州市慈善会捐赠 3 万元作为设立的启动资金，资金门槛也相对较低。

---

① 杨荣. 社区慈善：我国慈善事业发展的新方向［J］. 东岳论丛，2015，36（10）：43-48.

② 社区慈善工作手册（基础版），广州市番禺区慈善会.

二是镇街慈善会。镇街慈善会也是社区慈善的一种重要组织形式。例如，在广州市番禺区，16 个镇街级的慈善会，业务范围一般都包括"组织慈善募捐筹款""开展各类赈灾、扶贫济困活动"等。在佛山市顺德区，10 个镇街也均成立了慈善会，成为当地慈善事业发展的一支重要力量。上述慈善会当前的主要工作大多仍集中于助困、助医、助学等传统慈善救助领域，随着社区治理创新的深入推进，一些镇街慈善会的慈善枢纽功能也在逐渐发挥。因此，在推动社区慈善体系建设过程中，激发镇街慈善会活力，推动镇街慈善会的创新发展仍是一项重要的任务。

三是社区志愿服务组织。按照《志愿服务条例》中的规定，志愿服务是指"志愿者、志愿服务组织和其他组织自愿、无偿向社会或者他人提供的公益服务"。虽然"志愿服务"的概念与慈善法中关于"慈善服务"的概念并不完全等同，但是在社区层面所开展的志愿服务大多是基于慈善目的。因此，社区志愿服务组织是社区慈善的重要表现形式。社区志愿服务组织主要基于特定镇街或城乡社区开展志愿服务活动，组织成员一般以当地居民为主体，如广州市增城区爱心公社社区志愿中心、荔湾区逢源街长者义工协会等。

四是公益慈善类社区组织。公益慈善类社区社会组织一般是指由社区居民发起成立，在城乡社区开展为民服务、公益慈善、邻里互助、文体娱乐和农村生产技术服务等活动的社会组织。为了鼓励支持社区社会组织发展，民政部曾专门出台《关于大力培育发展社区社会组织的意见》，要求对未达到登记条件的社区社会组织，由街道办事处（乡镇政府）实施备案管理。社区社会组织的类型多样，当前除了文化娱乐类社区社会组织外，公益慈善类社区社会组织的数量也相对较多。在民政部 2020 年最新出台的《培育发展社区社会组织专项行动方案（2021—2023 年）》中，也特别提出"加大服务性、公益性、互助性社区社会组织支持力度"。因此，社区社会组织也是开展社区慈善服务的有效载体和在地支撑力量。

上述形式分类更多的是从组织化的角度进行分析，若仅从社区一名普通居民的慈善行为来看，表现为如下四个逐步深入的参与过程：第一，进行慈善捐赠，这是最常见的公益参与方式，特别是互联网公益平台的兴起以及电子捐赠票据的普及等，极大便利了公众捐赠；第二，参与社区志愿服务，社区居民可自愿贡献自身的时间、知识、技能、体力等，开展各类力所能及的社区服务；第三，基于个人的公益理念或兴趣，加入社区社会组织更加持续、有效地开展公益慈善活动；第四，个人发起或联合社区其他成员、机构等共同发起成立社区志愿服务组织等社区社会组织或社区基金（会），这是更加深入的参与方式，为社区慈善的发展构建更加长远的组织基础。

2. 社区慈善的主要功能

慈善的功能一般包括服务功能、参与功能、文化功能以及社会创新功能等。社区慈善的主要功能则主要包括 5 个方面，分别是动员社区资源、提供社区服务、促进社区参与、营造社区文化、推动社区融合。

动员社区资源：慈善组织等通过搭建社区慈善捐赠平台，如设立社区慈善捐赠站点，依法开展面向社区成员的慈善募捐等活动，动员、挖掘和整合社区各类资源，激活社区内生动力。

提供社区服务：慈善组织、社区社会组织等面向社区困难群体开展各类帮扶和关爱活动或者提供多种形式的社区便民利民服务，推动社区成员互助自助服务体系的建设。

促进社区参与：社区成员通过参与志愿服务等活动，对社区公共事务有了更多的关心和理解，增强了人与人之间的连接和信任，社区合作能力和凝聚力不断提升。

营造社区文化：弘扬慈善文化和志愿精神，培育和践行社会主义核心价值观，丰富社区文化内涵，引导社区居民崇德向善，形成与邻为善、以邻为伴、守望相助的良好社区氛围。

推动社区融合：慈善组织、社区志愿服务组织等社区社会组织是社区治理的重要主体，通过社区慈善活动的开展，促进社区、社会组织、社会工作"三社联动"和自治、法治、德治"三治融合"，助力打造社区治理共同体。

第二节　番禺区社区慈善事业的建设发展现状

一、番禺区社区慈善事业建设的背景

番禺区社区慈善事业建设有其特定的法律法规和政策背景。在法律法规层面，《中华人民共和国慈善法》的实施及其系列配套政策的陆续出台，特别是在慈善募捐、慈善资金管理以及慈善信息公开等方面的规定，对社区慈善的发展也产生了深刻影响。此外，《广州市慈善促进条例》及《广东省志愿服务条例》等地方性法规的出台，也对慈善法在社区慈善事业中的有效落实和对社区志愿服务的有序开展提供了良好的法治保障。在政策层面，2020 年，广东省和广州市分别印发了《广东省推动慈善事业高质量发展若干措施》和《广州市人民政府关于印发推动慈善事业高质量发展行动方案的通知》，大力促进慈善事业高质量发展，发挥慈善事业作为第三次分配的作用。2021 年 12 月，广州市民政局印发实施《广州市推动社区慈善发展行动方案（2021—2023 年）》，该方案立足社区，以创新推动"五社联动"机制为抓手，大力发展社区慈善，鼓励社会多元参与社区慈善，构建社区慈善网络体系，营造人人慈善浓厚氛围，推动社区慈善高质量发展。广州市番禺区民政局也在 2020 年印发《关于大力推动社区基金发展的指导意见（试行）的通知》《广州市番禺区开展创新"五社联动"的通知》等文件，通过社区慈善基金的布局和"五社联动"体系的打造，进一步推动番禺区社区慈善事业发展。

其中，慈善法的出台为社区慈善发展打开了新的空间，铺垫了新的道路。首先，慈善法所采用的是"大慈善"概念，为社区慈善的发展提供了广阔空间，有利于回应社区日趋多元化、差异化的需求，更好凝聚社会多方力量。按照慈善法第三条的规定，慈善活动是指自然人、法人和其他组织以捐赠财产或者提供服务等方式，自愿开展的扶贫、济困、扶老、救孤、恤病、助残、优抚，救助自然灾害、事故灾难和公共卫生事件等突发

事件造成的损害，促进教育、科学、文化、卫生、体育等事业的发展，防治污染和其他公害，保护和改善生态环境等公益活动。其次，慈善法鼓励联合募捐模式，为社区慈善募捐提供新的渠道。慈善法确立了新的公开募捐制度，即依法登记满两年的慈善组织就可以按照《慈善组织公开募捐管理办法》中的要求和条件向其登记的民政部门申请公开募捐资格，这一规定使公募主体得以极大拓展。但是，由于公开募捐资格的获得对慈善组织的管理和运作能力提出了很高要求，很多社区慈善组织在短期内不一定能够获得公募资格。在此情况下，慈善法规定"不具有公开募捐资格的组织或者个人基于慈善目的，可以与具有公开募捐资格的慈善组织合作，由该慈善组织开展公开募捐并管理募得款物"。因此，诸如"社区基金"这一新的社区慈善模式得到很大发展，通过在具有公募资格的慈善组织下设专项基金，开展公开募捐活动；另外，慈善法对网络募捐活动也进行了规定，即"慈善组织通过互联网开展公开募捐的，应当在国务院民政部门统一或者指定的慈善信息平台发布募捐信息"。按照慈善法的规定，民政部已遴选指定 20 家可为慈善组织提供募捐信息发布服务的平台。互联网公益平台的兴起，为慈善组织、社区社会组织等动员社区资源提供了有力的技术支持。网络募捐信息平台的建设极大便利了社区资源动员。

在地方政策层面，广州市近年来出台的与社区慈善密切相关的政策主要包括《广州市实施"社工+慈善"战略工作方案》（2019）和《广州市推动慈善事业高质量发展行动方案》（2020）。其中，"社工+慈善"工作方案设立了一个对于推动社区治理和社区发展密切相关的工作目标：通过实践探索健全"社工+慈善"运行机制，工作指引规范，慈善捐赠站点布局合理，社区慈善基金（会）发展有序，"社工+慈善"品牌项目打造有力，"社工+慈善"活动特色鲜明，推动解决一批社区困难群体迫切期待解决的问题，助力民生保障和社区治理工作出新出彩。在工作任务方面，"社工+慈善"方案将设立社区慈善捐赠站点、发展社区慈善基金（会）、打造"社工+慈善"品牌服务项目、实施"社区公益微创投"活动、建设社区联合劝募平台、推动社区志愿服务等作为主要任务予以推进，打造

"人人参与、人人尽力、人人共享"的社区慈善新格局。

而《广州市推动慈善事业高质量发展行动方案》则提到，在培育慈善主体方面，鼓励城乡社区（村）居委会、物业管理公司、业主委员会建立慈善互助会或设立社区基金等，推动社区慈善发展。在拓宽参与渠道方面，推动社区慈善捐赠站点广泛覆盖，方便群众开展经常性捐赠；同时推广"广州公益时间银行""志愿在康园"，促进社区志愿服务常态化、规范化和便捷化。在激发慈善活力方面，该方案还特别提到要依托党群服务中心、社工服务站、学雷锋志愿服务站点等服务阵地，支持番禺区建设"五社联动"社会治理生态圈，为促进慈善、社会工作、志愿服务等深度融合发展作出示范。可见，番禺区社区慈善事业探索是广州市慈善事业发展行动中的先锋队、排头兵。

在区级层面，广州市番禺区也出台了与社区慈善相关的政策。例如，2020 年 7 月，广州市番禺区民政局印发了《关于大力推动社区基金发展的指导意见（试行）》。该意见将社区基金定义为"由慈善组织根据其与社区基金发起人签订的协议设立并进行管理的，用于番禺区内特定社区（村）公益慈善事业的专项非营利性基金"。社区基金的发起方可由捐赠人、镇政府（街道办事处）、社区（村）居委会、承接驻地社工服务站的社工机构、慈善组织、志愿（义工）团体、爱心企业、社区（村）居民代表或社区（村）"五社联动"委员会等自主、自愿发起申请设立。而 2021 年 1 月出台的《广州市番禺区人民政府关于印发番禺区创建"慈善之区"工作方案（2021—2023 年）的通知》，则在推动"慈善之区"建设的同时，进一步提升社区慈善的水平。例如，在慈善组织基础建设方面，发挥各镇（街）社联会和社区社会组织培育基地的作用，重点培育一批在本社区发挥良好作用的公益慈善类社区社会组织。引导社区社会组织参与"微公益""微创投""微心愿"等活动，打造社区社会组织助力慈善事业迈上新台阶的"番禺样板"；"慈善之区"工作方案中还特别提到要充分发挥"五社联动"优势，大力提升社区慈善发展水平，打造社区慈善"五社联动"模式，发挥"五社联动"在社区慈善中的优势，解决社区问题，激活社区内生动力，提升社区慈善服务覆盖面，助力完善社会服务和基层社会治理网络。同时，深化"五社联动"主体之一的社区基金建设，增强社区基金管委会运作效能，增强社区基金公信力。链接整合社区公益慈善资源，开展社区慈善募捐活动，提高社区基金募集资金能力。

总之，番禺社区慈善事业建设是番禺"慈善之区"创建的重要组成部分，同时也是广州市慈善事业高质量发展的重要组成部分。番禺社区慈善事业的发展既是区域慈善事业发展的奠基石，也是风向标。

二、番禺区社区慈善事业发展成果

（一）番禺区社区慈善组织建设成体系、造品牌

近年来番禺区持续加强对社会多元主体资源的整合，有效带动了社会各界力量积极参与慈善捐赠，慈善组织发展基础坚实。番禺区通过着力建设"1+1+16+16+275"的慈善双网络体系，涵盖慈善网络和社会组织协同网络，力求实现从区到镇街到社区的全方位多角度的慈善网络布局，以"五社联动"模式推进社区慈善组织社区治理，大力推动社区慈善基金的运营与发展，在社区慈善项目中发挥作用，通过对社区慈善组织及其工作人员的持续赋能，增强社区慈善组织参与能力，后续探索慈善社区创建工作。

番禺区根据初级、提升、品牌三个不同发展阶段的慈善组织成长需求，制订慈善组织能力提升计划，邀请专家督导一对一全程式培训跟踪，指导慈善组织规范管理，目标在于转变服务理念，提升治理能力，打造项目品牌特色。此外，番禺区还在社区创新开展微创投活动，培育社区慈善组织，促进社区自我服务方面成效显著，初步形成了小创投、大创新的社区治理有效模式。微创投内容涉及党建活动、垃圾分类、心理健康、智能养老、特色社区、教育培训等多个服务领域，吸引专业社工机构、社区慈善组织等多方参与，实现社区需求和社会资源的有效对接，充分发挥社区慈善组织服务社区群众、参与社区治理、促进社区和谐的重要作用。

此外，番禺区还注重社会组织的赋效能、提等级。以社会组织培训、

等级评估推进社会组织信用建设，打造品牌社会组织，有效提升服务能力。截至 2023 年 2 月 27 日，番禺区登记在册的社会组织为 795 家，其中区级登记数量较多，有 738 家，占比 92.8%；镇街登记为 57 家，占比 7.2%。全区社会组织在指导下积极完善内部治理，严格执行非营利组织相关制度。广泛发动社会组织参与等级评估，提供一对一参评辅导。截至目前，全区获得等级评估的社会组织共 89 家，位居全市各区的参评数量榜首。

（二）社区慈善基金撬动社区资源

番禺区建立"五社联动"资金筹集平台，鼓励社区基金等多种方式的慈善基金筹措方式，面向社会、社区、企业、居民、团体、组织、行业协会、慈善组织、热心市民、社区物管、地产商等广泛筹集社区基金，使得社区工作的开展有充足的社会资金支持。

社区慈善基金由番禺区镇街慈善会管理，选取社区居民代表共同监督，反哺社区治理和建设。自社区基金全覆盖以来（截至 2022 年 12 月 31 日），共募集资金 3195.64 万元，形成有效活动项目方案 424 个，其中 402 个项目已划拨资金共计 1750.97 万元。社区慈善基金稳步从"有形覆盖"向"有效覆盖"迈进，助力社区"善治"。

2020 年，番禺区在实现 275 个社区基金全覆盖的基础上，开展社区基金培育计划、社区基金展能计划，赋能社区基金发展，通过制定《广州市番禺区慈善会社区基金管理办法》，为社区基金顺利实施提供了制度保障的基础上，协同区民政局社管科、区社联会为 16 个镇街 275 个社区基金设立单位举办宣讲培训班，为社区基金培育独立运营能力，搭建渠道提升自我"造血"功能。

在项目实施上，番禺区慈善会引导各社区慈善基金根据各自社区实际，利用社区基金开展救助帮扶、社区微改造、社区微创投等公益项目，推动建成长者活动中心、篮球场更新改造、旧楼加装扶手、铁门翻新、文化墙绘等公共服务设施。例如，市桥街利用"羊城慈善为民"和"99 公益日"等募捐活动，壮大社区慈善基金池，在市桥街各社区广泛开展家庭用电安全、设置社区消防通道等社区慈善基金项目，推动慈善工作与社区治理工作有机结合，有针对性地解决社区治理工作难题，慈善工作的受惠人群和覆盖范围不断提高。

在社区慈善基金优秀案例经验推广方面，通过对社区慈善基金的案例评选及推优，为各社区慈善基金注入结合社区实际，项目化运营，寻找社区特色亮点服务的发展理念。打造出一批社区基金示范性品牌项目。石碁镇开展"耆乐安居"项目，利用 17 万元社区基金为辖区内 33 户困境长者、残障人士家庭进行居家改造，为 5 栋老旧且长者居多的居民楼安装楼梯扶手，惠及 60 户家庭，近 300 人受益；洛浦街道丽江社区利用社区基金帮扶长者、残障人士，协助开展配餐服务，累计服务超过 2.6 万人次；南村镇锦绣香江社区联合物业公司、业委会、社区居委会和长者康乐联谊会，发起爱心筹款活动，为发生交通事故的小区保安筹集医疗费用 8 万元；南村镇总商会和慈善会牵头积极发动辖区内企业定向募捐，推动南村镇雅居乐社区基金、锦绣香江社区基金、坑头村社区基金募集和管理，其中，锦绣香江社区和坑头村，各筹得 100 万元社区基金；雅居乐社区为独居老人配置医疗电子保姆仪；新造镇曾边村为村内 50 余名独居、孤寡及租赁困难的长者住处加建无障碍设施、改造排水系统、加装长者公寓电梯、改善居住环境，为长者建立"一人一档案"健康护理等一系列服务。

《广州市番禺区社区慈善基金指数评估体系（试行版）》《广州市番禺区社区慈善基金操作运行手册》的出台，将为社区慈善基金的规范健康发展提供有效指引，目前相关的成果持续地在各社区推广落地，借助项目的持续推广经验，推动应用与优化。

（三）"五社联动"助力社区慈善

番禺区积极营造区域慈善生态，以"五社联动"网络为基础，激发辖区各慈善主体活力，同时大力发展社区慈善基金和慈善空间，撬动慈善资源、营造慈善氛围，形成内部循环、持续发展的慈善生态圈。"五社联动"是番禺区基层社会治理的一大创新，"五社联动"网络最为重要的作用是有效调动社会各阶层的力量，实现社区多元共治，推动形成"慈善+社会组织+社工+志愿服务"融合发展格局。

番禺区通过"五社联动"，依法有序组织动员多元主体参与社区慈善事业建设，开展精彩纷呈的慈善活动，推动实现人人参与、人人尽力、人人共享的"大慈善"氛围。通过"五社联动"，努力发现社区居民需求、为社区居民提供专业社会工作服务、运作社区服务项目、解决社区居民困难。例如，2021年，化龙镇社区依靠"五社联动"模式，整合社区的内外资源通过在潭山村、塘头村、化龙社区等村（居）开展周五街坊日、微心愿和资助暨大社区微创投等方式组织和引导社区社会组织参与各项慈善活动，包括社区垃圾分类、困境儿童帮扶公益课堂、老旧社区微改造、乡村振兴等。再如，2021年大龙街道慈善会联合商会力量，动员辖区爱心企业助力大龙街新冠疫情防控工作，通过"五社联动"调动多方力量，助力抗击疫情。

现阶段，"五社联动"的丰富经验为"慈善社区"创建促进工作提供良好的宣传动员基础，聚焦先进社区发挥积极模范作用，带动更多社区的行动参与。升级联动模式，激发多元联动对社区慈善的连锁效应。

（四）社区慈善创投探索公益慈善前沿

番禺区公益慈善创投是基于"一基双引四轮驱动全民慈善"的番禺模式而形成的，以打造番禺"慈善之区"为基准，坚持党建引领和政策引领，形成民政主导、慈善会搭台、社联会推动、社会组织唱戏的重要形式，充分体现番禺区社会组织在民政部门主导下的积极性，最终实现全民慈善的目标。"一基双引四轮驱动全民慈善"作为番禺区公益慈善创投的理念，其运行模式是依托番禺区公益慈善创投项目大赛为平台，促进创投项目的创新。而番禺区公益慈善创投的支持模式，除了比赛所提供的资金支持外，还提供涵盖专项督导培训、专家团队智库的综合能力培训，为项目提供智力支持和专业建议。此外，创投大赛项目以番禺区"五社联动"社区治理机制为基础，立足社区，联动基层社区力量，链接社区资源，提升项目服务的专业性、创新性和品牌化。

作为番禺多年经营的慈善品牌项目，番禺区公益创投通过选拔优秀创新的社会服务项目，培养番禺区社会组织，推动社会组织发展。一方面鼓励更多社会组织参与慈善公益活动，优化慈善资源配置；另一方面以项目竞赛为载体，倡导和践行"全民公益"理念，支持和传播优秀公益项目的运作模式、先进理念，推广社会服务创新方法，遴选和赋能兼具创新性、有效性、核心竞争力且处于成长期的社会创新项目，为其提供交流展示平台，链接各方慈善资源，推动各界参与支持慈善公益行动。

第三节　社区慈善践行者赋能需求调研

一、社区慈善践行者的认知与实践

（一）社区慈善践行者对社区慈善基金概念的认识

尽管社区慈善相关的概念众多，但对番禺区来说"社区慈善基金"是近年来最为重要的一个概念，以"社区基金"为衡量指标，通过问卷和访谈的形式了解番禺区社区慈善践行者对社区慈善的知晓度。

通过对 141 名社区慈善工作人员进行问卷调查，了解其对社区慈善基金政策的知晓度，调研组发现社区基金政策知晓度的平均分为 8.49 分，绝大多数社区认为本社区慈善工作人员对社区慈善基金政策的知晓度为 8 分及以上（占比 78.37%），只有极个别社区认为本社区慈善工作人员对社区慈善基金政策的知晓度在 5 分以下。可见，社区慈善基金政策的普及与推行情况良好，只在极个别社区中还有待加强。

在具体的访谈中，受访者认为社区慈善基金是利用有限的社会资源帮扶真正有需要的困难群众，有效利用社区慈善基金能够助力社区短板建设，部门受访对象表示已通过社区慈善基金开展社区微改造和社区慈善基金公益微创投活动。例如，自 2021 年 8 月起，德安社区通过社区慈善基金，组织开展了"友爱相扶"长者出行安全提升项目，2021 年 8—9 月通过组织社区志愿者 10 人，协助社工走访德安社区旧楼宇，发放项目宣传册，向社区居民宣传扶手改造项目内容，接受社区居民扶手安装的申请。

项目共接受 25 户居民的申请，并经社工再上门核实情况，初步筛选出符合扶手安装条件的 36 层楼做扶手安装服务，惠及约 150 户社区长者。目前项目已与扶手改造第三方签订协议，确定扶手改造具体安排，并于 2021 年完成了至少 40 层楼宇的扶手安装服务。

尽管社区慈善践行者对社区慈善基金的相关政策知晓度良好，对社区慈善基金形成了一定的认识，但不少受访对象表示在实际执行过程中依然会存在不敢用、不知道怎么用的困惑，并且认为手续相对麻烦。这意味着受访对象对操作规范不熟悉且没有主动学习的意识，对于不少社区慈善践行者来说，由于无法主动把握现有的规则环境，自上而下的社区慈善基金建设让基层慈善践行者缺乏深层次的认同去支撑其行动。

不少受访者表示，应当加大社区慈善基金宣传力度，加强对相关办法的解释，加强对具体使用流程的指导。开展更多的培训，让大家继续努力深入研究相关政策知识，切实运用到实处。

对"社区慈善基金"知晓度的调研，可以看出社区慈善践行者对社区慈善相关概念的认识存在了解相关概念和政策，但未能深入把握其意义，未能形成有效的指导实践的认识论。

（二）社区慈善践行者对社区慈善事业的参与度

在实践层面对社区慈善践行者进行考察，聚焦于社区慈善的参与度的问题。接受访问的社区慈善践行者包括社会组织负责人（包括慈善组织）、社区企事业单位的慈善工作者、村（居）委会慈善工作者。具体考察的指标有社区慈善活动形式、社区慈善活动参与规模、社区慈善活动平均受益人数、社区慈善空间活动开展频率。

1. 社区慈善活动的形式

接受本次访问的社会组织负责人中有 45.83% 表示开展了志愿活动；有 37.5% 开展了公益讲座、文艺演出、体育健身等公益服务；还有占比为 4.17% 的社会组织采取了打造慈善地标、慈善实体、慈善空间的形式以及占比同为 4.17% 的社会组织采取了设立冠名基金、冠名项目或开展冠名活动的形式。此外还有部分组织负责人表示采取了临时救助、慈善慰问、捐赠抗疫物资、免费开展康乐活动等形式，这部分占比为 16.67%。除了开展公益讲座和公益服务，其余各项占比均不高，说明各社会组织虽然开展了一些慈善活动，但慈善活动的形式仍不够丰富。

而企业在开展慈善活动方面，有 40% 的企事业单位开展了公益讲座、文艺演出、体育健身等公益服务，40% 的企事业单位开展了志愿活动，20% 的企事业单位设立了冠名基金、冠名项目或开展冠名活动。对比受访的社会组织，企业方面参与开展慈善活动的形式更加单薄和有限。

2. 社区慈善活动的参与规模

接受访问的社会组织负责人中，75% 的社区慈善活动平均参与规模都在 50 人以下；16.67% 的社区慈善活动平均参与规模为 50~100 人；4.17% 为 101~150 人；4.17% 为 151~200 人。绝大多数社会组织的社区慈善活动规模都不超过 50 人，说明社会组织开展的社区慈善活动以小型活动为主。而接受访问的企业均在 50 人以下，说明无论是企业还是社会组织的社区慈善活动的参与规模都偏小。

3. 社区慈善活动平均受益人数

接受访问的社会组织负责人中，41.67% 表示其所组织的慈善活动平均受益人数仅为 50 人以下；29.17% 的平均受益人数为 50~100 人；12.5% 的为 200 人以上；占比为 4.17% 的是 101~150 人，以及占比同为 4.17% 的组织是 151~200 人。绝大多数社会组织开展的慈善活动受益人数不超过 100 人，说明慈善活动的覆盖面有待提升。而接受本次访问的企业代表有 60% 表示，受益人数在 50 人以下，说明企业组织的慈善活动影响力偏小。

4. 社区慈善空间活动开展频率

就社区慈善空间开展活动频率的问题，通过问卷调查收集的资料反馈发现有 5% 的社区慈善空间在 2 个月及以上开展 1 次活动；有 24% 的社区慈善空间没有开展活动；大多数社区慈善空间每月 1 次活动，占接受调查的社区慈善空间的 64%；仅有 7% 的社区慈善空间开展活动达到每月 2 次及以上。

5. 社区志愿服务活动的平均参与规模

在社区组织慈善志愿服务的规模方面，本次调查中有 65.54% 的社区参与规模在 20 人以下，有 31.76% 的社区参与规模在 20~40 人，分别有 1.35% 的社区参与规模在 41~60 人与 100 人以上。其中，大多数社区的志愿服务活动规模在 20 人以下，占比 65.54%，有个别社区的活动规模能超 100 人，占比 1.35%。可见，在社区组织的慈善志愿服务大多规模较小，更丰富的活动组织方式还有待探索。

6. 社区慈善践行者积极性和参与度有待提高

本次调研中，首先，看到基层社区慈善践行者开展的社区慈善活动在形式上较为单一，主要集中在讲座、志愿活动等常规慈善活动，说明其主动创新精神有待培育；而社区慈善活动的参与规模和社区志愿服务活动的平均参与规模明显偏小，说明社区慈善践行者的动员能力有待提高。其次，社区慈善活动平均受益人数明显偏少，说明慈善活动影响力有待提升。最后，在活动开展频率方面，依然有相当比例的社区慈善空间没有开展活动，大多数社区慈善空间开展的活动集中在每月 1 次，这一方面说明社区慈善空间有待活化，另一方面说明社区慈善践行者的积极性有待提升。总的来说，社区慈善践行者对慈善事业的参与仍停留在浅层面，慈善活动开展较为被动和有限，社区慈善事业的参与度有待提高。

二、社区慈善践行者对能力建设的期望

(一) 自身能力评价与提升的期待

通过了解社区慈善践行者对其所组织的慈善活动的认知和希望得到的支持，了解社区慈善践行者对自身能力评价和提升的期待。本部分主要针对社会组织负责人（包括慈善组织）、社区企事业单位的慈善工作者两种类型的社区慈善践行者开展调研。

就如何改善慈善活动的问题，有 58.33% 的受访社会组织负责人认为应提高工作人员的专业素质以及加大宣传力度；54.17% 认为应该创新项目设计；45.83% 认为应该增加募捐方式；33.33% 认为应该提高慈善系统自

律性、增加有效监督和评估、完善相关法律和制度；此外还有 29.17% 认为应该提高慈善运行透明度。而接受访问的企业则有 40% 认为需要提升工作人员的专业素质，20% 认为需要增加募捐方式，20% 认为需要创新项目设计，20% 认为需要增加有效监督和评估，20% 认为需要加大宣传力度。

可以看出，对社会组织中的社区慈善践行者来说，专业素质、项目创新、宣传推广这三方面对改善慈善活动来说是最为重要和亟待提升的，超过 50% 的受访对象选择了代表这三方面的指标选项。另外，也有接近 50% 的受访对象选择了"增加募捐方式"这一选项，意味着资源募集能力也是社会组织中的社区慈善践行者重视的或有待提升的。而企事业单位中社区慈善践行者主要认为需要提升专业素质。从调查结果看，受访的社区慈善践行者对于内部治理和制度建设方面的期待并不高。

在慈善活动支持方面，受访的社会组织社区慈善践行者中有 87.5% 的组织希望能得到财力支持；66.67% 希望得到物力支持和财力支持。而社区企业中的社区慈善践行者则有 80% 认为需要人力支持，60% 认为需要财力支持，40% 认为需要物力支持。各项占比均较高，说明在开展慈善活动方面，社区慈善践行者希望得到多方面支持，尤其是财力支持和人力方面的支持。当然，不同身份的社区慈善践行者需要的支持是有所差异的，社会组织方更希望得到财力支持，企业方更希望得到人力支持，这是由其组织环境所具有的资源决定的，不同社区慈善践行者可以互相合作，资源共享。

（二）社区慈善践行者对"社区慈善赋能计划"的期待

除了问卷调查，调研组还通过对不同的社区慈善践行者开展访谈，了解他们对社区慈善赋能计划的期待。对访谈记录的关键词进行整理，调研组归纳了接受访问的社区慈善践行者最感兴趣的 5 个社区慈善事业建设主题，以及各主题的焦点。这 5 个主题分别是社区慈善中的"五社联动"、社区慈善的政策与经验、社区慈善发展平台建设、社区慈善项目与活动开展、社区慈善基金运作标准（见表 1）。

表 1　受访对象对"社区慈善赋能计划"期待的关键词归纳

社区慈善中的"五社联动"	社区慈善的政策与经验	社区慈善发展平台建设	社区慈善项目与活动开展	社区慈善基金运作标准
资源动员	疫情防控	时间银行	品牌建设	落地执行
可持续性	模式运作	角色扮演	发展路径	—
模式运作	专项服务	推广应用	文化传播	—
角色扮演	政策介绍	平台关系	疫情防控	—
主体合作	本土化	可持续性	专项服务	—
—	—	—	财务规范	—

1. 社区慈善中的"五社联动"

受访者首先关注的是如何在社区中通过"五社联动"动员慈善资源。比如，有受访者说道："在社区里如何让慈善资源联动起来？如何通过'五社联动'的方式招募社区志愿者，协助慈善服务的开展。""能否提供一些有关'五社联动'的实际案例的培训？主要是想了解如何通过'五社联动'做到有效动员，不是自上而下的行政命令式的动员，而是自下而上的更加贴近基层的动员。"

也有社区慈善践行者关注社区慈善模式的可持续性问题。例如，有受访者说道："我比较关注慈善事业在'五社联动'的模式下，怎样使广州市社区慈善模式真正使用并持续活化，在现行模式下社区慈善的实际发展情况究竟如何？"

不同部门和领域的社区慈善践行者应该扮演什么角色的问题也是大家比较关心的焦点。例如，来自街道办的受访者表示："我比较想知道街道在社区慈善工作开展中的角色是什么？以怎样的主体（角色）去做社区慈善？"另外，也有受访者表示想了解在推进社区慈善工作中，应该如何与社工机构合作。

可见在"五社联动"主题下，受访的社区慈善践行者主要关注的焦点有三个：一是如何通过"五社联动"动员慈善资源；二是如何打造可持续的社区慈善模式；三是如何明确不同社区慈善主体的角色。

2. 社区慈善的政策与经验

在政策与经验主题下，受访的社区慈善践行者关注的焦点主要有：一是疫情下的社区慈善模式探索。例如，有受访者说道："结合当前疫情形势，广州市的社区慈善模式有哪些新的探索？主要的经验是什么？"二是社区慈善和其他专项服务的结合。例如，有社工问道："如何通过社区慈善工作，推动社区治理或者青少年服务的开展？"三是如何推动社区慈善模式的本土化。受访者希望能够结合番禺区实际情况，学习成功的经验开展社区慈善，推进社区慈善的本土化进程。

3. 社区慈善发展平台建设

在社区慈善发展平台建设主题下，受访对象的关注点集中在不同角色如何共建平台和不同平台如何联动。例如，有受访者表示："我比较想知道慈善空间的打造，社工与志愿者分别处于什么角色？""慈善工作站与社工服务站是什么关系？社工服务站、慈善工作站、社区基金、时间银行等不同公益慈善平台应该如何联动起来？"

4. 社区慈善项目与活动开展

"项目与活动开展"主题下，受访的社区慈善践行者的关注问题比较多样，但其中关注点集中在项目品牌建设、疫情下的活动开展、慈善文化传播、项目财务管理。例如，有受访对象想了解目前番禺区社区慈善服务中有哪些值得参考的、突出的品牌项目，也有受访者希望了解不同的组织或机构如何在疫情下结合实际开展慈善活动，另外部分受访者希望了解慈善文化如何在长者群体等特定群体中传播，推动慈善活动开展。也有受访者希望了解社区慈善在财务上的相关规范和要求，如经费或预算制定的指南。

5. 社区慈善基金运作标准

"社区慈善基金运作标准"主题下，受访的社区慈善践行者的关注点在于如何有效落地执行相关标准和措施，使社区基金规范和高效地运作。

三、社区慈善践行者的赋能建议

经过调研，可以认为目前番禺区社区慈善践行者对社区慈善的认识程度仍不够深入，未形成系统的、可指导社区慈善实践的认识论；而在实践层面，践行者们存在主动性不足、参与度有限的问题。另外，调研组也注意到社区慈善践行者对自身能力有一定的理解和期待，对自身能力提升的方向有一定的思考。对此，综合调研发现的社区慈善践行者的短板和期待，提出以下几点赋能建议。

其一，培养注重扎根本土社区的慈善人才。着力于为"五社联动"慈善生态网络培育专业人才，提高"五社联动"各慈善主体在社区慈善工作中的专业素养和实践能力。由点到面，由浅入深，由硬操作到软实力，全方位提高社区慈善践行者的知识、技能和能力。实实在在地让社区慈善践行者理解自身在社区慈善事业建设中扮演的角色和承担的责任，培育出实践导向的专业人才，保障社区服务、链接社区有效公益慈善资源，为活化"五社联动"网络提供有力支撑。

其二，以软性的实践服务深化人才培养。一方面，积极鼓励慈善从业人员投身一线社区慈善事业建设，促进番禺区慈善人才从实践中学习；另一方面，推动慈善组织及相关机构的友好互助交流，培养慈善从业人员开放踏实肯干的眼界和思维。

其三，开展系列赋能提升课程。首先，系统讲解社区慈善及相关概念的含义、广州市社区慈善模式、社区慈善主体界定并联系番禺区"五社联动"进行解读。梳理国内及广州市社区慈善相关政策文件并进行解读，解读番禺区慈善社区创建标准，总结广州市社区慈善发展的成功经验，并提出可供基层社区借鉴的社区慈善发展、创建慈善社区的思路。其次，系统性介绍社区慈善项目如何打造、社区慈善活动如何开展、社区慈善文化如何弘扬，为番禺区基层社区慈善发展提供直接有效指导。最后，通过案例讲解，分析社区慈善工作站、慈善空间、社区慈善基金、社区互联网募捐平台、公益"时间银行"等平台的打造，促进社区慈善多方平台的建设、推广与应用。

第四节　番禺区慈善社区创建及评估标准制定

2016 年，《中华人民共和国慈善法》颁布实施，以政府推动、民间运作、社会参与、各方协作为特征的新时代慈善事业大格局逐渐形成。2017年，党的十九大报告就慈善事业发展提出意见，指出要"完善社会救助、社会福利、慈善事业、优抚安置等制度，健全农村留守儿童和妇女、老年人关爱服务体系"的明确要求。2022 年，党的二十大提出要实现"人的全面发展、全体人民共同富裕取得更为明显的实质性进展"，为慈善事业健康发展指明了方向。2021 年，广州市民政局制定了《广州市推动社区慈善发展行动方案（2021—2023 年）》，指出以创建慈善社区为基础，拓宽慈善参与社会治理途径。

2014 年，全国首个"慈善社区"在北京市朝阳区建立。作为一种不需民政登记的非典型慈善创新实体，慈善社区因其创建的简易性以及实践上与社区居民生活的高度贴合性，成为推进基层慈善事业与社会治理结合发展的良好模式，在各地得到发展。慈善社区的建设水平，切实关系着社区居民生活的满意度、幸福感、成就感，对营造乐善社会的氛围具有重大意义。为推进区内慈善事业进一步发展，番禺区慈善会在番禺区委、区政府的指导下，根据广州市及番禺区慈善事业发展实际状况开始慈善社区标准制定工作。番禺区慈善社区标准的制定与实施，标志着番禺区内各社区的慈善事业发展迎来一个新阶段。

一、创建原则

番禺区慈善社区创建遵循两大原则。

一是适用性原则。创建评价标准适用于评估广州市番禺区范围内各村（居）慈善社区建设的基本工作任务，对区内各村（居）完善社区慈善事业建设具有指引作用，结合具体评估体系及评分细则能够保障本标准的运用和推广。

二是鼓励性原则。创建评价标准鼓励各村（居）委会牵头参评，以创优参评活动促进社区（村）发挥党建引领社区慈善的作用，联动各方力量参与慈善社区建设。通过创建评价助推慈善社区建设，形成示范作用。

二、创建基本条件与创建要求

番禺慈善社区的创建需要具备四项基本条件：一是党建引领社区慈善，推动参与慈善事业建设成为社区居民普遍的道德风尚和价值判断；二是社区内应有为特殊困难群体（如低保对象、低收入对象、特困人员、留守老人、孤寡老人、困境儿童、特殊贫困重残、独居老人）开展慈善服务的特定场所、设施和人员，并定期开展慈善活动；三是社区设有慈善文化教育宣传平台及阵地；四是社区居民及团体组织开展志愿服务、慈善募捐的参与率高，慈善助力社区治理成效显著。

（一）成立创建机构，形成组织管理

首先，社区（村）党支部、村（居）委会将慈善社区创建纳入重点工作日程，引领联动社区各社会组织共同参与创建工作，成立慈善示范社区创建工作管理机构，负责慈善示范社区的创建、运行、统计和评估等工作。其次，制订创建工作计划，监督具体措施落实，定期形成报告，年度创建工作总结报街道办、镇政府和番禺区慈善会。最后，定期对慈善示范社区创建工作开展自评自查，针对存在问题和不足，落实改进措施。

（二）明确主体任务职责，引领社区慈善力量发挥作用

社区党组织协调各方力量开展慈善示范社区创建工作，组织社区党员发挥示范带头作用，鼓励、协同社区各方慈善力量参与社区慈善基金工作①及各类社区慈善活动。

村（居）委会在社区慈善中发挥统筹作用，联动社工服务站点，结合各类养老服务站点、社区服务中心等公共设施推进慈善服务，依托各类公共服务平台，为开展社区慈善活动提供场地和其他便利。

---

① 依据《广州市民政局关于印发推动广州市社区慈善发展行动方案（2021—2023年）的通知》内容调整。

社会工作专业力量充分发挥专业优势，为社区项目策划、特色项目运作、社区慈善发展、社区文化建设等提供专业指导和实践指引。社区设立社区慈善（志愿服务）工作站及社区慈善空间，培育和管理社区志愿服务队伍，开展月度社区慈善活动。

社区内兴建为特殊困难群体（低保对象、低收入对象、特困人员、留守老人、孤寡老人、困境儿童、特殊贫困重残、独居老人）提供慈善服务的场所，其水电燃气按照居民生活类价格执行。依托各类养老服务站点，解决部分老人就餐不便及无人照料问题。

发挥社区慈善基金效能，联动社区各方资源，推动社区社会组织建设及社区慈善组织发展。同时，社区内的企事业单位和其他组织应为慈善活动提供场所和其他便利条件，并减免相关费用。

（三）开展慈善服务，联动整合资源参与社区慈善

发挥"五社联动"模式优势，联动社区慈善基金、社区慈善资源、社会工作服务机构、志愿服务组织、社区社会组织等主体开展社区慈善服务。依托社区慈善基金及社区慈善（志愿服务）工作站设置社区募捐箱，以组织开展"社区微心愿"活动、公共事件响应类社区募捐等方式，鼓励居民参与社区慈善。街（镇）社区下辖的社会组织、单位在本社区、单位内部组织开展群众性互助互济活动。

立足社区实际，精准对接社区居民需求，围绕民生保障领域，策划开展各类型社区慈善项目。并为特殊困难群体（低保对象、低收入对象、特困人员、留守老人、孤寡老人、困境儿童、特殊贫困重残、独居老人）展开有针对性的服务。

社区志愿服务队伍每月开展至少一次服务，开展社区应急救援、环境卫生、垃圾分类、维护公共安全、生态文明建设、文艺宣传以及为特定人群提供帮助的志愿服务活动。社区结合本土文化特色，在扶贫济困日、中华慈善日、学雷锋月、中秋节、国庆节等重要节日组织志愿服务行动，开展多样化社区志愿活动，打造社区志愿服务品牌，促进社区志愿服务常态化开展。

（四）慈善活动信息公开并规范档案管理

社区慈善基金公开年度运行情况报告，包括捐赠数额、捐赠来源、捐赠构成、捐赠使用情况、慈善项目开展情况等，在社区公告栏及线上平台及时公示。社区慈善（志愿服务）工作站对社区志愿服务队伍及服务情况进行统计，社区对相关记录格式有统一要求的，由社区相关方出具模板并推广应用。

建立和保存包括慈善活动、慈善宣教培训、社会力量参与状况等内容的完整的文字、照片、音频、视频等档案资料。建立和保存慈善示范社区创建申报、自我评估、上级验收、创建评审结果等工作的文字和档案资料。

（五）开展慈善宣教培训，落实慈善阵地建设

首先，建立"家—校—社"联动网络，引导青少年参与慈善活动和志愿服务，培养青少年助人为乐、帮扶济困的社会责任感。其次，利用新媒体开展慈善宣传活动，普及慈善知识，宣传慈善典型，传播慈善文化，引导社区居民关心、支持、参与慈善活动。再次，社区内建立社区慈善（志愿服务）工作站、社区慈善空间，场地范围内标识及服务清单公示清晰、明显。最后，落实慈善阵地建设，联动专业资源，为社区工作人员、志愿服务人员提供定期或不定期的慈善培训。为开展社区慈善活动提供场地和其他便利，以慈善阵地为枢纽，为社区慈善志愿力量、社会工作专业人才参与乡村振兴、生活救助、防灾减灾提供平台和渠道。

（六）规范社区慈善基金管理

社区慈善基金年度社区接受捐赠款物数额1万元以上，慈善资源匹配使用率70%以上。慈善资源匹配使用率是指社区慈善基金年度支出占上一年度收入的比例。根据番禺区慈善会社区基金管理制度，社区基金年度支出原则上不低于上一年度收入的70%。另外，社区慈善基金接受捐赠款物符合登记管理制度，有登记台账。捐赠资金纳入社区慈善基金所属的基金管理平台实行专户管理（社区慈善基金所属的基金管理平台一般为区慈善会），账目清楚，使用合规。

（七）社区慈善志愿氛围营造

社区设立"慈善倡导日"，鼓励社区居民、商铺、企业了解社区慈善服务项目。推动社区公益慈善设施服务点、社区志愿驿站完善建设并投入服务，广泛调动社区居民参与社区慈善公益活动。动员和整合社会组织、社会工作者、社区志愿者和社区慈善资源等多方力量，构建公益慈善共治生态圈。

（八）发展和总结社区慈善工作特色经验

培育发展社区特色慈善项目，积极打造特色社会服务品牌。探索社区慈善事业建设助力社区治理的有效途径，总结值得推广的慈善示范社区创建创新方法和特色经验。

第五节　番禺区打造慈善社区的方向和建议

根据对番禺区社区慈善事业发展现状的了解，综合发展经验成果，从现有的短板和未来发展方向出发，提出相关行动建议。

一、深入贯彻党的精神，打造红色社区慈善影响力

一是各社区慈善主体形成常态化党建工作机制，定期召开会议学习党中央关于慈善事业和基层治理的相关指示，时刻增强服务意识，传承弘扬慈善为民理念，让慈善成为践行社会主义核心价值观的重要载体。

二是以党建引领，鼓励人民群众参与慈善事业，持续推动基层党员进社区开展志愿服务，以党员带动群众，激发普通民众参与慈善事业的归属感、发展认同感和建设责任感。

三是激发慈善组织的主体意识，发挥慈善组织党组织在慈善工作领域中的战斗堡垒作用和党员先锋模范作用，发挥"头雁"效应。抓好慈善组织党员教育管理，开展联学联建主题教育，提高慈善组织党组织凝聚力。

四是深入解读党和国家重视与支持慈善事业发展的政策法规，深入贯彻党建引领相关精神，把准慈善组织健康发展的政治方向，为慈善组织党

建引领慈善事业发展提供指引和帮助，协助慈善组织打造党建慈善品牌，形成红色慈善影响力。

二、拓展慈善资源，提升社区基金效能

番禺区社区慈善基金作为基层治理改革的产物，表现出明显的资源依赖性，包括但不限于单一僵化的经济资源、行政化与专业化不足的人力资源以及较弱的认同资源。社区慈善基金应通过协同"五社联动"网络建设，减弱对政府的资源依赖性，凭借自我"造血"，逐步拓展自身资源。

一是明确番禺社区慈善基金发展定位，进行品牌化建设。强化品牌意识，以品牌为核心，统率社区慈善基金的各项工作，协调各主体之间的关系，确定以品牌战略为核心的工作体系，将品牌凝聚为共同的价值取向和工作追求。同时明确品牌定位，明确番禺区社区慈善基金作为资金使用者、项目实施者的角色，详细分析本社区基金所拥有的条件和所处的环境，明晰品牌的目标定位，确立品牌主题，提炼品牌内涵，吸引社区居民和社区资本投入。

二是坚持专业化、规范化道路。在服务领域，朝专业化方向纵深探索推进。根据居民需求将社区慈善基金划分为更精细的工作领域，如社会救助、应急协调等领域，不断开拓覆盖领域，并实现各细分领域的专业化推进。在人才培养层面，明确社工角色，搭建专业工作团队。居民日益多样化精细化的需求，要求更为完备专业的人才队伍，以提供社区基金工作的服务质量。

三是通过"五社联动"慈善网络的完善，拓宽资源渠道。构建多元化的筹资体系，一方面培养居民捐赠意识，营造社区捐赠文化氛围；另一方面倡导慈善投资理念，增强与社区企业合作，构建慈善资源传输机制。

三、以促进社区自我服务为切入点，培力社区社会组织

社区是慈善组织生存的源泉，发展慈善事业必须满足两个基本条件，即社会问题与社会特殊群体的存在和发展慈善事业所需的资源。社区慈善

组织所需的资源应源于社区、用于社区，这是社区慈善组织生存的源泉。一是完善社区服务体系。增强社区服务功能仍是当下中国社区治理的重点。在促进社区多元服务体系建设过程中，应优先以公益慈善类社区社会组织为切入点，支持它们基于社区需求，开展形式和内容多元的自助、互助及志愿服务。二是营造社区慈善组织生态。在当下社区，公益慈善是一个官民容易达成共识的新兴社会领域，虽然很多社区问题不能经由社区公益来解决，但是社区公益有助于在不易受到外力强势影响的前提下形成一个小的社会生态，促进社区社会组织培力和成长。三是总结社区建设和社区服务领域的既有经验。在我国的社区建设和社区服务发展中也有不少社区已经在社区慈善组织的建设上作了一些探索并取得了宝贵的经验。尽管这些慈善组织建立的初衷是为了社区服务内容的拓展和社区建设的完善，但不得不承认它们所取得的宝贵经验对于慈善事业的社区化发展具有重要的开拓意义。

第六节　社区慈善案例汇编

一、丽江社区——以社区社会组织驱动社区善治

（一）社区背景

番禺区洛浦街丽江社区建于 1996 年，辖区面积 1.145 平方千米，现由丽江花园、海龙湾花园、百事佳花园及如英居花园共 4 个住宅小区组成，社区有商铺 400 多家，居民户籍人口 13776 人，常住人口 5 万多人，其中社区党员 890 人，60 周岁及以上户籍人口 1300 人（80 周岁及以上户籍人口 249 人），孤寡独居老人 31 人，残障人士 72 人，退役军人 190 人，归侨侨属 60 人，低保户 2 户。社区内设有 1 所公办学校（丽江小学），3 所幼儿园（莱恩中英文幼儿园、海萃幼儿园、慧源幼儿园），1 所社区医务所（丽江花园医务所），3 家银行（中国银行、中国工商银行、中国建设银行）。丽江社区集聚了教师、律师、记者、公务员等知识分子和专业人才，

是一个具有较高知名度的超大型成熟人文社区。走在丽江花园小区内，园林繁茂，舒适便利，老有所养，幼有所乐，小区内有超市、餐厅、幼儿园、电影院、游泳馆，各种设施设备齐全，居民不出小区就能享受到各种生活服务。

（二）社区困境

由于社区居委会作为国家治理体系中最基层的单元之一，实际上承担了大量的行政性工作，在职能上形成了"上面千条线，下面一根针"的工作模式和形态。丽江社区居委会被嵌入基层行政体系，造成了角色定位的偏离。由于社区"两委"与社区居民的距离感远，社区"两委"开展基层服务时没有真正做到社区居民心里，没有真正从居民需求出发，为居民谋福利。同时，丽江社区居委会组织设置、职能、运行机制、考核用人的过度行政化，限制了丽江社区发挥自治的动力和活力。

在开展社区善治工作之前，丽江社区与居民、居民与居民之间缺乏联结沟通机制，逐渐异化为陌生人社区。问题潜藏在社区居民日常生活中，表现出来的是社区"两委"与社区居民缺乏沟通，造成"上不接地气、下不解政令"的社区内部脱嵌状态；同时，社区慈善活动大多由丽江社区居委会主导，行政动员招募居民，社区活动质量难以保障，因此居民参与的积极性也较低，社区生活单调乏味，缺乏共同体和集体意识的凝聚，加剧了陌生人社区属性。另外，由于社区邻里陌生，场域内的社区信任体系和社区矛盾纠纷化解机制未能形成，居民之间时有冲突，尽管丽江社区内硬件设施齐全，但缺乏相关活动、运行机制的介入，限制了居民社区慈善的参与和自治能力的发挥。

除了丽江社区与居民、居民相互之间缺乏沟通，丽江社区内部主体要素之间的联结也较少，社区内多个利益相关方缺乏有效的联动和沟通机制，因此未能形成良性运转、有韧性及共同体意识的社区内部善治生态。丽江社区内的多个主体均缺乏有效的联结互动与资源共享，丽江社区居委会的治理能力难以覆盖整个社区，社区物业、居民、社区企业和社区社会组织未能全面参与社区善治，容易导致物业与居民、居民与企业、企业与政府等多重交叠的矛盾及紧张关系，因此形成治理困难、治理失序和治理混乱的问题。

尽管丽江社区面临上述社区治理困境，但困境也往往预示着创新的机遇。从基层治理的角度而言，社区居委会的管理和职能体系处在一个可塑性很强的调整阶段，从理论上来讲，社区居委会与乡镇（街道）只是指导与被指导的关系。同时，丽江社区的居民组成结构、已有的基础建设等都对未来丽江社区慈善重塑有较大的增进作用。

社区社会组织参与社区治理的协同联动作用，不同学者使用不同的理论对其进行解释。陈洪涛、王名等学者从公民参与的视角出发，认为社区社会组织相较于政府组织更能提供切合居民需求的社会服务，相较于企业组织更能发挥公益组织的特长（陈洪涛、王名，2009；郁建兴、金蕾，2012）。有学者提出社区社会组织参与社区建设和社区治理的制度化模式，构建"政府主导、项目带动、网络联动、整合发展"的机制（高红，2011）。也有学者将社区社会组织当作基层社区中的治理单元，基于协同治理的视角，认为社区社会组织在社会资本、制度设计等方面具有较好的协同动因，并在集结公民意愿、促进居民融合、提供社会服务、调处社会矛盾等方面发挥了积极的协同作用，从而能够推动社会管理新格局的形成（郁建兴、金蕾，2012）。本部分将整合共同体和多元治理视角，通过协同参与治理的理论范式，对丽江社区社会组织驱动社区慈善的机制进行分析，探讨丽江社区社会组织驱动社区慈善的动力来源与成效。

（三）主要做法

在城市社区中，政府、社区居民、社区自治组织与社会组织等多元主体间协商合作，有效整合资源，合理界定权力界限与职责空间，形成社区内部和外部相统一的合力，共同解决社区治理过程中出现的问题。

面对番禺区下辖社区（村）组织被动，基层力量薄弱，缺乏能动性，社区居民（群众）办事不便、多方周转等行政性问题；社区、社会组织、社会工作者在社区（村）的治理过程中仅有其表、各自为政，缺乏互联、互动、互补的服务性意识，番禺区于 2016 年将丽江社区作为番禺区试点，启动"五社联动"社区治理机制，期望联动社区（村）居委会、导入社区社会组织和专业社会工作人员资源，凝聚社区企业和社区基金等社区慈善力量，通过创新机制，推动试点建设、开拓优质服务项目，协助社区多主体解决疑难，以期有效调动社会各界力量，实现社区多元共治。

1. 社区党建引领，发挥"一核"先锋作用

丽江社区善治模式，是在围绕基层党建，坚持党建引领的基底上进行的，构建形成了党建引领下各社区慈善主体之间互动的"一核多元"的同心圆式的社区慈善格局。丽江社区党委作为基层善治的掌舵者，把握方向性引领，在基层善治发挥先锋核心作用，支持社区慈善多元主体联动，整合社区多元角色力量，引领社区主体发挥"1+1>2"的作用，为社区善治提供汇合性的社区合力。

（1）结对共建共治。丽江社区党支部与丽江社区慈善主体在形式上进行结对共建，联动参与丽江社区治理，后与番禺区残联党支部、中国银行丽江支行、粤海物业等单位以优化丽江社区基层治理为目标进行结对共建、共促发展，同时，多个社区慈善主体共同联动举办了"光影筑梦、百年风华"庆祝建党 100 周年主题摄影书画征集、"我为群众办实事"系列活动，为社区慈善创造了善治氛围。

（2）基层机制设计。为了发挥社区党委的引领作用，在丽江社区党委领导下，设置了党代表工作室，带头组建了红色智囊团和丽江社区志愿服务队，并组织区内党员代表走访慰问社区内的老党员，关怀社区特殊困难群体，解决社区居民所关注的热点、难点问题，促使党员代表成为基层党组织联系群众的纽带桥梁，引导党员群众积极参与丽江社区治理和慈善发展。

（3）关注居民排忧解难。丽江社区党委于 2017 年 9 月探索成立了全省首个小区物业纠纷人民调解室，多元慈善主体共同参与，社区纠纷共同商议、协同解决，由丽江社区党支部书记担任负责人，居委会法律顾问、街司法所、街社区办、街城建办和丽江花园物业管理公司各派一名工作人员担任调解员，将矛盾纠纷及时有效化解在基层。同时，物调室每月举办

"丽江社区'两委'、粤海物业管理接待日"活动，为社区居民排忧解难，做到"事事有着落，件件有回音"，给业主及时圆满的反馈。

2. 慈善主体各司其职，联动善治形成聚力

丽江社区在社区发展基础上，逐渐探索形成了基于丽江社区自身特色的善治路径。在丽江社区践行善治的过程中，社区慈善生态逐步完善，不断完善社区慈善共同体，社区各个慈善主体和社区利益相关者不仅各司其职，发挥各自所长，同时通过联动和整合，发挥相应的合作聚力。

（1）社区居委会通过机制建设和发挥作用的两大功能，带动社区善治。首先，丽江社区居委会统筹为善治机制在社区的良好嵌入做好组织保障。邀请丽江社区"两委"代表、党员代表、社区社会组织代表、社工代表、社区企业代表等组建工作委员会，为善治机制的推进和开展提供组织及制度保障。其次，丽江社区居委会在善治机制嵌入中发挥主导作用。在丽江社区党委的领导下，建立基于适合丽江社区的善治机制，明确分工。丽江社区居委会负责善治的机制设计与整体统筹作用，撰写内容全面的关于丽江社区善治工作的实施意见，邀请社区治理领域专家参与论证，为洛浦街领导了解丽江社区项目和制定相关文件提供参考意见。同时，社区居委会不断推动社区内部慈善主体主动寻找协同耦合、联动发挥共同体善治的嵌入位。

（2）丽江社区社会组织在丽江社区发挥多重作用，包括补充行政不足、提供社区服务、链接资源、满足社区和居民需求等多重功能。在社区善治机制的推进过程中，丽江社区社会组织逐渐成了社区善治机制的主要驱动。首先，丽江社区社会组织在促进丽江社区基层政府职能转变中起到重要推进作用。丽江社区社会组织的发展促使丽江社区居委会由"一手包办"的全能型基层政府向有限型政府转变。丽江社区社会组织通过与丽江社区居委会的合作，以多种方式协助社区居委会进行社会管理和服务，从基层自治组织中承担更多社会性质的工作，并极力帮助居民解决日常生活问题。其次，丽江社区社会组织为社区居民提供基础的帮扶服务，发挥社区社会组织的专业性，如为丽江社区长者设计提供"长者配餐"服务，为

丽江社区老人提供极大便利。另外，由于丽江社区不少社会组织初期均出于规范社区志愿队的角度考虑而成立，因此，部分社区志愿者队伍作为社区社会组织在疫情防控期间，组织社区志愿者受利他主义驱使，在组织保障下为居民发放口罩、体温计、消毒液等疫情防控物品，并适时提供相应服务，在资源调配、缓解基层工作人员压力、缓解居民焦虑感、促进社区稳定方面发挥了重要的社会作用，为丽江社区在疫情期间增加了"温度"。同时，丽江社区社会组织链接和整合社区内多种资源，积极促进社区主体深度联动。通过在丽江社区开展各种志愿性、慈善性和公益性等活动，筹集各种物质资源支持社区营造和社区发展。发动来自社会和社区各个层面的专业性人员或社区志愿者，为丽江社区提供充足的人力资源支持，促进社区社会资本培育和累积，协同参与丽江社区治理。除此以外，丽江社区社会组织满足社区和居民的多样需求。由于社区社会组织是基于丽江社区居民的多样化需求而建立的，类型多样、形式多彩的社区社会组织作为服务居民的有效载体和平台，丰富了丽江社区居民的生活，提升了居民自身的素养。

（3）社会工作者在丽江社区善治中，常常与社区社会组织有所联动，发挥社会工作者在社区的专业服务作用，主要服务对象包括整体社区及社区服务对象。在对丽江社区整体开展社区建设与社区营造方面，社工机构或社工服务站通过政府购买的形式驻点社区，在地式、扎根式持续了解丽江社区基本情况，并对丽江社区现存问题进行分析，利用社区现有资源，基于社工机构这一社会组织及社会工作者的专业性，联动社区多个主体，对社区居委会进行社区倡导、联结社区企业、组织居民活动，营造互动型社区。另外，在为服务对象提供专业社会工作咨询和服务上，对社区内服务对象进行需求调研，分析问题，制订服务计划，提供咨询和服务，为社区服务对象解决问题和困难。

（4）丽江社区辖区内的社区企业在社区善治中主要起到了资源提供和链接的作用。2017 年 11 月丽江社区基金成立，丽江社区自此开始具有独立但受慈善法规监管的资金池，为丽江社区爱心企业定向捐赠提供了渠道。通过辖区热心企业定向捐赠、现场义卖等方式进行筹款，丽江社区基金筹得善款共约22万元，所筹资金将根据社区基金成立初期的服务范围，定向用于丽江社区微创投活动、长者配餐工作、帮扶兜底群体服务和社区节庆活动等公益慈善项目。并且，社区企业协同社区社会组织，不定期举办公益集市，联动社区文艺团体进行义演、义卖活动，将所筹得的善款投入丽江社区基金，为社区发展和社区治理提供可持续的资金支持，减少了基层对财政的依赖，体现丽江社区有效的社会参与和不断发展壮大的社会力量。

（5）丽江社区基金已在过去几年的探索中，逐渐找到稳定的资金使用方向。丽江社区基金基于社区内部社区社会组织的蓬勃发展，开创性举办丽江社区基金微创投活动，以资助社区小额公益和社区微建设项目，协助丽江社区社会组织针对社区需求及问题开展项目服务，通过资金支持的方式对社区社会组织着眼社区重点需求及迫切问题等方面进行能力提升。同时，培育孵化更多丽江社区社会组织，以期实现丽江社区社会组织自我管理和自我服务。丽江社区基金不仅在番禺区成为标杆，也在广州市区域内达到良好的社区基金示范效果，对于展示和彰显丽江社区善治提供可持续的社会动力。

3. 挖掘社区需求，培育社区社会组织

丽江社区在党建引领和社区居委会的主导下，建设丽江社区社会组织培育孵化基地，以持续、有质、有量的工作目标和工作方式，结合社区居民的多样需求与社区发展需要，培育能够及时回应居民和社区需求的社区社会组织。

（1）打造丽江社区社会组织孵化培育基地。一直以来丽江社区的社会组织氛围活跃，但是由于缺乏社区机制的引领和推动，长期以来，居民社区参与和居民活动仅仅停留在熟人间介绍所形成的非专业、非正式组织。因此，尽管丽江社区居民层面活动和参与较多，但无法通过正式有效的组织机制将社区居民的需求和意见反馈到社区层面，形成社区与居民之间需求反馈的意见真空。自丽江社区开展社区善治工作以来，社区"两委"意识到社区自组织等规范性社区社会组织的孵化培育对于收集社区意见、落实社区事务的重要作用。因此，丽江社区在社区内打造了一个社区社会组织培育孵化基地，用以孵化和培育社区社会组织，完善孵化培育基地档案，规范入驻培育基地的社区社会组织。并不断加强吸引丽江社区自组织入驻孵化培育基地，从规范化和专业化角度引导社区社会组织成长，对其进行专业高效的能力建设以及提供充足的社区资源支持，从而推动丽江社区社会组织成为丽江社区的重要社区慈善主体，推动丽江社区善治机制和多元慈善主体参与的社区共治生态圈的完善。

（2）培育孵化社区社会组织。与丽江社区的居民背景有关，由于丽江社区属于大型人文成熟社区，社区居民大多为教师、律师、记者、公务员等专业人才和退休教师、知识分子等，大部分居民文化素养较高，兴趣爱好广泛，热衷于组织兴趣活动和参与社区活动。基于社区和居民的精神需求，丽江社区社会组织孵化培育基地首先孵化培育了丽江社区最早的、最具代表性和社区话语权的社区社会组织——丽江文体协会。协会因应社区居民的需求，主要负责社区内有关文体的大小事务和活动。而同时，由于丽江文体协会的日益壮大，协会中又衍生出具有不同特色的小分队超过20支。以上由丽江文体协会衍生出来的社区社会组织作为被培育孵化的社区社会组织队伍，均受丽江社区社会组织孵化培育基地支持，由培育基地提供办公场地，规范组织、规范运作，社区社会组织将社区内有共同兴趣爱好的社区居民组织调动起来，鼓励社区居民积极参与社区各类文艺活动和志愿活动，极大丰富和满足了社区居民的业余生活和精神需要，为丽江社区精神文明增添了色彩。

4. 主体角色回归，组织发挥社会力量

丽江社区在社区善治机制的作用下，根据多元治理理论，丽江社区重新梳理了不同社区慈善主体的角色，厘清了丽江社区内部不同慈善主体的角色形态，有的放矢。丽江社区居委会回归基层治理的主导角色上，与丽江社区党委高屋建瓴，协同规划丽江社区的治理和发展，将其余非行政、非居民自治的事务分派给社区社会组织、社工服务站等其他社区慈善主体负责和开展。丽江社区在建构了社区社会组织孵化培育的机制渠道后，通过向已培育孵化的社区社会组织分派原本由社区居委会承担的非行政事务，分担丽江社区居委会的工作，减轻居委会要承接上级多条行政系统交付下级的负担，丽江社区居委会不断回归社区居委会应该承担的工作内容，包括开展行政性工作、充当社区居民与基层政府的沟通桥梁、解决居民日常问题与矛盾等。而丽江社区社会组织作为基层非行政、非官僚、具有浓厚社会性质的治理角色，则主要承接以往由上级交由社区居委会的各项非行政性任务，专业社工担任辅助，极大减轻了丽江社区居委会的负担和压力。同时激发了丽江社区社会组织、社会工作者等主体参与社区善治的活力，也强化了其参与社区慈善事业的意识。

通过不同慈善主体的任务和工作内容的整合性替换和配置，重新塑造了丽江社区基层慈善主体的角色，明晰了丽江社区居委会的行政性与基层自治职能，在社区善治机制中发挥统筹主导作用，改变了以往由社区居委会大包大揽基层事务的结构性乱象，丽江社区居委会、丽江社区社会组织和专业社工三者职能经过进一步调整后逐步明确，丽江社区居委会由笼统的行政管理和基层管理单位演变成集行政管理、社区管理与服务、基层自治等于一体的综合性机构，丽江社区社会组织与社工除了延续以往社区服务内容外，也承接了以往由丽江社区居委会负责的社区善治方面的内容。

5. 联结多方力量，协同撬动社区动能

丽江社区注重社区社会组织的孵化培育，规范和专业性运营管理，以及接地气，满足居民和社区需求，通过多样的社区平台，联动多方主体、链接多种资源，撬动社区多方动能，让社区慈善事业建设和社区善治"活"起来。

（1）通过社区微创投和社区微建设等平台，扎根丽江社区的精神性和发展性需求，依托丽江社区慈善基金，吸纳社区社会组织、社区居民、社区企业等社区多方主体共同参与营造和建设共建共治共享的和谐社区。以丽江社区社会组织参与丽江社区微创投活动为例，由丽江社区旗袍爱好者组成的丽江旗袍队在丽江文体协会的指导下通过参与微创投，获得相应扶持资金，举办"旗袍文化 传播文明"主题活动，组织开展各项旗袍活动和演出，邀请专业导师为队员内塑气质，并在社区国庆活动中集体亮相。既满足了社区旗袍爱好者的需求，丰富其精神，在丽江社区内外传播了以旗袍为代表的中国传统文化，也弘扬了建设和丰富精神文明的正能量。由此，丽江社区通过社区慈善基金搭建社区公益微创投这一平台，为其提供资金支持，联动社区主体参与，尤其是社区社会组织，参与社区共建。这一过程中通过资源"再链接"，为社区善治和社区慈善事业发展注入能量，形成社区多主体共同参与，营造共建共治共享的社区善治格局。

（2）社区社会组织联动社区主体，契合社区需求，创新基层社区服务提供方式。以丽江社区首创的长者配餐服务模式为例。丽江社区由于长者较多，为满足长者居家养老的生活服务需求，丽江社区创新性将社区、社会组织、社会工作者、志愿者、企业、社区基金等社区多元慈善主体联动起来，开创性打造了丽江社区内的"长者配餐模式"，激发了社区协同治理的能力。在这当中，丽江社区社会组织起到了社区资源链接、社区资源整合和社区主体联动的关键作用。丽江社区社会组织，作为社区平台枢纽组织，链接社区内多样主体为长者配餐贡献社区力量，同时对社区餐饮提供企业进行监督和评估，包括社区企业的卫生洁净程度、配餐丰富程度、与社区老人健康饮食匹配程度等多方面进行第三方评估和监测。社区为长者配餐项目提供财政性资金支持，并统筹丽江社区的主体参与长者配餐；利用社区社会工作者和社区志愿者作为长者配餐工作人员，上门送餐；同时，社区餐饮企业为长者提供合适的健康餐食；社区基金为长者配餐项目提供公益慈善性质补贴。可见，在"长者配餐"模式上，以丽江社区社会组织为平台枢纽形成社区系统，社区子系统分别对相应的子目标负责，共同联动作用于长者配餐。

（四）成效与启示

当前丽江社区的善治模式，初步明晰了多个社区慈善主体的角色与职能，未来从以下几个方面着手，逐步深化社区社会组织驱动的社区善治。

首先，利用现有机制做好统筹工作。目前，丽江社区的基层善治主要由社区"两委"进行规划和统筹，具有浓厚的自上而下推进的管理色彩，而由社区"两委"代表及其他社区慈善主体代表所组成的工作委员会的实际效用并未得到有效发挥。由于丽江社区的善治模式，社区社会组织驱动作用较强，后续推进多元慈善主体参与社区善治的机制，须重视社区各慈善主体的效能，充分倾听社区内部不同群体的声音，汇总多元社区慈善主体的意见和建议，深化社区善治的完善和社区慈善事业的发展。

其次，加强慈善主体联动系统的建设营造。丽江社区当前初步形成了以社区社会组织驱动的社区多元主体参与善治机制，但目前，联动系统主要以社区和社区社会组织的协同性为主，其他慈善主体间的联动作用并不强，尤其是丽江社区企业的参与较为缺乏。这一方面与丽江社区缺乏大型企业，以小商铺和小微企业为主的企业生态有关；另一方面与丽江社区慈善事业及企业社会责任的理念尚未得到有效宣传有关。因此，丽江社区应该从社区实际出发，思考如何让小微企业以多元化方式参与社区治理，对社区发展及企业自身发展意义重大。

另外，拓宽社区社会组织参与社区善治的方式。目前丽江社区社会组织主要通过补充行政不足、提供社区服务、链接资源、满足社区和居民实际需求等方式驱动社区善治在丽江社区的嵌入和不同主体的联动，但丽江社区社会组织作为驱动，需要跳脱固有的思维模式，创新参与丽江社区善治的途径，以更多调动居民参与，协同其他主体参与社区治理，包括举办社区亲子交流活动、社区读书会、社区爱心义卖等活动，加强与其他社区的交流和互动，打造丽江社区社会组织品牌，加强社区社会组织对居民的影响力，巩固丽江社区社会组织驱动的善治模式。

二、怡乐社区——以社区企业驱动社区慈善发展

(一) 社区背景

怡乐社区位于市桥街北部，是市桥城区的交通和商业中心。社区发展较早，占地约 0.18 平方千米，主要由 1 个 2800 多户的物业小区和其他分散小区组成。社区常住人口 1 万余人，户籍人口 8600 多人，外来务工人员

1500 多人。由于社区发展时间较早，大部分区内楼宇均建于 20 世纪 90 年代初，随着城市发展，小区居住人口和结构也随之发生变化，外来人口增多，区内人口流动率较高，个体商铺、商业大厦和百货公司数量也有所增加，区内企业较多。怡乐社区周边"10 分钟生活圈"内有小学、中学及卫生服务中心、社区文化室等，配套设施相对齐备，实属宜居宜商的便民生活社区，并一直努力创建"平安小区"。

随着市桥街商圈经济发展及交通条件完善，怡乐社区已成为外来务工人员的首选居住地。怡乐社区辖内钻汇广场是市桥街北片区休闲购物的中心点，是大型购物饮食休闲集散商场，在市桥钻汇广场和友谊商店集团的带动下周边商业发达，沿市政路均为繁华商铺，怡乐社区服务主要聚焦在来穗务工人员、商圈企业员工和常住居民。

(二) 社区困境

怡乐社区早于 20 世纪 90 年代开始发展，由于发展较早，社区内硬件设施长期缺乏保养和更换，陈旧老化严重；社区老龄人口比例增多，社区内环境设施大多不适合长者使用，急需建设老龄友好型社区；随着市场经济的发展，外来人口流动增多，人口结构复杂，社区居民主人翁意识薄弱；社区内商业氛围较为浓厚，但同时住宅改商铺现象普遍，缺乏良好的规范和管理，企业商铺之间存在恶性竞争现象；小商铺乱摆放问题严重，对社区环境造成负面影响。

从以上怡乐社区以往展现出来的问题表征可以看出，社区设施老旧，可见缺乏对社区硬件定期维修更换、安全排查活动意识，也意味着社区设施未能活用。而社区老龄人口比例的提高，社区设施未能及时做适老化改造，也缺乏老年康乐设施供长者使用。社区流动人口增多，却没有因人口结构的变化，为社区流动人口及本地居民需求提供相应的社区服务，缺乏社区主人翁精神培养的意识。尽管商铺企业和个体户的数量较多，但由于缺乏一定的规范和管理机制，社区商铺企业管理混乱、存在恶性竞争现象，主人翁意识薄弱，没有利用社区的商业环境营造责任共担、社区共治的友好社区氛围，因而掣肘了社区服务的开展和提高，也使得社区发展长期处于各自为政、社区不同主体缺乏参与社区建设的积极性。

（三）主要做法

面对怡乐社区本地人口结构老龄化、外来人口增多、设施老旧、社区企业未形成良好的互动生态参与社区等问题，2016 年，怡乐社区党委依托市桥街繁华商圈党委和社区企业资源优势与 28 家企事业单位、社会组织、高校党建结对共建，参与怡乐社区的社区治理工作，共促社区慈善事业发展。怡乐社区于 2020 年启动了市桥街繁华商圈党群服务中心，设置有居民议事厅、文化室、党群会议室等多种功能区。通过阵地建设和购买社会工作，繁华商圈党委、社区党委带动了 20 余个"两新"组织党支部，成为商圈经济发展、社区治理的主体，并陆续开展了党建主题墙绘、好家风全家福摄影、好书捐赠、壹圆捐助等公益慈善活动，打造慈善社区，取得良好的成效。怡乐社区逐渐架构起以社区企业为枢纽，以社区企业驱动的多元慈善主体协同参与的社区慈善发展模式，2023 年市桥街怡乐社区获评广州市首批"最美慈善社区（村）"。

1. 坚持党委领导，引领社区慈善方向

怡乐社区在探索社区慈善过程中，始终坚持以社区党委为领导核心，为社区慈善事业发展掌舵，为社区调动资源和社区主体参与共建共治提供指引，通过红联共建、建立党群服务中心、发挥"两代表一委员"示范作用，实现社区慈善成果共享，提升社区居民幸福感、获得感和满足感。

一是红联共建，社区党组织带领"两新"组织参与社区服务和平安建设。目前，党支部结对共建单位有 28 家企事业单位，组织党员参与社区服务 50 次，参加服务党员 462 人。社区党员志愿服务队日常开展走访慰问，开展垃圾分类、交通安全、疫情防控、美化社区宣传等工作，怡乐社区党委还通过实行"党建+消安"创新模式，在职党员进社区，充分发挥在职党员的专业知识技能，动员全社区共同介入，进一步加强在安全生产、家居安全、社区平安建设上的宣传教育。

二是建立党群服务中心，以阵地凝聚党员和群众。怡乐社区党委现有社区党员 234 名，在职回社区报到党员 265 名。为充分发挥近 500 名党员在社区建设中的先锋模范作用，社区党委借助党群服务中心阵地，加强党员教育管理监督工作，更好地服务群众。

三是发挥"两代表一委员"示范作用，组建红色智囊团和志愿服务队伍。社区设置"两代表一委员"接待工作室，收集社情民意；组建红色智囊团，利用二楼培训室开展学党史讲党课，深入推进党史学习教育，切实把党史学习教育成果转化为办实事、解难题的工作动力和成效。

2. 社区慈善主体各有重点，创新协同治理方式

怡乐社区通过对社区已有资源的梳理、归纳和总结，对各慈善主体进行有效分工和联动，在各自发挥所长的基础上形成社区慈善合力，逐步形成具有怡乐社区特色的社区慈善模式。

（1）社区居委。怡乐社区居委会在推动社区慈善的过程中，主要起三大推动作用。首先是推动扎实调研，找准需求。在整个社区层面开展科学调研，找准怡乐社区和社区居民的需求，发掘可联动可链接的资源，让怡乐社区慈善行动能契合怡乐社区实际。其次是推动开展多样化活动，激发居民参与热情。最后是推进居民议事，拓展基层民主。

（2）社区企业组织建设共创良好的社区商业氛围。社区企业作为怡乐社区重要的慈善主体，多家企业作为"两新"组织积极探索党建引领，社区多家企业成立了党支部，强化企业组织与党委和政府的沟通和联动，共同致力于参与怡乐社区的社区慈善事业建设和社区治理。市桥街繁华商圈党委和党群服务中心作为链接怡乐社区企业党支部的重要平台，为怡乐社区企业党支部提供政策宣讲、税务管理、规范操作等多种便利服务。通过党政企三者社区慈善主体良好对接，实现企业与社区的互动联通发展。

企业提供资金与技术支持，发挥企业社会责任实效性与专业优势。为保障慈善项目的持续运转，需要社区企业的参与支持，为项目持续"供血"。怡乐社区党委充分利用处在繁华商圈的优势，链接辖区 20 多家热心企业，通过定向捐赠等方式为怡乐社区基金捐款，用于怡乐社区的社区微创投活动、社区防疫工作、帮扶兜底群体服务和社区节庆活动等公益慈善

活动。繁华商圈党委和怡乐社区党委发动下属企业党支部参与"双微行动"，认领并点亮困难群众"微心愿"，开展居家环境适老化微改造行动，举办慰问困难群众和党员活动。社区很多工作都得到企业的大力支持：比如社区有两户困难家庭房屋破旧，畅隆建设和锦宇建筑两家企业共出资6000元资助困难家庭翻修房屋；怡乐园北丽园小区围墙破旧存在安全隐患，社区企业盈泰房地产出资帮助社区重修；小区缺乏健身活动基础设施，社区企业意向资助改造社区的老人健身活动场所，部署落实；除此之外，遇到传统节日慰问伤残老人，这些企业也会资助，同时动员企业党员和员工参与慰问活动。

（3）社区社会组织。怡乐社区社会组织在参与社区慈善的过程中不断发挥多元服务性。通过建设怡乐社区社会组织培育基地，吸引了36家不同行业社区社会组织进驻怡乐社区。怡乐社区社会组织参与社区慈善和平安怡乐建设过程中，参与社区慈善的方方面面，如党员居民志愿者在疫情防控工作中承担守点测温任务，平安守护者队伍参与小区日常巡查，垃圾分类行动队活跃在垃圾分类宣传督导岗，歌舞队在社区重要节日为大家提供精彩文艺表演，怡乐社区长者送餐服务队为长者开展送餐服务，等等。社区社会组织扎根基层社区，来自居民，服务居民。

（4）社会工作。怡乐社区在番禺区首创了企业购买社工服务的新模式，主要从社区工作、能力建设和兜底服务三方面服务于怡乐社区并参与怡乐社区慈善。站点社工在繁华商圈党群服务中心开展恒常的志愿者培训和社区社会组织孵化培育活动。除了阵地驻点社工，怡乐社区坚持"一社区一社工"，通过市桥街购买中北片社工服务站服务落地怡乐社区，聚焦底层群众。

（5）社区慈善基金。怡乐社区慈善基金在社区慈善中发挥着社区慈善资源配置的重要作用。怡乐社区慈善基金自2017年启动，其间结合社区慈善基金的服务范围，不断助力社区慈善救助与服务发展，开创社区基金微创投活动，资助小额公益项目，不断培育孵化更多契合怡乐社区需求的社区社会组织，促进怡乐社区社会组织实现规范化的自我管理和自我服务。

怡乐社区党委通过创新募资形式，拓宽筹资渠道，吸引居民、商铺和企业积极参与社区基金募捐，为社区基金注入源头活水。例如2023年3月，市桥街怡乐社区党委在钻汇广场举办题为"党建引领义演义卖助建颐康站'五社联动'筹款支持献爱心"公益文艺会演暨社区基金捐款活动。通过规范有序的社区基金运作，开展了对怡乐社区的羽毛球场和乒乓球场的升级改造、配电房的翻新修复，建造居民休闲娱乐的初心亭，有效提升了小区的安全系数和居住品质。

3. 架构社区平台，党群中心服务社区

市桥街繁华商圈党群服务中心于2020年启动，共设置两层楼，面积共约1200平方米，设有居民议事厅、文化室、党群会议室等多种功能区。作为市桥街商圈重要的基层党组织和党企联动阵地，市桥街繁华商圈党委和繁华商圈党群服务中心通过阵地建设、购买社会工作服务，繁华商圈党委和怡乐社区党委带动了20余个"两新"组织党支部，成为商圈经济发展和社区治理的主体，并陆续开展了党建主题墙绘、好家风全家福摄影、好书捐赠、壹圆捐助等公益活动，打造慈善社区，取得初步成绩。繁华商圈党群服务中心在怡乐社区"五社联动"社区治理生态圈中，作为重要的社区主体和社区资源联动平台，主要发挥以下几个功能。

（1）为市桥街商圈企业提供服务。作为市桥街首个商圈党群服务中心，繁华商圈党群服务中心将覆盖范围从怡乐社区扩展到整个市桥街商圈企业，建立繁华商圈智慧政务服务站，打造"政务晓屋"，在政务服务大厅开设企业服务专门窗口，为市桥街商圈"两新"组织企业提供便捷的政务服务。市桥街商圈"两新"组织企业作为社区慈善主体的重要一环，为其提供便捷高效的服务能够有效提升企业办事效率，有利于怡乐社区乃至全市桥街打造良好的营商环境。除了发挥党群服务中心作用，为企业提供相应服务外，繁华商圈党群服务中心注重开展企业和群众喜闻乐见的活动，不断提高党群服务中心使用效能，并制作特色宣传刊物，引进社会工作机构开展企业文化宣传、红色物管、扶贫助困、志愿服务等活动，成为"两新"组织企业交流合作和履行社会责任的平台。

（2）市桥街繁华商圈党群服务中心作为区内企业与党委、政府沟通的平台，围绕"基层党建、基层治理、服务企业"宗旨，努力打造党群融合、共促发展的平台。通过繁华商圈党组织和党群服务中心平台，在党建引领下，怡乐社区内的社区企业与基层党委政府良好沟通，实现有效联动。对社区企业而言，与基层党委、政府保持密切的沟通，能让社区企业在第一时间知晓政策情况，基层政企群实现有效协调联动，资源共享，拓宽基层治理的新领域，从而实现党政商居基层治理的融合发展。

（3）购买专业社会工作服务，建设社区企业服务平台和社区服务阵地。市桥街繁华商圈党群服务中心首创了广州市番禺区企业购买社会工作服务模式，依托繁华商圈党群服务中心，向怡乐社区导入阳光天使社会工作服务中心的专业服务和资源。阳光天使社会工作服务中心根据社区的实际情况、现状、组成、资源、人员等社区要素进行评估，开展针对怡乐社区外来务工人员、企业员工、社区长者等专业社区服务。另外，阳光天使社会工作服务中心还定期在繁华商圈党群服务中心开展怡乐社区志愿者培训和怡乐社区社会组织孵化培育活动。2020年9月1日广州市番禺区正阳社会工作服务中心承接运营市桥街中北片社工服务站，仅2022年就开展常规服务132节，组织开展社区活动75场，小组13个75节，跟进重点个案58个，辅导个案238节，入户探访1111人次，电访4209人次，志愿者服务时数2000多小时，总服务127万人次。通过专业社工驻点，繁华商圈党群服务中心务求在中心内实现阵地建设、专业服务、重点突出的平台治理模式。

4. 社区企业驱动，形成社区慈善可持续发展

怡乐社区作为市桥街的交通和商业中心，企业商铺和个体户资源丰富。如何调动社区企业资源作为社区主体参与社区慈善一直是怡乐社区治理的重点、难点和突破点。怡乐社区通过社区企业"四步法"，调动社区企业参与社区慈善积极性，以社区企业为动力，联动社区不同慈善主体，形成怡乐社区特色的社区企业驱动型社区慈善模式。

怡乐社区企业"四步法"分别为党政企合作共建、建立合作平台、为

社区链接企业资源、为企业提供资源便利，回馈企业四步法形成闭环，推动怡乐社区治理可持续发展。社区企业在党委领导、政府主导的社区治理生态下，与市桥街商圈党委、怡乐社区党委、怡乐社区居委会形成良好互动合作关系，共同致力于怡乐社区的社区营造、社区治理、社区建设和社区发展。繁华路商圈党委、怡乐社区党委发挥高屋建瓴的引领作用，怡乐社区居委会通过社区在地的需求分析，链接相应合适的企业资源，以怡乐社区党委联合番电集团开展的"党企携手办事，爱心情暖人间，为困难家庭上门检查和维修家电活动"为例，通过对接番电集团资源，发挥企业专业技术优势，为社区困难家庭上门维修家电。怡乐社区还为社区企业提供回馈机制，以促进社区企业在社区慈善建设中投入的可持续发展。怡乐社区组织为促进怡乐社区企业规范化发展，邀请税务机关等部门工作人员为社区企业负责人讲解财务知识与税务规范。另外，在社区广泛宣传，讲好怡乐社区企业故事，扩大社区企业知名度，营造良好的营商环境，巩固以社区企业为主导的怡乐社区慈善模式。

三、万丰社区——以社区慈善基金驱动社区慈善发展

（一）社区背景

万丰社区位于市桥街的旧城区商业中心地带，辖区面积约为 0.097 平方千米，其中住宅用地 0.08 平方千米，再除去公共道路用地，社区户外可用公共空间非常有限。辖区内有商业中心 1 个、幼儿园 2 所，有 51 幢居民楼，总户数 1310 户，其中常住户 980 户、出租屋 330 户，单位、商铺 320 家（含公司和个体），常住人口 2700 多人，其中外来人口占 30%、老年人和儿童占 45%。建于 20 世纪 80 年代的万丰社区是一个全开放式的老旧小区，由于建成时间较早，老旧小区的普遍性问题较为突出，比如社区内楼宇老旧、基础设施不完善、社区环境比较差、存在安全隐患等。

（二）社区困境

万丰社区是全开放式老旧小区，辖区内居民楼楼龄均超过 35 年，属于自管小区，辖区可利用的共同空间有限，没有规划固定的停车位置、小区

内楼宇老旧、小街小巷较多、公共场所设施老化破损、陈旧的楼宇外墙经常有剥落的情况，老旧小区普遍性的问题对社区能否有效开展治理产生了较大的影响。由于万丰社区没有物业管理，社区环境得不到有效维护和管理，环境问题较为突出，也是社区日常治理的难点和痛点。残旧的外墙、破损的路面，不仅存在安全隐患，而且有碍社区发展，居民的居住满意度也不高，因此社区的人员流动性比较大，留守老年群体人数较多，社区整体活力感不强。

(三) 主要做法

对于如何改善社区环境，提高群众生活质量，增加居民幸福感和归属感，万丰社区党委非常重视，针对社区环境问题突出、社区老年群体较多等问题，万丰社区推动"五社联动"基层社会治理机制在万丰社区落地，以党建引领为核心，充分发挥党委统筹和协调作用，与社区居委会、社会工作者、社区企业、社区社会组织等多元社会治理主体形成联动，逐步探索出了"一核多元"基层社会治理模式，以环境改造为契机，不断完善基础设施建设，改善社区环境。

万丰社区通过多次实地踩点，对社区角落进行分析对比，结合日常与居民的了解沟通以及开展社区居民需求问卷调研等多种方式，以解决居民急难愁盼问题为着重点，了解社区居民需要，制订社区治理方案。2022 年 6 月，万丰社区党委启动了"焕新之路"社区环境改造项目，以腾讯公益慈善基金会资助的 10 万元种子资金为启动资金，在党建引领下，联动社区居委会、社会工作者、社区企业、社会组织、社区基金共推民生改善。该项目作为"五社联动·家园助力站"的一个试点项目，通过"一核多元"的有效协调运作，撬动社区力量参与，聚合社区慈善力量，形成环境共建共治、共享共融的良好氛围，实现以环境改造促民生高质量发展，以环境改善促思想"焕新"的初心和目的。

1. 以党建引领为核心，服务社区发展

万丰社区党委充分发挥党建引领作用，统筹和协调社区、社区社会组织、社区企业、社区慈善基金等各方力量，广聚社会资源，强化党的领导

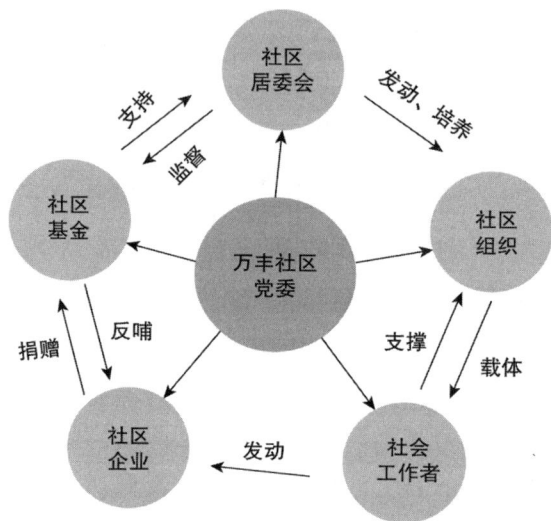

图 6-1　万丰社区"五社联动"社区治理机制运行图

在基层延伸，健全"一核多元"的创新工作体系，为社区治理充当有力的引领者，提供坚强的保证。万丰社区党建引领，组织成立了"五社联动"委员会，以党委为核心，将社区企业代表、社会工作者、社区党员、社区志愿者纳入委员会，进一步完善社区民生实事共商共议、共谋共策。针对"五社联动·家园助力站"创新社区治理试点项目，万丰社区党委书记蓝友香首次提出了社区"焕新"的设想，对这次环境改造提出建议并通过表决，力求实现"焕新之路"社区环境改造项目的落地实施。

2. 社区慈善主体齐发力，协同治理聚合力

万丰社区抓住社区环境改造的契机，通过整合社区已有资源，连接社会工作者、社区企业、社区社会组织等社会治理主体，形成较为完整的服务体系，同时通过发动慈善力量，充实社区慈善基金，使社区治理能更快更有效地落实到位。

（1）社区。万丰社区党委主要发挥统筹、协调和组织实施等作用，以党建为有力抓手，通过深挖、联络、引导、激活社区力量，撬动社区共驻共建单位捐资助物，同时，提供平台支持社会工作者开展社区服务，用活用好党群五级动员体系微信群、社区"随约"公众号的宣传和联络作用，

为党、社、企、群搭建互相交流、协同合作的平台，保证多元主体沟通、协商、议事的迅速、及时。社区党委作为"领航人"，带动社区探索创新基层治理模式，以民需为出发点，以民心为切入点，"想法子""求突破""攻难关"，逐步解决"需要做什么""怎样做？谁来做""钱从哪里来"等问题，实现"焕新之路"的"三个目标"。

（2）社会工作者。万丰社区社会工作者结合自身的专业知识，着重推动人性关怀、民生需求方面工作，培育和发展社区社会组织和志愿者，协助制订社区治理方案，推进和监督方案实施，反馈实施情况，为社区治理提供"软服务"。一方面，由社会工作者和社区居委会、社区企业等多个类别人员代表组成调研队伍，开展居民需求调研等工作，对标居民需求提供社区治理建议，对实施项目进行初步规划选点；在项目实施过程中，与社区居委会、社区志愿者一起进行全程跟进监督，保证项目施工质量。另一方面，社会工作者对标社区居民需求，利用社会工作者的专业资源，积极挖掘和培育社区社会组织，招募和培训志愿者，壮大志愿服务队伍，形成多方合力，参与社区治理。同时，在义卖集市、慈善拍卖等活动中，社会工作者与社区企业、社区居民、社区志愿者积极参与筹款。

（3）社区企业。万丰社区企业为基层社会治理提供了资金等资源支持，万丰社区企业积极参与义卖集市、慈善拍卖等活动，捐赠资金与物资，为万丰社区发展和社区治理提供资金支持。不仅如此，社区商户也积极融入社区"焕新"项目，通过提升门前卫生责任，推行文明用语、诚信经营、处理好邻商关系等，提升社区的营商环境。

（4）社区社会组织。在万丰社区党委号召下，万丰社区"金花志愿服务队""长青合唱队""守护家园志愿服务队""便民志愿服务队"在社区基金筹集中积极发挥各自优势，通过义卖、义演、义剪、义诊等服务，助力社区基金的筹集，在项目实施过程中，通过宣传、助力维护、行为监督等方式参与社区建设。社会组织和志愿者通过身体力行参与社区治理，以言传身教传播共建共治思想，成为社区治理的正面传播者。

（5）社区慈善基金。根据万丰社区基金使用灵活方便、申请流程简化、自筹自用的特点，万丰社区"焕新之路"项目利用腾讯公益慈善基金会资助的 10 万元种子资金为启动资金，通过广泛宣传社区基金的作用以及"焕新之路"项目，组织社区企业和社区居民开展线上线下形式的社区基金筹集，一是开展常态化慈善募捐。在社区党群服务中心设置捐款箱和捐款二维码，开展社区基金宣传，同时方便群众日常募捐；二是开展主题式全民募捐活动。借助"99 公益日"、慈善为民活动等开展全社区募捐活动，进一步提高社区居民对社区基金的认知；三是创新筹款形式，开展零成本举办义卖集市、慈善拍卖活动。号召社区企业、社区居民、社区志愿者、社会工作者行动起来参与筹款，借助活动吸引社区企业和社区居民捐赠资金与物资，并通过物资义卖、义拍方式筹集善款，更广泛地宣传社区基金与"焕新之路"项目，提升居民参与公益慈善的趣味性；四是社区党委积极链接共建联动单位、社区企业、爱心人士捐资助物，使社区共建形成合力。万丰社区基金通过多元筹资方式链接社区主体，形成合力，共同参与社区治理，用社区基金回应社区需求，为社区服务、社区治理提供支持。

自 2022 年 6 月以来，万丰社区共举办主题公益日 2 次，慈善义卖活动 2 次，慈善拍卖活动 1 次，发布微心愿 5 个，微项目 1 个，为社区基金共筹集 10.5 万多元善款。多措并举的资金筹集方式，使社区基金更充实，促使社区治理更快落到实处。社区基金助推基层治理模式创新，让社区基金真正实现取之于众、用之于众、受之于众。

3. 多措并举筹集资金，壮大社区基金库

根据社区基金使用灵活方便、申请流程简化、自筹自用的特点，万丰社区千方百计开展社区基金筹集，扩大社区基金库。一是以"五社联动·家园助力站""焕新之路"环境改造项目为契机，开展主题式公益集市和义卖、公益拍卖筹款活动，除了营造项目宣传效果，还让社区多元主体参与，了解社区基金，支持"焕新之路"创建，同时达到筹款的目的。2022 年 10 月和 2023 年 1 月，分别举办了以"五社联动·家园助力站"为主题的公益集市活动，利用商家义卖与公益拍卖，共为项目筹集善款 1.1 万多元。二是利用全社区公益活动筹款，营造全社区慈善氛围。其中影响力较大的是 6・30 "羊城慈善为民"行动和"99 公益日"的"慈善社区我先行"活动，通过全街上下的大力筹备、宣传，以及利用广泛的传播渠道，如镇街媒体、社区"随约"小程序、群众动员体系、公告栏等方式，开展声势浩大的全社区募捐宣传，形成人人参与的氛围。2022 年，通过全社区共筹集 3.6 万多元善款。三是巧用社区党员"微项目"和"微心愿"筹款。社区党委以"为民办实事办好事"，积极发挥下沉党员的模范作用和责任担当，将社区特殊群众、困难家庭的帮扶以及社区居民的急难愁盼问题以"微项目"和"微心愿"的形式收集，共筹集社区基金 24000 多元。四是积极链接共建联动单位、社区企业，发动社区慈善家、热心人士，举办表彰奖励活动，提高企业单位的社会责任感和荣誉感，促使社区企业主动支持社区服务。2022 年 4 月至今，共收到慈善企业捐款 11.3 万元。

多措并举的资金筹集方式，使社区基金更充实，促使社区治理更快落到实处，社区基金能有效解决社区资源缺乏问题。2022 年至今，万丰社区利用社区基金进行了口袋公园、生命通道、"焕新之路"、邻里时光花园、适老化设施改造等项目。此外，慈善团体捐赠物资折合人民币 10 多万元，为社区添置了微型消防柜，完善了社区消防安全设备配置。同时，开展了多次退休老党员、困难群众、特殊群众的慰问活动，为困难未成年人实现了微心愿。

4. 开启"焕新之路"，美化社区环境

万丰社区通过渐进式的环境改造，以问题为导向，通过"以主带次""点线结合""以旧改旧""活化利用"等方式，在空间上美化社区环境，提升环境质量，实现了环境资源利用的最大化，在思想上给予居民新的认识，激活居民对公共空间的保护和利用，特别是对共建共治共享的理念理解更加深入。

（1）打通生命通道，提升安全环境。为了保障车辆行人出入安全，在万丰社区党委的组织下，利用 2.8 万多元社区基金在万丰社区 2 所幼儿园周边区域及主干道打造生命通道，设置安全标识牌并在路面画黄色警示线。除了在人流较多的幼儿园，社区党委还链接政府专项资金 3 万元，同步规划打造贯穿东城北街和东城中街主干道的生命通道。

（2）以旧改旧，美化亮化社区环境。美饰工程从口袋公园途经东城中街、万丰路至党群服务中心。在不改变原有结构的基础上，通过手绘、涂刷、装饰等，对沿街旧墙体粉饰、树池修复美化、破损路面修复等进行一系列的"以旧改旧""活化利用"，打造"五社联动"关爱儿童、助力社区环境治理的特色宣传阵地。社区党委经过筛选后，聘请有丰富城乡美化经验的设计公司进行施工，并由"五社联动"委员会对施工过程进行监督，由社区居委会、社会工作者、社区志愿者全程跟进，保证了施工质量和施工效果与设计理念相符，项目共投入 9.8 万元社区基金。

（3）施展"绣花"功夫，打造"一百米一景观"。以"点线结合"的方式，开展社区邻里时光花园"绿化角"改造，促进社区生态文明可持续发展，该项目是"焕新之路"的点睛之笔。此行动盘活社区有限绿色空间外，还提出了"携手美化"和"认养"的理念，以社区基金助推，将小区绿化角的管养权交给群众，以共筹共管、对口认养的方式，实现绿化质感的提升，目前，公共绿化角均由幼儿园、商户和志愿者参与管养，部分沿街商户门前添绿的意识也逐渐增强。

经过几个月的改造，"焕新之路"将社区、群众、企业、社会组织链接起来，将社区基金、慈善资源、多元力量进行汇聚，强化了"党建服务引领、社区基金助推、慈善资源支持、多元主体参与、社区居民受益"的运行模式，并在多方配合下顺利实施，在建设"美丽社区""和谐社区""慈善社区"的道路上又迈进了一大步。社区环境的美丽蜕变，改善了社区商企的营商环境，提升了居民的生活质量，提高了参与社区建设的积极性，社区焕发出新的生命力和活力。

（四）成效与启示

万丰社区的美丽蜕变，是社区各方力量共同努力的结果，没有社区各方力量的参与和支持，难以产生如此高效、快速的转变。要坚持党的领导，立足居民需求，要创新工作思路，善于挖掘、整合资源，硬件改造和软件建设齐头并进，推动基层社会治理创新，探索可持续发展的道路，打造共建共治共享的社会治理格局。

一是强化党建引领，要以党建引领为核心，健全党的领导，把党的领导贯穿始终；要牢记"以人为本""一切从人民群众的根本利益出发"的初心，以民需为出发点，以为群众办满意的事、办喜欢的事为目的，开展社区治理工作。民众的支持和认可是有效开展社区治理的前提和基础，要畅通政民信息沟通渠道，充分倾听居民诉求，从服务、内容、形式上解决社区居民关心、关注的问题，增强人民群众的获得感、幸福感和安全感，提升基层社会治理水平。

二是转变工作思路，将被动服务变为主动出击，杜绝"坐、等、靠"等被动模式，积极调动社区慈善力量，深挖激励潜在的慈善资源，充分发挥社区基金在整合公益资源、拓宽慈善渠道、改善社区民生等方面作用，增强社区活力。进一步强化社区主体意识，推动社区居委会、社会工作者、社会企业、社区组织、社区群众等社区主体形成合力，广聚民智、汇聚力量、整合资源，搭建共建共治的平台，为社区主体提供帮扶和支持后盾，共同服务基层社会治理，让社区服务更专业、更多样、更高效，打造共建共治共享的社会治理格局。

三是创新方式方法，在项目实施前，要科学规划、因地制宜，聚焦群众所盼、解决群众所需，还要探讨更深层次的社会认知问题，促进居民思想焕新，推动慈善社区建设。要以全局思维服务社区建设，统筹兼顾、多措并举，从行动上聚焦、制度上完善、监督上保障，形成可持续发展的道路，为持续推进慈善社区建设提供方法和路径。

四、大龙社区——以特色社区资源筹集模式驱动社区慈善发展

（一）社区背景

番禺区石碁镇大龙社区位于石碁镇中心，社区面积约 0.4 平方千米，辖岐山中路小区、龙基花园、富怡苑、加富花园和瀚御居等多个楼盘，常住人口 10000 人。社区内建有 7 个老旧小区，小区建筑多是在 1990 年至 2000 年建成。由于社区内人口众多，小区基础设施老化严重，社区邻里关

系冷淡，小区居民与物业管理服务公司之间经常会产生矛盾，这些都成为大龙社区治理工作中的障碍。

（二）社区困境

社区整体特点可以概括为一"旧"一"新"，一"多"一"少"，"旧"指的是大龙社区为老旧小区，建筑普遍建成于20世纪90年代，设施老化、利用低效、设备不完善。"新"指的是近几十年来，社会快速发展，大量外来人口涌进，不同地区的人和风俗为老社区带来了邻里关系疏远、社区归属感淡薄等新问题。"多"指的是社区需要关注的群体多，亟须解决的问题多。如社区长者比例占12.45%，为老龄化社区，存在上楼难的问题；又如社区部分区域为监控盲区，存在一定安全隐患；再如社区唯一的"乒乓球场"设施老旧，难以满足居民日常健身需求；"少"指的是社区民间服务力量相对薄弱、零散，居民参与社区事务的途径少、参与度低。

（三）主要做法

2022年4月，大龙社区成为"五社联动·家园助力站"项目的试点社区。全面开始试点工作后，依托社区基金的慈善资金，大龙社区有实质性"零"的突破。大龙社区探索出"居民自主发起活动自筹一部分+社区基金配合资助一部分+链接爱心单位捐助一部分"的社区活动资源筹集模式，不仅充分发挥了社区居民、队伍与组织开展活动的自主性与积极性，逐步改变以往单方面自上而下推进活动、居民被动参与的局面；同时也一定程度上缓解了社区基金资源有限的问题，充分调动了社会各界慈善主体参与，这一模式对更大范围的社区活动推广具有示范作用，在实践中不断完善与丰富大龙特色社区活动资源筹集模式。

1. 创新社区慈善募捐队，开展多元化筹募

大龙社区通过成立社区慈善募捐队，在社区居委会和社会工作者的协助下开展线下募捐活动，定向走访社区热心企业家，在线上通过参与各类公益募捐活动，撬动社区内外热心人士带头捐款，成功筹集社区慈善资金超7万元。

（1）发挥社区党组织战斗堡垒作用，调整大龙社区基金管委会成员架构，使管委成员更加多元化。由社区党委书记担任大龙社区基金管委会主任，管委会成员还包括社区党员代表、社会工作者、社区企业代表和社区志愿者代表。管委会成员对于社区基金的筹募发挥带头作用，并发动了社区党员、居民代表和热心企业家参与捐赠。

（2）建立专业化的大龙社区日行益善社区慈善募捐队。2023 年 2 月，在社区居委会和社区社会工作者的推动下，大龙社区成立了首支社区慈善募捐队。社区慈善募捐队成员共 26 人，由社区党员代表、居民代表、企业代表和社区热心慈善公益的志愿者组成，通过开展筹款系列专题培训，使募捐队的志愿者更加专业、规范地开展社区慈善资源募集工作，为大龙社区解决社区治理问题提供充分的资金支持。通过腾讯"99 公益日""羊城先锋""广益联募"等线上平台筹款，定向走访辖区企事业单位等方式进行筹款。

2. "志愿"合力，赋能社区建设

（1）完成大龙社区社会组织培育基地改造。通过争取上级政府支持，链接政府资金 100 万元对大龙社区原有闲置场地进行改造，现已基本完成。基地设有会议室、图书馆、活动室等场地，为社区内的社区社会组织、社区志愿者等提供培育、孵化及服务的空间，并解决居民长期缺乏公共室内交流、活动空间的问题，有利于促进社区社会组织和志愿者的专业发展，提升居民对社区的满意度与归属感。

（2）社区基金助力开展大龙社区微创投大赛。本次大赛吸引社区内外 7 家社区社会组织参与申报，经评审最终 4 家社区社会组织成功获得 12938.3 元社区基金资助开展社区服务，有效利用社区基金缓解社区居民实际需求。

（3）组建大龙社区日行益善社区慈善募捐队开展筹款工作。大龙居委会发挥组织力量，带领社区内 26 名热心社区慈善的志愿者，参与专业的慈善劝募培训，储备必要的劝募志愿服务知识，并最终组建成专业、规范的社区慈善募捐队。志愿者通过"99 公益日"、公益集市等"线上+线下"

结合的形式开展劝募工作，截至 2023 年 8 月 10 日，共发动 8 家社区企业、7 家社会组织、203 名爱心人士筹集社区慈善资源。

3. "慈善"聚力，激励社区参与

（1）表彰激励社区志愿者及志愿者队伍。首先是开展志愿者表彰活动。自 2022 年 4 月起，大龙社区共招募 1695 名志愿者，建立 5 支志愿者队伍，825 名志愿者参与社区各项志愿服务，服务居民 23826 人次。为感谢志愿者对社区治理工作的支持，增强社区志愿者及团队归属感和荣誉感，提升志愿团队的凝聚力，大龙居委会开展了"志愿从心，用爱循环"志愿者表彰活动，使用社区基金购买活动物资和表彰礼品，用于奖励社区优秀志愿者和志愿服务队。其次是开展大龙社区"积分兑换"制度宣传与落实。

（2）开展特殊困难群众志愿帮扶工作。每季度定期开展困难群众关爱服务，如石碁镇大龙社区特殊困难群众帮扶活动、"慰问入家门　关怀暖人心"活动等，使用社区基金购买慰问品，包括生活用品、米面粮油、防疫物资等，以组织志愿者入户探访的形式将慰问品送到困难群众手中，以表达对社区困难群众的关爱，营造"爱心社区"的良好氛围。

（3）社区社会组织孵化和培育。自 2022 年 4 月起，大龙社区发掘和组织社区 5 个志愿者团队组成志愿服务队伍，社区以志愿服务系统为依托、社区为平台，根据社区社会组织发展需要和社区实际需求，开展不同的志愿服务。让社区社会组织通过"实践+总结"，提升组织参与社区事务的能力，同时满足社区实际需求。为强化志愿者团队持续参与社区事务的意愿，在大龙居委会的号召和社会工作者的协助下，以上志愿服务队伍，按照镇街的要求，完成社区社会组织备案，成为大龙社区内的社区社会组织。为激发社区社会组织活力，为社区社会组织赋能，大龙居委会搭建志愿服务平台，共覆盖"三人成团"主题服务、社区防疫服务、社区安全教育服务、文体发展服务等方面，如开展社区消防演练活动、篮球队培育（日常训练及参加篮球赛事）等，使社区基金惠及社区居民，有效地提升了居民的消防安全意识，并促使全民健身氛围日益浓厚。

4. "治理"发力，解决社区问题

（1）建立楼长议事机制，利用社区基金解决社区问题。由楼长收集社区居民需求和社区问题，在居委会协调和社会工作者引导下，针对"石碁镇大龙社区富怡一区老旧小区存在监控死角的问题"，开展 4 场楼长议事会，进行解决讨论。最终在多方协调和沟通下，成功推动富怡一区业主委员会捐赠折合价值 16260 元的监控设备，同时由大龙社区基金资助 2 万元，为富怡一区监控死角区域安装监控设备，有效解决富怡一区居民反馈的安全隐患问题。

（2）建立居民议事机制，利用社区基金解决社区问题。在社会工作者的引导下，居民针对"石碁镇大龙社区富怡一区乒乓球场围栏破旧问题"开展了 2 场居民议事会讨论，并最终在居委会协助下，顺利申请大龙社区基金资助，切实解决"石碁镇大龙社区富怡一区乒乓球场围栏破旧问题"。

（四）成效与启示

大龙社区以"五社联动·家园助力站"项目为契机，发挥党建引领作用，用好用活社区基金，激发社区内在活力。首先是打造更多社区居民喜闻乐见的社区服务品牌活动与项目。在符合条件的情况下，将重启大龙社区有着悠久历史的春节敬老品牌活动。同时孵化或深化面向不同年龄段、不同群体特点的社区活动，如面向青年人群，扩大篮球队伍，开展系列篮球比赛；其次将前期社区活动开展探索出的"居民自主发起活动自筹一部分+社区基金配合资助一部分+链接爱心单位捐助一部分"的社区活动资源筹集模式向更大范围的社区活动推广，充分发挥社区居民、队伍与组织的自主性与积极性。

同时，要进一步拓展社区基金的筹募方式，促进更多居民与组织参与捐赠。首先在筹款理念上，继续秉持面向不同捐赠实力的捐赠人"每次捐赠不大额（相对其捐赠实力而言），细水长流久支持"的筹款理念。其次在筹款方式上，在原有的线上平台筹款、线下活动筹款、定向爱心企业劝捐等方式的基础上，进一步探索由社区党委书记带头、以社区慈善募捐队为主，面向辖区内商铺、企业、居民个人上门开展社区基金宣传与联合劝募，同时尝试包括运动筹款在内的多种新型筹款方式。

五、新水坑村——以环境治理助力乡村社区慈善发展

（一）社区背景

大龙街新水坑村位于省道市新路旁，毗邻旧水坑村，交通便利，地理位置优越。辖区面积 1.8 平方千米，由南约坊、谨岗坊和大巷坊 3 个自然村组成，有 7 个村民小组，户籍人口 2412 人，流动人口约 1.1 万。目前，村内共有商事主体 1000 家。2020 年村集体总收入达 4800 万元，农村人均分红 1 万元。

过去的新水坑村，经济落后、环境脏乱，村"两委"在群众中威信不高。党的十八大以后，新水坑村从加强党组织建设入手，选好配强"两委"班子，并以环境建设为突破口，不断加强各项基础配套设施建设，切实加强乡村治理。近年来，在各级党委、政府的关心支持下，新水坑村干群团结，按照"先美环境聚民心，再上项目活经济"的发展思路，先后投入 5000 多万元，完成了公共基础设施"七化"建设和公共服务设施"五个一"工程，实现了村庄智能封闭管理，基础配套设施日臻完善，人居环境大大改善。随后，又通过整合村组二级经济，实施"三旧改造"，将低产值旧厂房、旧物业改造成综合写字楼、标准化厂房和临街商铺，发展绿色低碳产业，实现了农村集体经济增收和农民个体增收。2019 年，村固定资产突破 3 亿元，较 2007 年（下同）增长 19 倍；村集体收入 4508.57 万元，增长 12.3 倍多；村民年人均收入达 40560 元，增长 4 倍；村民年终分红也增加至 8500 元，增长 9.6 倍。新水坑村以党建带动农业各项事业发展，先后被评为"广东省文明村""广东名村""广东省宜居示范村庄""广东省健康促进示范村（居）""广州名村""广州市观光休闲农业示范村"，村党支部也被评为"广州市创先争优先进基层党组织"。

（二）社区困境

过去新水坑村是有名的脏乱差农村，当地有句老话是"新水坑不新，旧水坑不旧"。主干道坑坑洼洼、杂草丛生，一下雨就会积水，给机动车

及行人通行造成严重不便；内街巷狭窄潮湿，电线杂乱如蜘蛛网一般，村民走在路上有明显不安全感；村内垃圾遍地，卫生情况较差；同时村内晚上没有路灯，到处黑漆漆的，治安较差，经常发生打架抢劫的事情，村民晚上基本待在家里不敢出去。在这种较差的村情村况下，新水坑村长期的脏乱差难以推动经济发展，村里年轻人大量外流，村落凋敝。

由此可见，新水坑村在环境脏乱不堪的情况下，经济得不到发展，村内年轻人外流，并任由脏乱差的村容村貌延续，因此也并未形成良性的社区治理机制，环境的破坏和乱象凸显村内相关部门的责任缺失和懒政，未对新水坑村的环境问题进行治理，对主干道、村内街巷的治理不到位，路灯等基础公共设施的不完善也显示出新水坑村经济发展较为落后。治理能力的缺乏、环境恶劣与经济落后相辅相成，导致了新水坑村以往较差的发展局面。同时，由于上述问题的长期存在而得不到解决，村内治安也得不到保障，导致新水坑村村民晚上"闭门不出"，极不利于良好乡村氛围的营造，破坏了新水坑村"熟人社会"的乡村关系建构。可见村"两委"对新水坑村的引领主导作用未能有效带动新水坑村的发展，乡村社会组织缺乏，村民公共意识尚未形成，乡村企业较少，未形成良好的乡村治理生态。因此，发现和总结新水坑村当前问题，梳理和归纳新水坑村及居民的现有及潜在需求，挖掘和链接新水坑村的资源，建立一套符合新水坑村实际情况、适合新水坑村发展的乡村治理机制，是新水坑村摆脱以往脏乱差、环境恶劣的旧农村形象的必由之路。

（三）主要做法

面对新水坑村环境脏乱、治安状况较差、村内公共基础设施不健全、产业粗放经济落后等问题，新水坑村破釜沉舟，以壮士断腕的姿态开始推进多元主体参与的乡村治理机制，期望通过具有党建引领、乡村主导、系统性、参与性、协同性等特点的乡村治理机制，从里到外重新营造村民积极参与、村内治理生态完善的"新"水坑村。

在推行乡村治理机制初始阶段，新水坑村以良好的"两委"班子作为保障，但由于缺乏相应经验，新水坑村"两委"班子前往番禺区其他基层社区（村），深入学习其他社区（村）的优秀基层治理经验，取其精华，同时结合新水坑村"两委"优势、村工厂企业示范作用强的情况，逐渐形成了以村和村工厂企业为驱动的乡村治理模式。

1. 党委主动作为，促进社区慈善

新水坑村党总支坚持以党建引领为核心，整合辖区内多种资源，以村党组织为核心，联动新水坑村"两委"成员、党小组长、社会工作者、社会组织、社区企业等骨干村民代表定期召开工作会议，共同解决社区治理存在的问题。

（1）选好配强村级班子，引领农村跨越发展。自 2008 年开始，新水坑村在上级党委的带领下，开始组建"能人班子"。特别是党的十八大后，新水坑村不断选好配强农村领导班子，目前，新水坑村"两委"、理事会成员共有 6 人，全部是经济能人或具有一技之长。在能人班子的带领下，新水坑村通过"四个培养"（把农村能人培养成党员，把党员培养成能人，把党员能人培养成村干部，把优秀村干部培养成村党组织书记）和农村党员"321"工程（对农村党员加强三项教育，每名有能力的农村党员联系两户群众，参加一个党员服务小组），不断加强党员队伍管理、坚持以制度管权管事管人、发扬党内民主和密切联系群众，党员群众干劲十足，形成了敢于发展、善于发展的良好局面，村务管理、乡村治理、集体经济发展、农村环境整治等方面也取得了长足进步。

（2）领导统筹村级事务，做好农村顶层设计。在组建好一支能力强、干实事、成效高的领导班子后，新水坑村根据已有班子成员进行有效的组织领导，搭建社区慈善主体多元合作联动机制，明确各主体分工。对接新水坑村的村级与居民需求，定期开展村民群众的需求摸查工作，收集村民对于社区公共事务、公益慈善服务等方面的意见和建议。同时，发挥议事厅作用，联动新水坑村"两委"成员、党小组长、社会工作者、社会组织、社区企业等骨干村民代表定期召开工作会议，听取各方主体关于社区慈善联动发展的建议，联动共同解决社区存在的困难，推动新水坑村社区慈善事业的发展。

2. 多元主体合理分工，联动参与乡村慈善

新水坑村在探索社区慈善模式的过程中，梳理本地乡村资源，以新水坑村需求为导向，通过发挥新水坑村不同慈善主体的优势、注重慈善主体间的协同作用，形成乡村慈善的独特优势和力量，打造具有新水坑村特色的乡村慈善模式。

（1）社区（村）居委会完善发展思路，制订顶层设计方案。新水坑村村委会在推动新水坑村社区慈善发展的过程中，主要发挥了以下作用。首先，在新水坑村党委的领导下，社区居委会真抓实干，努力实现赋能社区能人，重点聚焦提升村内环境秩序，在美丽乡村的基础上，实现人本治村、科技治村、文化活村。新水坑村确立了"先美环境聚民心，再上项目活经济"的发展思路，积极争取上级资金扶持，先后投入 5000 多万元，完善村容环境和各项基础配套设施。其次，新水坑村村委会统筹落实相关工作，扎实推进基层民主管理，发挥社会工作者与村民群众的纽带作用。新水坑村村委会整合辖区多种资源，以村党组织为引领核心，联动党小组长、社会工作者、社会组织代表、村级企业等骨干村民代表定期召开工作会议及村民代表大会，将农村经济发展、社会管理和项目建设等重大事项，全部交由村民代表集体研究决定，共同解决新水坑村社区发展存在的困难。

（2）社会组织协调乡村慈善主体联动。新水坑村社会组织目前主要围绕社区社工服务和村民活动等内容开展服务，已孵化培育乡村社会组织如颍川乐社、新水坑村篮球队、爱心互助队、残疾人协会等，新水坑村社会组织有效联动村内活跃治理示范企业，如广州市广坤电器制造有限公司、广州佰优电器有限公司、山姆会员店等积极在村内组织开展文娱体育活动，新水坑村篮球队、村工厂企业员工、村民积极参与，新水坑村多元主体参与社区慈善工作不断推进与完善。新水坑村社会组织所组织开展的活动联动了乡村社会组织本身、农村企业、村民等多个乡村慈善主体，为新水坑村慈善主体联动提供了有效"润滑剂"，为乡村慈善的可持续治理提供后续强劲动力。

（3）社会工作者为乡村社区慈善事业提供专业力量。大龙街道办事处购买了社会服务机构驻点社工服务站服务，依靠"一社区（村）一社工"原则，常态化为新水坑村开展社会工作服务。目前，已在新水坑村组建6个乡村社会组织，开展乡村治理工作。结合新水坑村实际，新水坑村驻村社会工作者主要从社区服务、乡村垃圾分类、新水坑村环境整改等多方面开展服务。新水坑村社会工作者关注低保家庭等特殊群体，关心老人生活，每逢节日，通过新水坑村基金定向资金购买慰问品，由新水坑村社会工作者、爱心互助队、志愿者服务队等共同向低保家庭、失独家庭、社区长者等特殊群体派发慰问品。另外，针对垃圾分类与环境整改等乡村治理工作，社会工作者联合村"两委"、社会组织、村厂企业负责人与村民，发动全村，在村民参与村级事务的过程中，广泛吸取经验，最终形成了新水坑村的村规民约，并在村民大会上顺利表决通过，社会工作者在其中起到了链接村级资源与乡村主体、引导村民专业规范、共同参与村规制定的作用，凸显了社会工作者在新水坑村乡村社区慈善事业建设中的专业力量。

（4）社区企业助力乡村振兴。在新水坑村组建一套能人治理的新班子后，新水坑村党委与村委会在治理过程中逐渐认识到村级工厂企业资源的重要性以及村级工厂企业参与乡村慈善的重要力量，主动链接辖区内21家村工厂企业，组成村企服务队，以多种形式共同开展新水坑村治理和慈善工作，主要包括村工厂企业资源发挥、高度配合新水坑村经济发展规划、配合新水坑村进行环境整治。首先，在连续两年开展的"决战脱贫攻坚助力乡村振兴"慈善捐款活动中，新水坑村工厂企业主动承担企业社会责任，捐助款项9670元。其次，新水坑村工厂企业将资金投入新水坑村基金，为新水坑村日常防疫工作、困境群众服务及乡村节庆活动等乡村治理事务提供有效的资金支持，为新水坑村的治理发挥新水坑村工厂企业力量。另外，新水坑村工厂企业与村"两委"积极联动，高度配合村"两委"对新水坑村的顶层设计，积极主动调整企业发展思路，进行产业结构升级调整，配合新水坑村"腾笼换鸟"，盘活旧厂房建成综合写字楼和标准化厂房，并将村里旧商铺、旧厂房改建成临街商铺和写字楼，促进新水坑村的乡村现代化发展。同时，村工厂企业积极配合新水坑村的环境整治规划，如村环卫保洁公司做好村内"四害"消杀、河涌水体保洁、卫生死角治理等工作；村工厂企业配合村委会规划，拆除景观主线的违章飘篷广告，规范招牌设置，清洗建筑立面，并利用闲置地、边角地，见缝插绿，提升新水坑村整体形象。

（5）社区慈善基金撬动慈善资源服务特殊群体。新水坑村慈善基金于2020年成立，定向用于新水坑村村民防疫工作、帮扶兜底群众服务和节庆活动等公益慈善项目。新水坑村村委会广泛发动村工厂企业、村民积极参与新水坑村治理，宣传推动村工厂企业承担企业社会责任，共同为新水坑村基金捐助善款，合力助推新水坑村的治理与发展。通过新水坑村慈善基金，对新水坑村内困难儿童、残障人士、低保家庭等特殊群体提供微心愿、居家微改造及技能提升等服务。

3. 村企共治村貌，人人共享美丽乡村

新水坑村村容村貌的极大改善，离不开村"两委"与村工厂企业代表的推动。新水坑村党委与村委会确立了"先美环境聚民心，再上项目活经济"的发展思路，先后投入5000多万元，完善村容环境和各项基础配套设施。村工厂企业在新水坑村"两委"领导下，积极配合开展村容村貌的建设与美化，完善多元主体参与社区慈善和社区治理的机制，共同致力于营造共建共治共享的新水坑村乡村慈善和乡村治理格局。

（1）积极推进公共基础设施"七化"建设。按照名村创建和美丽乡村建设的有关标准及要求，新水坑村改造了全村的下水道、村民户厕、自来水管网、公共照明设施和垃圾处理设施，新水坑村辖区内的工厂企业积极配合，实现了村内道路硬底暗渠化、农村路灯光亮化、自来水供应普及化、生活排污无害化、垃圾处理规范化、卫生死角整洁化和通信影视"光网"化，使全村生态环境不断改善。

（2）着重做好公共服务设施"五个一"工程。目前，新水坑村已建成新水坑生态公园、文化中心、文化广场、政务服务大厅、无害化公厕、篮球场、休闲绿道等十多项民心工程，惠及全村村民，为群众生活出行和休闲锻炼提供便捷服务，最大限度提升村民在新水坑村的幸福感、获得感和安全感。同时，新水坑村工厂企业通过新水坑村基金的定向捐助，对新水坑村生态公园、篮球场等场地定期维护，有效通过生态治理改善乡村环境，提高村民的生活环境福祉。

（3）深入推进环境秩序治理。村"两委"成员高度重视干净整洁平安有序工作开展，联动村内物业公司组建物业部巡查队负责全村卫生及秩序巡查督导工作，发现问题立刻整改；充分发挥党员干部的带头作用，带领村民自觉参与环境秩序治理，全村范围内共设置 17 个垃圾分类定时收集点和 8 个误时收集点，配套实时监控和语音提示及洗手池，创建农村生活垃圾分类和资源化利用示范村；采用多途径宣传环境整治工作，联动新水坑村企业共同宣传弘扬良好的环境卫生习惯，在派发宣传单、现场摊位宣传、定期培训、LED 宣传栏滚动播放宣传标语等活动基础上新增短信和微信等新媒体宣传方式。

（4）积极实施主干道景观提升工程。新水坑村工厂企业在村"两委"的领导下，拆除景观主线的违章飘篷广告，规范招牌设置，清洗建筑立面，并利用闲置地、边角地，见缝插绿，提升村庄整体形象，通过新水坑村多社联动，促进新水坑村形成人人参与、人人尽责、人人享有的乡村治理格局。目前，一个环境优美、配套成熟、宜业宜居的美丽乡村已经成型。

4. 村企共建经济，提高村民生活水平

新水坑村村干部积极发挥懂经营、善管理的优势，积极整合村内资源，联动村内辖区工厂企业，用活各类政策，借鉴村内企业的企业化理念经营发展村集体经济。一是集约利用土地。村党支部牢固树立"从存量找增量"的观念，联动村"两委"班子、村民代表、党员代表、社会组织代表、企业代表、社会工作者代表等新水坑村利益相关方，共同制定村规民约（热爱祖国，建设家乡；遵纪守法，维护公德；讲究卫生，爱护公物；热心公益，助人为乐；尊老爱幼，邻里和谐；相信科学，移风易俗；举止文明，礼貌待人；创新创业，奋发有为），不占用一分耕地发展经济，把所有耕地留给子孙后代。二是整合村组两级经济。一改原来实行的村组两级经济分开，7个村民小组各自经营土地，经济效益不高的局面；着眼统筹资金、整合资源，整合各村民小组的资产资源，由村集体统筹管理，实现集约化经营。三是做好城市更新改造文章。新水坑村积极调整发展思路，充分利用城市更新改造政策，新水坑村工厂企业积极联动配合，协同新水坑村实现"腾笼换鸟"，赢得发展先机。新水坑村辖区内工厂企业先后盘活旧玻璃厂厂房，建成2.6万平方米的综合写字楼和标准化厂房，并成功将动漫、化妆品等高新技术产业引进本村，推动新水坑村实现产业转型。在村"两委"领导下，将旧商铺、旧厂房改建成近3000平方米的临街商铺和写字楼，租金收入增长4倍。时尚创意产业园工程亦正在有序推进。此外，新水坑村还建设环村自行车绿道，大力发展饮食、娱乐等休闲产业，精心打造工业聚集区域的休闲型"后花园"，走出一条绿色、低碳的发展新道路。经过努力，村集体总收入从2007年的338万元增加至2020年的4800万元，增长13.2倍；村民的股份分红也从2007年的800元增加至2020年的1万元，增长11.5倍。

5. 乡村联动治理，打造和谐家园

新水坑村始终坚持"以人为本"的治村方略，以党的十八大、党的十九大精神为引领，不断优化村级社会管理服务，并在"五社联动"社区治理机制下，联动乡村各慈善主体，营造和谐的人文乡村氛围，形成人人有责、人人尽责、人人享有的新水坑村治理共同体。新水坑村在新一届领导班子带领下，深度挖掘新水坑村的历史人文资源，通过多元主体参与的模式，党建引领、村委会主导、村工厂企业带头、村民积极配合、乡村社会组织与社会工作者协同、新水坑村基金支持，协同参与"人本治村、科技治村、文化活村"。

（1）人本治村。新水坑村"两委"扎实推进民主管理，积极实施"六步工作法"（党支部提议—村"两委"联席会议—党员大会审议—议案公告—召开村民会议或村民代表会议—结果公布），通过民主协商和民主决策，建成现代化的新水坑村村民议事厅、户外 LED 直播显示屏，方便新水坑村开展基层民主议事，丰富新水坑村户外生活，有利于展示新水坑村乡村治理的成果。同时，新水坑村坚持每月至少安排党员过一次组织生活，召开一次村民代表会议，将新水坑村治理、经济发展、社会管理和项目建设等重大事项，全部交由村"两委"、村民代表、村工厂企业代表、乡村社会组织代表、社会工作者代表、新水坑村基金管委会等多方集体协同研究决定。另外，在村"两委"主导下，新水坑村社会组织与社会工作者对村民与村工厂企业需求进行调查。村"两委"综合村民和村工厂企业的需求反馈及意见建议，推出多项便民服务，包括建成村级一站式政务服务中心和五星级计生服务站、设置农村"三务"公开触摸查询屏、开通了 5 条公交线路，实现公共交通与城区无缝对接、升级改造村级学校和幼儿园软硬件设施，使全村适龄儿童入学率达 100%，为全体村民购买新型合作医疗保险和意外险，并实行股东住院医疗二次报销，为 35 岁及以上村民购买社会养老保险等。村"两委"对村民、村工厂企业等新水坑村慈善主体的需求调研，村民代表、企业代表、社会组织代表、社会工作者代表、新水坑村基金代表等民主表达与民主治理、民主决策，以村"两委"及村工厂企业为主的多元主体共同参与新水坑村的治理，在宏观层面统筹了村级治理力量，村级慈善主体的联动激活了村级善治动能，微观上推动新水坑村环境、经济的改善，切实增强了村民的幸福感与获得感。

（2）科技治村。村"两委"采用智能动态封闭式系统管理新水坑村，村级企业在全村设置智能化封闭小区式管理系统和大型出租屋智能门禁系统，并对全村治安视频监控摄像头进行升级改造和对盲点重点部位加装新探头，提升治安科技含量。通过组建新水坑村综合治理巡查整治队伍，由企业员工、党员先锋、村民组成志愿者队伍，加强重点区域巡逻防控，全面排查消除各类安全隐患，优化新水坑村治安状况，极大提升了村民的安全感。

（3）文化活村。将保护历史建筑与开展各类精神文明创建活动有机结合，村内部分建筑企业负责修缮广誉陈公祠、南潮陈公祠、林隐古厅及北帝古庙，将其打造成老人活动中心和颖川乐社等乡村社会组织场地，并定期邀请文化部门送戏下乡，免费开放各类文化体育设施，建立"新水坑村道德讲堂"，丰富村民的业余生活，引领文明向上的风尚，推动新水坑村构建完善的乡村善治生态。

六、大山村——推动社会融合的社区慈善模式

（一）社区背景

大山村位于大石中部，辖区面积 1 平方千米。相传建村于北宋建隆元年（960），因村建于大山之墩，故名大山墩，后改称大山。大山村姓氏众多，有 115 个姓氏聚居于此，主要姓氏有杜、叶、李、陈、梁等，而且建有 5 座不同姓氏宗族的祠堂，是名副其实的"百姓村"。经过多年发展，大山村发展出了"包容（外来人口多，是本地人口的 10 倍）、共荣（村民多姓氏、多宗族，但相处融洽）、平衡（以新光快速为界，西部主要发展商业，东部主要发展工业，两条腿走路，协调发展，龙舟等传统文化仍然得到很好的保留）、互补"四个文化特质，"和美大山·和合共生"亦由此成就了大山村特有的"和"文化品牌，主要体现在"百姓和"、"产业和"、"文化和"及"环境和"。

大山村悠久的发展历史加之便利的工作、生活条件，吸引了大量人口来此居住。大山村本地户籍人口 3283 人，外来人口 6 万多，是番禺区规模较大、治理难度较高的城中村之一。2011 年，全村实现区域企业生产总值 86060 万元，村级集体经济总收入 2850 万元，农民人均收入 10581 元，村年终股份分红人均达 4800 元。

近年来，大山村充分发挥区位优势，整合利用有限的土地资源，致力发展第二、三产业，先后建成了建华汇商贸城、伟讯电子城等商业项目。同时，该村注重强化基层管理服务，全面推进经济社会各项事业稳步发展，先后荣获"广州市巾帼献才建功先进集体""广州市先进卫生村""番禺区信访工作先进单位"等光荣称号，并率先在番禺区建成"五优"幸福人口文化园、五星级人口计生服务室。

（二）社区困境

大山村是番禺区大石街道 14 个"城中村"之一，是管理难度最大的"城中村"，尽管面积只有约 1 平方千米，但登记在册的来穗人员有 6 万多人，辖区内实际服务总人口超过 10 万，每日产生各类垃圾约 65 吨；村内有出租屋 3163 栋 47612 套，人员结构复杂；邻近大石地铁站和在建的大石轻轨站，地铁站每天人流量约 10 万人次；辖区内还有大山西涌和大山东涌两条重点黑臭河涌；村内治安形势严峻，警情量连续数年位居全区前列。大山村不仅属于典型、大型的"城中村"，也曾是软弱涣散党组织整顿村、涉黑涉恶突出问题重点整治村、环境秩序脏乱整治村。由于外来人口多，大山村缺乏完善有效的治理机制，导致大山村以往秩序乱、环境差、治安严峻、产业低端等问题突出，是番禺区治理难度最大的"城中村"之一。

从大山村的村内人口结构组成、地理位置、资源构成分析可以看出，大山村承载了数量巨大的外来人口，但由于缺乏完善的乡村治理机制，未对大山村的村情概况进行系统梳理，对于外来人口缺乏有效的乡村管理服务治理机制与社会融合机制，导致大山村外来人口始终是"外来人口"，未有效培养外来人口的主人翁意识，导致其与大山村本身缺乏感情链接、责任链接与治理链接，因此导致大山村秩序乱、环境差、治安严峻、产业低端等问题。

（三）主要做法

针对上述问题，大山村的社区慈善事业发展着力于异质群体的社会融合工作。起初，大山村村委会及其他慈善主体都缺乏有效经验，辖区企业以老旧产业生产工厂为主，其他大多为零零散散的小商铺，大山村辖区内的工厂、企业、商铺整体缺乏乡村治理意识。大山村本地村民与外来务工人员也对大山村缺乏主人翁意识，本地村民认为，大山村外来务工人员太多，尽管是大山村村民，但感觉不是"自己的"大山村，外来务工人员认为，大山村只是他们下班回来的落脚点，本身就不是大山村的一分子，与大山村缺乏融合。整体而言，大山村村委会与其他慈善主体认为社会融合发展工作难以下手。

大山村摸着石头过河，从问题入手，面对大量外来人口同时缺乏社会融入机制的情况，通过整合村内现有资源、找出大山村乡村发展治理的问题与根源，了解村民及外来务工人员的需求，并联动村"两委"、社会工作者、乡村社会组织、乡村企业、大山村基金等慈善主体，逐步探索出了一条大山村承载大量外来务工人员的乡村发展路径，摸索出了大山村独有的社会融合发展的社区慈善模式。

1. 党群联动共治理，改善乡村"软弱涣散"状态

大山村作为区内软弱涣散党组织整顿村之一，番禺区派驻了第一书记到大山村驻点。推动大山村综合治理能力提升，加强基层党建是首要任务，也是关键一环。区、街、村三级书记联动，调动资源形成合力，以党建引领，共同推动大山村基层治理工作顺利开展。通过努力，大山村党总支战斗力得到明显提升，党员面貌实现较大改观，一核多元"五社联动"治理机制中的核心得到巩固，党群共治合力得到增强。

（1）推进"四议两公开"，实现党群共商。大山村制定了党群议事表决项目清单，规范运用"四议两公开"①，村级重大事项决策必须经过决策事项提议、班子联席会议初步决策、党群联席会议民主协商、党员大会审议、村民或股东（代表）大会决议、公开执行与监督，形成党组织领导下的村民议事决策长效机制，保障党员群众的知情权、参与权和监督权。建设规范化村级档案室，保证议事决策档案和党务工作档案的真实、完整、规范。

（2）推进"支部建在网格上"，实现党群共建。大山村构建了"大山村党总支—网格党支部—党员—群众"四级网络架构，划分了12个基础网格，全村党员被分配到各个网格，各个网格建立临时党支部，开展社情收集、政策宣传、群众服务等工作。成立12个网格工作群和1个党建引领网格治理群，与村内社工、社会组织、志愿者、村民联动，实现有呼必

---

① "四议两公开"即"4+2"工作法，即农村所有村级重大事项都必须在村党组织领导下，按照"四议""两公开"的程序决策实施，"四议"是指党支部会议、村民代表会议或村民会议决议；"两公开"是指决议公开、实施结果公开。

应，推动资源在网格整合、工作在网格落实、问题在网格解决，形成基层治理网格与党组织网格的"双网融合"。特别是新冠疫情防控期间，大山村以"网格支部"和"党群先锋队"为基础，构建了横向到边、纵向到底的群防群治、联防联控机制，逐项落实信息摸查、封闭管理、隔离监测、宣传引导等任务，有效保障了人民群众的生命健康安全。

（3）推进"党群先锋队"项目，实现党群共治。赴先进地区学习经验，与省委党校钟立功教授团队合作打造"大山村党群先锋队"项目，有效发挥党员先锋模范作用，带动群众参与基层治理。成立李森党代表工作室，组建大山村志愿服务队，以社工和志愿者为基础，发动村民群众、来穗人员、属地热心企业协同参与，广泛开展志愿服务和参与公益事业。常态化进行流动党员摸查，吸纳流动党员从流入变融入。创立"微党课"学习模式，通过微信平台进行教育管理，突破时间空间限制，方便党员、群众共同学习交流。通过一系列举措，进一步凝聚了大山村基层合力，党员群众的共建、共治、共享，协同治理的意识也得到较大提升。

（4）推进"党群阵地工程"，实现党群共享。改建了面积约500平方米的大山村党群服务中心，设置李森党代表工作室、党员活动室、公共服务站、村民议事大厅等场室，新设全区首个村级"精品妇女之家"和村妇联执委工作站，依托党群服务中心广泛开展各类活动。实施"一村一品牌"项目，建设新时代文明实践站、村史馆、彩绘文化长廊等，提升村文化宣传软实力，增强文化自信。依托大山村文化活动中心，建设大山村团青服务站、未成年人关爱中心、公益驿站等，通过专业社会工作者和热心志愿者的组织，每周开展特色活动，服务党员群众和广大来穗务工家庭。

2. 社区慈善主体各展所长，协同促进社会融合

大山村在推进"五社联动"乡村治理的过程中，注重发挥不同慈善主体的治理优势，结合大山村促进来穗务工人员社会融合这一重点，通过村"两委"的主导，利用驻点社工服务站社会工作者的专业技能与服务，培育社区社会组织，推动社区企业和社区基金积极参与，在协同治理大山村发挥联动聚力过程中取得明显成效。

（1）大山村村委会在推动社区慈善开展的过程中，发挥了三方面的作用。首先，大山村村委会扎实调研，找准问题与需求，带领大山村的各个慈善主体代表梳理全村资源情况及现存社区问题，包括治安秩序较差、环境脏乱、产业低端、外来务工人员融入感低等。其次，大山村村委会统筹工作，在党总支领导下，发挥主导作用，针对村内的问题制订相应的解决方案，推动村内不同社区问题有针对性地分模块专项负责与责任主体重点解决。最后，大山村村委会在主导大山村乡村治理的过程中，注重发挥村内不同主体优势，由于大山村的外来务工人员管理与服务属于大山村社区工作中的重中之重，治安、环境、社会融入等问题均由此产生，因此，大山村村委会联动大山村的驻点社工服务站，利用社工服务站的专业优势推动解决大山村社区问题，促进大山村形成人人有责、人人尽责、人人享有的乡村慈善生态。

（2）大山村社工服务站自 2018 年驻点大山村，2019 年开始推进"和美大山"项目，负责大山村环境治理、社会融入等相关工作。作为具有专业知识和技能的社会工作者，在促进大山村环境治理和外来务工人员社会融入方面发挥了重要的专业作用。大山村社会工作组织成立党群志愿服务队，每周五在大山村开展"三五五"共融活动日，组织队伍到大山村环境脏乱之处开展相关环保活动。同时推动成立来穗家庭共融俱乐部，促进来穗务工人员从经济、政策、文化、社会融合等多方面融入大山村，就经济层面来说，通过开展就业咨询活动，联合劳动保障部门、企业与培训机构定期推送就业技能相关培训活动，吸引来穗务工人员参与，促进其经济融入；就政策层面来说，搭建政策咨询平台，为外来务工人员讲解积分入学入户等相关政策；在文化上，在周末组织相关文化体验和导赏活动，让大山村外来务工人员认识大山村三宝（灯芯草、慈姑、马蹄）等大山村文化；同时定期组织外来务工人员开展小组活动，于大山村文化活动中心开展粤剧表演、篮球赛等相关文娱体育活动，促进外来务工人员融入大山村。

（3）在社会组织培育方面，大石街道投入了近 40 万元资金培育发展社区社会组织，建设大山村社区社会组织培育基地。目前，大石街社区社会组织共有 134 家，均在大石街登记备案。2021 年 11 月，大石街社区社会组织培育发展基地在大山村文化活动中心揭牌，依托培育基地为大山村及大石街社区社会组织提供党建引领、培育孵化、能力建设、业务咨询、资源对接等综合服务和指导支持。

（4）在大山村党总支领导、村委会主导下，大山村辖区内的爱心企业作为村内的重要慈善主体，主动参与大山村的社区治理与社区慈善事业建设，连同村委会以多种形式开展大山村乡村治理和慈善服务工作。据统计，依托"慈善番禺""穗好办"小程序开展的"双微行动"和"禺愿行动"微心愿项目共上线 68 个微心愿，发动了以大山村辖区内非公企业党支部、党员、社会大众为主的人员为特殊困难群众点亮微心愿，目前，共点亮 54 个微心愿，链接资源共 9967 元，显示出村内企业为困难群众办实事、解难题的责任意识与取得的成效。另外，大山村基金筹得 32.88 万元善款，大山村辖区企业贡献了重要力量，促进了大山村社区慈善的发展。

（5）社区慈善基金。大山村基金成立于 2020 年，通过辖区热心企业定向捐赠、现场义卖等方式进行筹款，累计为大山村基金筹得 32.88 万元，定向用于大山村敬老活动、来穗人员帮扶、社区防疫工作和节庆活动等社区慈善公益活动。作为大山村新的慈善主体，大山村基金将发挥其重要资金支持和保障作用，促进大山村社区慈善顺利开展。

3. 网格信息管理，精准提升治理水平

大山村人口组成结构复杂，多为外来务工人员，出租屋众多，村内主要出入口共 24 个，划分 12 个网格管理，治理难度很大，存在基层治理力量薄弱、管理不到位等突出问题。大山村村委会通过人员整合、主体联动、设备提升、机制完善等一系列措施，治理能力得到很大提升，警情量逐年下降，治安秩序得到改善，各项重点整治也取得良好成效。

（1）组建联动整治队，推进队伍建设规范化。为解决大山村治理力量散乱单薄问题，村委会组建大山村联动整治队，由派出所社区民警兼任村党组织副书记、治安队队长和网格站站长，整合村内辅警、安全巡查员、治安员、市容监督员、出租屋管理员、社会工作者、志愿者等乡村治理人力资源。村党组织书记任队长，社区民警任常务副队长，统一调度指挥队伍开展工作，并配备若干巡逻车，实施重点区域定点驻守和机动巡逻快速处置的运行机制。在全街各村率先安装指纹考勤机，制定考勤制度，强化队伍日常管理。通过联动整治队，大山村案件类警情从 2017 年的 1035 宗下降至 2020 年的 587 宗，连续 4 年实现双位数下降。

（2）高标准建设调度平台，推进治安防控智能化。高标准扩建大山村警务室，建立大山村"令行禁止、有呼必应"综合指挥调度平台，通过 32 个人脸识别抓拍监控、90 个高清监控、620 个点对点无线 Wi-Fi 监控，实现重点区域监控全覆盖，并通过自动智能分析，实时报告可疑事件，值守人员及时跟进处理，充分发挥警务室作为基层防控平台的作用。村内重点区域新设 10 个"大喇叭"，日常循环宣讲政策法规，发现问题时，立即广播制止不规范行为。安装 5 个"报警柱"，实现一键报警可视对讲，构建报警联防系统。对全村东西两个片区实施封闭式管理，在主要出入口设置治安岗亭，安排专人值守管理。据统计，安装人脸识别抓拍监控以来，抓获网上在逃人员 59 名。

（3）实施出租屋全面清查，推进人屋管理信息化。大山村村委会推进规模以上出租屋使用智能门禁系统和"禺山智汇"App，使来穗人员主动登记居住信息、办理居住证，将上门采集信息变为平台审核信息，化被动为主动，实现"人来登记、人走注销、人在更新"，及时掌握重点人群居住动态。并开展"打通生命通道"专项行动，村委会联动社会工作者及村民，发现出租屋消防安全隐患 1394 宗，落实整治率 100%。统一制作网格服务管理宣传栏，公布社区民警、网格员、房屋楼长信息，发布法规宣传和办事指引。

4. 村社共治村貌，联动建设"和美大山"

大山村人口密集，垃圾量和用水用电量巨大，环境脏乱差问题突出，还有两条治理难度很大的黑臭河涌。通过党总支带头，村委会主导，联动社会工作者带领村民街坊、来穗务工人员与志愿者，共同参与大山村的环境治理，大山村环境面貌得到极大提升，黑臭河涌治理也取得显著成效。

（1）坚持每周一次清洁大行动。"'三五五'共融"作为社区工作的重点，其中的"周五街坊主题服务日"，大山村村委会利用服务日的契机，发起"和美大山"项目，联动大山村社工服务站社会工作者，组织带领党群志愿服务队，每周五下午定期开展清洁大行动，受邀单位代表、驻村团队、村党员、村民代表和来穗务工人员志愿者等积极参与，一个一个卫生黑点集中清理，已累计开展了 31 场次，清理卫生黑点 48 处，陈年垃圾 760 多吨。

（2）完善环境卫生基础设施。大山村村委会在党总支领导下，主导新建了两个生活垃圾压缩站，实现大山村生活垃圾分片区不落地收运处理；同时，建立垃圾分类减量收运体系，设置建筑垃圾、大件家具、工业垃圾临时堆放点，餐厨垃圾专用垃圾桶，引导规范投放，实现垃圾减量与有序处置。

（3）全力实施黑臭河涌整治。大山村社工服务站社会工作者在周五街坊主题活动日，组织党群志愿服务队，治理河涌两岸，大山西涌、大山东涌水质得到明显改善。同时，大山村村委会完成河涌两岸 102 宗民宅收缩清拆工作，打通巡河通道，建设河涌两岸栏杆，绿化美化堤岸，加强治水宣传，并推进 5 个严重水浸点的雨污分流治理，消除困扰多年的水浸黑点。

（4）实施基础设施微改造。大山村村委会因地制宜实施微改造提升，分片区推进"三线"整治，消除"城中村"乱拉乱挂现象。开展新光快速路辅道整治，设置交通隔离设施，确保交通安全。区、街、村三级群策群力推进市政路和村主干道升级改造。推进严管段整治提升，沿线划线规范管理。推进闲置用地提质复耕环境整治工程，改善村容村貌。建设口袋公园和公共停车场，满足民生需求。实施"光亮工程"，改造或加装全村路灯，消除夜间管理盲区，保障大山村夜间交通及治安秩序。

5. 社会工作者助力共融，来穗人员融入大山

大山村户籍村民 3000 余人，来穗务工人员 6 万多人，实际服务人口 10 万余人，是番禺区内倒挂最严重的村（居）之一。大量来穗务工人员的

集聚，需要大山村重视外来务工人员的社会融入情况。良好的社会融入有助于大山村的建设，通过提升来穗务工人员的主人翁意识，能够使大山村来穗务工人员参与大山村的治理，极大提升大山村的治理活力和治理能力。缺乏良好的社会融入则容易导致环境脏乱、治安秩序混乱，不利于乡村的整体建设和治理。大山村村委会意识到社会融入的重要性，利用社会工作者的专业技能，针对大山村来穗务工人员开展各类社会融入活动，促进来穗务工人员融入大山村，协同治理建设"和美大山"。

（1）修订村规民约促进自律自治。大山村社会工作者在村委会的主导下，面向大山村村民代表、大山村来穗务工人员代表，作为大山村的主人翁，共同以社会主义核心价值观为引领，修订村规民约，把村内行之有效的机制和做法也通过村规民约固定下来，实现自我管理、自我维护、自我监督，规范村民和住在大山村的来穗务工人员的日常行为，增强其法治意识，提升素质和村内风气。同时，来穗务工人员代表参与村规民约的修订，极大增强了大山村来穗务工人员的主人翁意识，有助于来穗务工人员协同参与大山村的治理，共同建设治理和美大山村。

（2）积极开展来穗家庭共融活动。大山村社工推动成立党群志愿服务队，于每周五"周五街坊主题活动日"在大山村进行垃圾分类、植树、道路垃圾收集等环境治理活动，并在河涌两岸张贴文明标语、绘制环保漫画墙绘，推动大山村环境优化。组建来穗家庭共融俱乐部小组，开展就业咨询活动，联合企业和培训机构定期开展就业技能培训，定期开展积分入学入户、政策咨询、政策宣讲等活动，并联系大学生为来穗务工人员子女进行义教辅导，助力来穗务工人员技能提升，了解各项政策，在大山村更好地就业和生活。传承大山村优秀文化塑造精神风貌，深挖大山村本地优秀传统文化，认识大石三宝（灯芯草、慈姑、马蹄），举办端午节龙舟活动庆典，修缮村内祠堂，建设村史馆。在村史馆内集中展示本村优秀乡贤、身边好人、文明家庭、德治自治等，向来穗务工人员宣传好家风好家训，淳化文明乡风，促进融合，并作为慈善主体参与大山村的建设和治理。

（3）积极开展心理调节专项活动。大山村社会工作者链接专业心理辅导资源，在大山村文化活动中心定期开展减压工作坊、亲子课堂等心理支援项目，邀请国家二级心理咨询师，组织来穗家庭开展亲子活动，引导参与家庭共同绘画"我们的家"，家长和儿童共同绘制具有创意和想象的作品，不仅融洽了来穗家庭亲子关系，更助力来穗家庭和谐融入大山村。

七、沙园社区——以社区基金驱动社区慈善发展

（一）社区背景

2020年广州市番禺区社区基金在市桥街沙园社区试点运行，沙园社区社区基金管委会不仅想方设法募集社区基金，而且把社区基金花在了沙园社区特殊群体急难愁盼的民生事务上。沙园社区在"五社联动"模式的指导下，委托"普爱社工"根据社区实际情况开展社区基金使用立项工作。根据访谈调研了解到，沙园社区80岁及以上高龄长者共有194人，一、二级重度残障人士30人，该部分特殊人群大多数行动不便，对于上门理发、情感慰藉存在明显的需求；另外，在访谈调研中社会工作者还了解到社区党员也希望发挥党员的先锋模范作用，服务社区，促进沙园社区建设的意愿。目前沙园社区党委共有党员200多名，其中超过50%是退休党员。同时沙园社区还有丰富的社区企事业资源，沙园社区党委希望能运用好社区基金，推动党员和群众共同解决社区高龄长者和重度残障人士的需求，启动"党群一家亲·五社好同心"——沙园社区五心公益项目。

（二）社区困境

沙园社区是以步梯楼为主的老旧社区，常住人口中高龄及重度残障人士224人，此群体中约70%的人员存在行动不便、出门困难的情况，外出就医、理发、社交成了摆在他们面前的一道道难题。虽然现阶段社区政策及相关人力资源情况已经针对在就医方面存在困难的社区兜底困难群体匹配家庭病床、平安通等资源，但是日常理发、问候关怀依然是高龄和重度残障群体期望解决的问题。

（三）主要做法

社会网络理论指出，社会支持网络至少可以表现为两大方面的功能：首先能够起到缓冲压力的作用。社会网络中的支持可以在两个关键性时刻介入，一方面是在危机将要发生或刚发生后但压力产生之前，社会支持可以帮助个人采取较乐观的态度或做较适当的准备工作去降低压力的负面影响；另一方面，社会支持也可以在压力产生后但病态形成前产生作用，帮助个人采取较积极的态度去面对困难，或鼓励个人去执行适当的治疗程序。这些支持系统可以包括亲戚、朋友、互助小组及邻舍关顾团体等，而所提供的支持可能包括心理及情绪上的支持，协助日常生活上的细节，提供物质、金钱、技术及意见等。其次能够起直接及整体的保护作用。社会支持能够帮助个人融入社会，强化个人的心理及生理健康，促进个人与社会协调发展。当个人确知他是生活在一个支持性及关怀性的社会网络中，他也主观感觉到其他人时时刻刻都愿意提供适切的帮助时，他自然会感觉到自信、安全并可以控制周围的环境。这种健康的心理状态也自然能够帮助个人应对危机及疾病，预防问题及压力的产生。

所以，社工在"党群一家亲·五社好同心"——沙园社区五心公益项目中联动沙园社区党委，以沙园社区为地域界定基础，尽力识别社区当中，特别是社区党员当中或社区辖区企业中存在的非正式辅助网络及区内的"自然辅助者"，强化区内的非正式自然网络，把分布区内的大小网络联系在一起，形成一个有效的邻里援助网络系统，帮助区内高龄独居重残困难群体。

1. 项目前期——具体需求情况掌握与资源吸纳是重要策略

项目初期由于没有党员志愿者基础，所以社会工作者在项目最初开展过程中主要借助社工服务站原有的志愿者资源及社区居委会人员对具有潜在需求的目标人群进行初步的建档与需求分类。制作项目宣传单、展架，联动社区党委，以社区内张贴宣传单张、线上宣传推广的方式面向社区党员及社区居民进行项目的广泛宣传。一方面，吸纳"自然辅助者"，组建项目志愿服务团队；另一方面，让目标人群对项目服务内容有更多了解，提升自主寻求服务的概率。

2. 项目中期——需求与资源的延伸及匹配是重点

经过项目前期的积累，在受助方层面上，社会工作者对不同服务对象的具体需要服务方式有比较清晰的把握，并形成相应的分类与需求的分级。而在社区资源层面，则更有侧重性地因应需求挖掘。如因应受助对象对入户义剪的需求链接社区内的理发店资源，因应受助对象微心愿需求，尝试结合"慈善番禺""穗好办"面向社区党员实现心愿对接认领。并在现有的志愿者团队中注意挖掘与培育骨干，形成探访带队小领队、义剪派号小能手，提升项目参与者的服务能力。

3. 项目后期——平台的搭建与资源的维系是延续的决定性因素

在平台搭建上，社会工作者以持续共享困难群体跟进情况与需求表格的方式让沙园社区党支部及时了解，并定期组织项目志愿队伍骨干带队进行社区探访或义剪，逐渐形成常态化服务模式与平台。

在资源维系上，社会工作者与沙园社区积极推荐项目骨干、表现突出企业参与区级评优选拔，通过市桥融媒体、《广州日报》等进行媒体报道，对其进行价值肯定。同时，以该项目参与"99公益日"公益募捐，为项目后续发展注入力量。

而接下来，该项目计划进行项目的成效、社区各利益相关者的参与整合及社区展示。让更多的社区居民能感受到沙园社区基金对沙园社区建设发挥的作用，感受到社会工作者服务带来的变化，感受社区内人与人之间的关怀，共同营造党建引领、和谐互助的社区氛围。

（四）成效与启示

1. 组建党群志愿服务队，助力社区互助共融

通过该项目组建一支由社区及企业党员、特长居民志愿者组成的14人沙园社区党群一家亲志愿服务队，于2021年持续为社区困难群体提供电访、义剪及圆梦服务，为社区互助共融注入力量。

2. 我为群众办实事，服务覆盖落实处

为项目目标服务对象提供265人次电访慰问，255人次入户探访、社

区义剪及宣传，100%实现目标服务群体的覆盖。通过线上线下宣传，完成65户困难居民的民生小心愿。以切切实实的行动帮扶困难居民，缓解其生活压力。

3. 党建引领"五社"携手，社区共建援助网络

通过线上线下社区发动，多系统多渠道宣传，得到社会的关注、媒体的报道、受助者的赞誉，以及社区居民委员会的肯定。成功营造关爱特殊群体、社区互助的友好氛围。

4. 把握机遇，突破困局

在党员志愿者调动过程中，社会工作者刚开始遇到比较棘手的问题，由于该社区较多党员的身份比较特殊，前期接触难度较大，以致社会工作者在前期无法进行有针对性的项目党员志愿者招募，活动开展比较被动。对此，经过反思与经验总结，社会工作者认为，一方面需要与社区党支部澄清社会工作服务需要遵循保密原则，而项目志愿招募也以自愿为原则，减少其顾虑。另一方面，社会工作者可以因应社区党员有在社区服务及通过"穗好办"认领实现心愿的需求，以此作为切入点，把提前编辑好的活动信息或微心愿信息发送至社区党支部，由对方转发，以逐渐吸纳党员志愿者资源。

5. 授人以鱼，授人以渔

在项目开展过程中，社会工作者发现，部分需要义剪的服务对象的情况是家中有照顾者但是没能力协助其外出义剪而照顾者自身不会理发的。对于这一类型的服务对象，本着助人自助的原则，教授照顾者学会理发比持续提供入户义剪更具实质性意义。所以，对于一部分符合条件的困难对象，可以考虑通过提升照顾者能力以间接而持久地解决其问题。

6. 需求不息，慈善不止

借助慈善的氛围与力量，集结社会面的力量，解决个人点的需求，这是没有起伏的一个慈善轮回。以需求作为导向，立足服务对象的本质需要，从最初星星的助人之火，通过社会的倡导，人与人之间的张力，汇聚成足以燎原的慈善之火，生生不息。因此，需求在慈善中得到满足，而慈

善也需要立足需求。

八、市桥街道西片区——用慈善守护一方绿水

以"绿水市桥共守望"西片河涌保护项目为例，介绍社会工作者运用联合社区基金，培育社区环保公益志愿服务队伍，建立长效服务机制，推动居民参与环境保护慈善行动，将环保公益定义为慈善行为，使之成为每个企事业单位、每个公民都有权利和义务参与的一种社会活动，打造"全民慈善"的社区氛围。

（一）社区背景

多年来，人们普遍认为环保是政府行为，而不是社会责任。慈善法将"防治污染和其他公害，保护和改善生态环境"以及符合社会公共利益的其他活动纳入法律鼓励和促进的慈善活动范围，为环保公益事业的进一步发展开创了新的格局。环保公益是社会积极开展环境保护的有效方式，社会组织参与环保公益活动，能够促进环保机制和方式的创新发展。

为全面保护市桥河涌，推动社会各界人士参与环保公益慈善行动，保障市桥河涌环境卫生，"普爱市桥社工"积极响应市桥街道党工委、市桥街道办事处的工作部署，紧紧围绕"改善河涌环境，守望绿色家园"的需要，在市桥街道办事处的指导下，运用"五社联动"模式，设计"绿水市桥共守望"西片河涌保护项目，将慈善力量汇聚，整合市桥街西片5个社区慈善基金，让项目得以持续推进。

（二）社区困境

党的十九大提出，牢固树立和践行"绿水青山就是金山银山"的理念，党的二十大更进一步指出要"推动绿色发展，促进人与自然和谐共生""加快发展方式绿色转型"。坚持节约资源和保护环境的基本国策就如一股春风，为政府和居民带来了"绿水市桥"的希望。市桥街道党工委、市桥街道办事处认真贯彻落实上级推行河长制及治水工作的有关决策部署，通过截污、清淤、补水、生态修复、拆违及查漏补缺等一系列工作取得了治水阶段性成效，但是依然存在治水工作参与主体以政府及相关部门

为主，社区其他主体参与较少，居民保护河涌的意识有待提高，缺乏爱河护河齐参与的方法、渠道、资金支持等问题。

（三）主要做法

1. 联动市桥街西片 5 个社区河长，整合社区基金资源，推动巡河项目的落地

社会工作者通过社区走访、访谈，了解社区问题及需求、社区针对河涌保护的工作计划、河涌保护治理难点以及社区资源状况，联动市桥街西片 5 个社区（西城社区、西涌社区、三堂社区、华侨城社区、禺山社区），重点关注河涌保护治理难点问题，设计策划"绿水市桥共守望"西片河涌保护项目，联合市桥街西片 5 个社区基金资源，支持项目运作。

2. 培育环保公益巡河志愿者队伍，提升志愿服务队伍的巡河技能

街、社区居委会河长巡河多数是上班时间，下班时间成为河涌管理的一个盲点，所以 8 小时工作时间外的巡河志愿者队伍有建立的必要。社工服务站联动市桥街西片 5 个社区河长共同发动，招募党员、楼组长、社区居民、志愿者，组建一支 30 余人的"绿水市桥共守望"西片巡河队伍，作为河长巡河的有力补充，并联动社区河长为志愿服务队伍讲解巡河工作要点，提升志愿服务队伍技能，使志愿队伍能够充分发挥巡河功能，保障巡河服务质量。

3. 建立巡河护河机制，保障护河巡河行动的常态化推进

社会工作者作为社区河长、巡河志愿服务队伍的纽带，协助建立"发现问题—上报河长—跟进处理"的恒常服务机制，促进巡河服务的有序开展，并在巡河志愿队的日常服务中，发掘热心、积极、具有管理才能的志愿骨干人才，开展议事会共同商讨，制定巡河服务机制，推进巡河服务的管理。

4. 持续恒常服务，保障市桥河涌环境卫生

通过巡河志愿队恒常服务，有序开展日常巡河活动，发现河涌问题，及时联动社会工作者向社区河长反映，并由河长跟进处理或向河长办上报处理，并向涌边居民宣传爱河护河理念，发动涌边居民以主人翁的姿态，主动关注河涌环境卫生问题，有效保护市桥河涌环境卫生。

5. 项目宣传推广，提升居民的关注度

社会工作者及时总结提炼本项目的服务情况并进行宣传推广、加强宣传慈善保护的概念，促进居民爱护河涌，参与河涌保护行动，实现良性循环。

（四）成效与启示

1. 发展成效

在党建引领下，汇聚慈善力量支持，建立"政府（河长办）主导，社会工作者协作，多方参与，慈善支持"的长效机制，是项目得以推进的有力保障。市桥街道党工委高度重视河涌治理工作，切实执行"河长"制各项工作，河涌治理已取得初步成效。在河涌治理的工作推进过程中，政府深刻认识到河涌治理的成效仅靠政府多部门联动努力是远远不够的，还可以联动社会一切可以联动的力量共同参与河涌治理。社工服务站在政府部门的主导下充分发挥社会工作专业的作用，建立"政府主导，社工协作，多方参与，慈善支持"的长效联动机制。联动机制能够保障河涌巡河护河联动互通资源，调配人力物力，长效保障河涌保护行动的持续推进。

慈善环保公益促进居民持续参与，联动打造"绿水市桥"。社会工作者运用慈善环保公益的理念，推动居民自觉养成环保公益行为，组建"绿水市桥共守望"巡河队。经过引导、孵化和培育，"绿水市桥共守望巡河队"通过自我管理和自我服务，备案成为社区社会组织，逐渐走上规范化发展的道路，项目推进期间，共组织巡河志愿者 557 人次，开展巡河行动 140 次，发现河涌问题 83 个并上报河长，协助跟进处理 43 个，在服务中印制宣传单张并派发，向涌边居民宣传爱河护河理念，越来越多的居民愿意参加社区志愿行动和社区治理，保障"绿水市桥"治理长效推进。

通过项目的宣传推广，提高居民参与社区环保慈善的积极性。项目以居民关注的社区环保问题为切入点，回应居民"改善河涌环境、守望绿色家园"的需求，获得社区河长、社区居民以及社区志愿服务队伍的高度肯定，并通过联动公益慈善宣传，为社区基金筹集助力。如在 2021 年"99公益日"宣传中，"普爱社工"结合本项目推广宣传，向社区居民募集社区基金 3.8 万元，促进更多的居民参与社区慈善。

2. 经验启示与探讨

多元主体参与，营造良好的慈善氛围。"绿水市桥共守望"河涌保护项目借鉴番禺区"五社联动"机制，打破以政府为主导的单一主体参与，将"社区居委会、社会工作者、社会组织、社区企业、社区基金"构建成一个社区联动的共同体参与社区环保公益行动。项目持续运作至今已经第四年，河涌的水体环境得到了一个质的提升，使河涌周边的居民能切实感受到项目带来的成效，从慈善推动社区治理中得到实惠。

通过项目经验的总结与分享、案例的发布、社区的宣传、居民参与渠道的拓宽等，社区越来越多的居民关注河涌环境卫生问题，居民不仅能够通过直接参与河涌保护行动、志愿服务去保障河涌的环境卫生，还能通过社区基金渠道捐赠慈善款项，以捐赠的形式支持参与社区环保工作。通过参与主体的增加、项目的成效提升公益活动的广泛影响力，提升社会公众对环保公益事业的主观认识，营造"人人为慈善、慈善为人人"的社区氛围。

第七章　创建番禺"慈善之区"
助力第三次分配

　　当前我国正处于经济社会转型关键时期，人口结构的变动和产业升级调整带来了一系列社会问题，社会治理体系和治理能力需要进一步完善和提升。2019 年 11 月，党的十九届四中全会通过的《中共中央关于坚持和完善中国特色社会主义制度　推进国家治理体系和治理能力现代化若干重大问题的决定》中指出，要"重视发挥第三次分配作用，发展慈善等社会公益事业"和"创新公共服务提供方式，鼓励支持社会力量兴办公益事业，满足人民多层次多样化需求，使改革发展成果更多更公平惠及全体人民"。2020 年 8 月，中央财经委员会第十次会议以"研究扎实促进共同富裕"为主题，再次提到"三次分配"，在社会各界引起广泛热议。作为第三次分配的核心，慈善事业发展也得到了广泛的关注。

　　慈善事业在缩小贫富差距、促进民生保障和促进精神文明建设等方面发挥着不可替代的作用：一方面通过补充公共服务的职能，应对政府与市场失灵的问题，维系社会稳定发展；另一方面通过发扬公益慈善精神，扩展慈善救助领域，创新公益形式，形成互爱互助的社会风尚。这正是响应中央财经委员会第十次会议上强调的"共同富裕是全体人民的富裕，是人民群众物质生活和精神生活都富裕"。因此，如何通过发展慈善事业，有效发挥第三次分配的作用，促进共同富裕，成为社会关注的焦点。

　　慈善事业的发展，需要法律和政策层面的有力支持，同时也需要纳入社会建设的整体规划以获得发展动力。2016 年《中华人民共和国慈善法》

颁布后，各地慈善地方性立法开始启动。2019 年，广州市制定了《广州市创建"慈善之城"提升工作方案（2020—2022 年）》，提出了十项重点任务，当中包括"完善政策法规，提升慈善引导力"。随着广州市"慈善之城"建设的推进，2021 年 9 月，广州市番禺区人民政府印发《广州市番禺区人民政府关于印发番禺区创建"慈善之区"工作方案（2021—2023 年）的通知》，将创建"慈善之区·幸福番禺"工作纳入番禺区城市整体发展战略。

2019 年 2 月，中共中央、国务院印发《粤港澳大湾区发展规划纲要》，要求要进一步提升粤港澳大湾区在国家经济发展和对外开放中的支撑引领作用。番禺区位于广州市中南部，地处粤港澳大湾区中心位置，是广州市科技创新和人才培育的新中心。番禺区业已搭建的慈善网络和通过网络联结的各慈善主体将成为推动番禺区乃至粤港澳大湾区良好发展的又一中坚力量。截至 2020 年，番禺区总人口达 267.3 万，国内生产总值 GDP 达 2278.3 亿元。番禺区慈善事业建设位于广州市前列，2020 年在区域慈善指数评估中获得全市第一。在慈善捐赠方面，截至 2021 年底，番禺区慈善会共收入各类慈善资金 6978.95 万元，总支出 6889.47 万元，慈善基金存量达 4955.65 万元。在慈善人才建设方面，截至 2022 年 6 月，番禺区共有社会服务机构 41 家，从业社工人数共 796 人，持证社工人数共 456 人，持证社工人数占广州市取得社会工作者证书人员的 13.1%。

近年来，番禺区深入推动慈善管理体制与运作机制改革，慈善模式从政府单边主导逐渐转变为社会主导，搭建起党建引领、政府负责、民主协商、社会协同、公众参与、法治保障、科技支撑的公益慈善运作机制。这一过程中，番禺区慈善事业逐步走向组织化、社区化、规模化、跨界化以及生态化。与此同时，在一系列改革措施推动下，提振了公众参与公益慈善的热情，番禺区慈善文化活动日趋活跃和多元。番禺区慈善事业进入了高速发展阶段，迫切需要在既有基础上推进新一轮"大慈善"升级建设。

番禺区慈善事业的蓬勃发展，有效推动了社会多元主体参与社会发展和社会治理，激发了社会活力，在经济社会发展方面发挥着不可忽视的作用。通过"慈善之区"创建，番禺区旨在探索构建党委领导、政府管理、行业协作、公众参与的具有番禺特色的现代慈善公益体系，打造慈善事业发展番禺模式和番禺经验，以促进社会主义精神文明和物质文明全面协调发展。

本章将对番禺"慈善之区"创建路径及其创新机制进行系统阐述，总结创建过程中的阶段性成果和目前面临的障碍，为各责任主体提供行动建议，并尝试提炼番禺"慈善之区"的发展模式，助力"慈善之区·幸福番禺"的创建。在深层意义上，更是对番禺区探索第三次分配，追求共同富裕之实践路径的梳理。希望通过总结成果、扫除盲点，推进番禺区慈善事业的整体建设，为实现共同富裕提供"番禺样本"。

第一节 番禺"慈善之区"创建的政策基础

番禺"慈善之区"创建需要放在特定的历史背景下理解，其中 2016 年《中华人民共和国慈善法》的颁布是我国慈善事业建设的重大节点。因此，背景论证部分将对我国、广东省及广州市近年来的慈善法规政策进行梳理和分析，以了解国内、省内和市内慈善事业发展的基础背景。

一、后慈善法时代的"大慈善"格局

改革开放以来，我国经济的高速发展带动了国内慈善事业发展，但慈善法治观念的落后、法律体系的不健全以及立法激励作用不充分等问题长期制约着我国慈善事业的进一步发展[①]。在此背景下，2016 年颁布的慈善法是我国慈善事业发展的一大突破。作为我国慈善事业发展进程中的第一部基础性和综合性的法律，慈善法的颁布标志着以慈善基本法模式规范和促进我国慈善事业发展时代的到来。慈善法围绕慈善组织、慈善募捐、慈善捐赠、慈善信托、慈善财产、慈善服务、信息公开、促进措施、监督管

[①] 金萍霞，刘全财. 浅析我国慈善事业的立法现状及完善措施 [J]. 法制与经济（中旬刊），2011（5）：10-11.

理，对慈善主体及其行为作出定义和规范，指导和协调政府、非政府组织、企业和个人等慈善主体围绕慈善事业所形成的各种社会关系。对各慈善主体来说，慈善法起到重要的指导、协调、激励和规范作用。就慈善事业发展而言，慈善法的颁布把传统意义上少数富人参与的"小慈善"拓展为人人参与的"大慈善"，慈善事业不再局限于扶贫济困，广泛扩展到促进经济、科技、教育、文化、卫生、体育和生态文明事业发展等公益活动中①。慈善法第三条对慈善活动的多元性和开放性界定，意味着我国在法律层面对慈善传统认知的超越，标志着与经济社会变迁相适应的新慈善观的形成，是我国慈善事业现代化的重要体现②。

作为一部促进慈善事业的基本法，慈善法自 2016 年颁布以来，带动了一系列法律法规的颁布和修订以及一系列政策文件的出台。尽管我国已进入后慈善法时代，但这并不意味着慈善立法的结束，相反"后慈善法时代"恰恰是慈善立法的增长期。慈善法制定了最为基本的适法范围和法律规范，其贯彻落实需要中央及地方层面制定相应的配套法律法规和政策。对近年出台的慈善法配套法律法规进行梳理（见表 7-1），以直观反映近年来国家层面慈善立法状况。

表 7-1　慈善法配套法律法规一览表（2016—2021 年）

领域	相关文件	颁布/修订时间
慈善组织管理	《慈善组织认定办法》	2016 年 8 月
	《关于慈善组织登记等有关问题的通知》	2016 年 8 月
	《申请慈善组织认定办事指南》	2016 年 8 月

---

① 尚德．新中国公益慈善事业发展的成就与启示 [J]．理论视野，2022（2）：60-66.

② 杨思斌．慈善法治建设：基础、成效与完善建议 [J]．社会科学战线，2019（10）：190-198.

领域	相关文件	颁布/修订时间
慈善募捐	《慈善组织公开募捐管理办法（试行）》	2016 年 8 月
	《公开募捐平台服务管理办法》	2016 年 8 月
	《慈善组织互联网公开募捐信息平台基本技术规范》	2017 年 7 月
	《慈善组织互联网公开募捐信息平台基本管理规范》	2017 年 7 月
	《关于发布慈善组织互联网公开募捐信息平台名录的公告》	2018 年 6 月
	《公开募捐违法案件管辖规定（试行）》	2018 年 11 月
慈善捐赠	《民政部关于指导督促慈善组织做好捐赠物资计价和捐赠票据开具等工作的通知》	2020 年 7 月
慈善信托	《关于做好慈善信托备案有关工作的通知》	2016 年 8 月
	《慈善信托管理办法》	2017 年 7 月
慈善财产	《关于慈善组织开展慈善活动年度支出和管理费用的规定》	2016 年 10 月
	《慈善组织保值增值投资活动管理暂行办法》	2018 年 10 月
慈善服务	《关于支持和发展志愿服务组织的意见》	2016 年 5 月
	《志愿服务条例》	2017 年 8 月
	《志愿服务记录与证明出具办法》	2021 年 2 月
信息公开	《慈善组织信息公开办法》	2018 年 8 月

续表

领域	相关文件	颁布/修订时间
促进措施	《关于社会团体和基金会办理进口慈善捐赠物资减免税手续有关问题的通知》	2016 年 4 月
	《关于公益股权捐赠企业所得税政策问题的通知》	2016 年 4 月
	《关于公益性捐赠支出企业所得税税前结转扣除有关政策的通知》	2017 年 1 月
	《中华人民共和国企业所得税法》（修订、第九条）	2017 年 2 月
	财政部、税务总局《关于非营利组织免税资格认定管理有关问题的通知》	2018 年 2 月
	《关于公益性捐赠税前扣除有关事项的公告》	2018 年 5 月
	财政部、税务总局、民政部《关于公益性捐赠税前扣除资格有关问题的补充通知》	2018 年 9 月
	《关于公益慈善事业捐赠个人所得税政策的公告》	2019 年 1 月
	《中华人民共和国契税法》（第六条）	2020 年 8 月
	《关于公益性捐赠税前扣除资格确认有关衔接事项的公告》	2021 年 1 月
	《中华人民共和国印花税法》（第十二条）	2021 年 6 月
慈善监管	《社会组织登记管理机关行政执法约谈工作规定（试行）》	2016 年 3 月
	《社会组织登记管理机关受理投诉举报办法（试行）》	2016 年 8 月
	《社会组织抽查暂行办法》	2017 年 3 月
	《社会组织信用信息管理办法》	2018 年 1 月
	《关于对慈善捐赠领域相关主体实施守信联合激励和失信联合惩戒的合作备忘录》	2018 年 2 月
	《民政部部管社会组织巡察工作办法》	2021 年 7 月
	《社会组织登记管理机关行政处罚程序规定》	2021 年 9 月

从表 7-1 可见，相关配套文件首先是对慈善法各项条款的补充说明，

以解决落地执行上的问题。例如，慈善法第十条规定已设立的非营利组织要认定为慈善组织"符合慈善组织条件的，予以认定并向社会公告；不符合慈善组织条件的，不予认定并书面说明理由"。民政部其后制定的《慈善组织认定办法》明确了基金会、社会团体、社会服务机构申请认定为慈善组织应当符合的 5 项条件，以及不予认定的 4 种情况。又如，第二十二条规定："慈善组织开展公开募捐，应当取得公开募捐资格。依法登记满二年的慈善组织，可以向其登记的民政部门申请公开募捐资格。"民政部制定的《慈善组织公开募捐管理办法》明确了申请公开募捐资格需符合的 9 项条件。

除了补充说明，从配套文件的所属领域还可以看出近年相关法律法规的颁布和修订集中在慈善募捐、慈善监管和促进措施上，而促进措施中的相关文件大部分是关于慈善捐赠的税收优惠。配套文件的领域分布反映着我国慈善事业发展的趋势和特征。慈善募捐相关文件特别针对互联网公开募捐信息平台的制定规范，反映了我国网络慈善蓬勃发展的趋势。以腾讯"99 公益日"活动为例，在慈善法颁布前的 2015 年，第一届"99 公益日"就吸引了 205 万人次参与，用户捐赠额 1.279 亿元。慈善法颁布后，腾讯公益入选首批慈善组织互联网募捐信息平台，2017 年的"99 公益日"吸引 677 万人次捐赠出 3.05 亿元[1]。到 2021 年，已吸引超过 6870 万人次在"99 公益日"期间捐出 35.69 亿元，加上腾讯公益慈善基金会的 6 亿元资金支持，总共募得善款 41.69 亿元[2]。可见，在慈善法及配套法规的支持下，民间网络慈善得到合理规范和快速发展。在促进措施方面，相关文件主要在法律和政策层面给予企业和慈善组织税收减免。例如，2021 年颁布的《中华人民共和国印花税法》第十二条就提到"财产所有权人将财产赠与政府、学校、社会福利机构、慈善组织书立的产权转移书据"免征印花

---

① 高文兴.99 公益日的七年之"养"［N/OL］.公益时报，（2021 - 09 - 08）.https：//baijiahao. baidu. com/s？ id=1710343232353868473&wfr=spider&for=pc.

② 99 公益日"成绩单"：募得善款 41.69 亿元，超 1.25 亿人次参与［N/OL］.中国青年报，（2021-09-11）.https：//baijiahao. baidu. com/s？ id=1710571051847292921&wfr=spider&for=pc.

税。从慈善募捐和促进措施来看，慈善法及配套法律法规的修订和颁布，主要意图在于激励企业和个人参与慈善捐赠，引导和鼓励民间资本投入慈善事业。另外，在鼓励成立慈善组织的同时，相关监管法规也进一步完善和加强。总体而言，在慈善法律法规层面上看，我国慈善事业将一步步从政府单边主导走向"民间为主体+政府把关"的"大慈善"时代。

表7-2　慈善相关政策汇总表（2016—2022年）

领域	慈善相关政策	性质	时间
社会组织	中共中央办公厅、国务院办公厅《关于改革社会组织管理制度促进社会组织健康有序发展的意见》	常规文件	2016年
	财政部、民政部《关于通过政府购买服务支持社会组织培育发展的指导意见》	规范性文件	2016年
	中共中央宣传部、中央文明办、民政部、教育部等八部门联合印发《关于支持和发展志愿服务组织的意见》	规范性文件	2016年
	民政部《关于大力培育发展社区社会组织的指导意见》	规范性文件	2018年
	民政部办公厅关于印发《培育发展社区社会组织专项行动方案（2021—2023年）》	规范性文件	2020年
	民政部关于印发《"十四五"社会组织发展规划》的通知	规范性文件	2021年
乡村振兴	中共中央办公厅、国务院办公厅印发《乡村建设行动实施方案》	常规文件	2022年
	民政部、国家乡村振兴局《关于印发〈社会组织助力乡村振兴专项行动方案〉的通知》	规范性文件	2022年
	民政部、国家乡村振兴局《关于动员引导社会组织参与乡村振兴工作的通知》	规范性文件	2022年
城乡服务	国务院办公厅关于印发《"十四五"城乡社区服务体系建设规划的通知》	规范性文件	2021年
老龄事业	国务院关于印发《"十四五"国家老龄事业发展和养老服务体系规划的通知》	规范性文件	2021年
社会救助	中共中央办公厅、国务院办公厅《关于改革完善社会救助制度的意见》	规范性文件	2020年

除了法律法规，调研组还对国家层面慈善相关政策进行了梳理（见表7-2）。发现近年慈善领域相关政策集中在促进慈善组织的发展和推进乡村振兴两个方面。这些政策文件体现了作为慈善实施载体的民间慈善组织的重要性，以及在未来我国慈善事业和社会治理中将起到更大的作用。例如，2021年民政部印发的《"十四五"社会组织发展规划》就提到"引导和支持各级各类社会组织发挥自身优势，量力而行、尽力而为，助力解决经济社会发展现实问题和人民群众急难愁盼问题。支持全国性社会组织重点围绕科教兴国、人才强国、创新驱动发展、乡村振兴、区域协调发展、可持续发展、积极应对人口老龄化等国家战略提供专业服务"。乡村振兴是我国慈善事业建设中的重要组成部分，弥合城乡差距、落实分配正义是慈善事业的必然追求。大力支持和引导社会组织参与乡村振兴事业的相关政策，意味着慈善事业在我国社会发展和社会治理中发挥着越来越重要的作用。2022年民政部、国家振兴局印发的《关于动员引导社会组织参与乡村振兴工作的通知》中提到"参与乡村振兴，既是社会组织的重要责任，又是社会组织服务国家、服务社会、服务群众、服务行业的重要体现，更是社会组织实干成长、实现高质量发展的重要途径和广阔舞台"。未来，作为慈善事业载体的慈善组织将会有更广阔的发展舞台。

二、慈善升级：从"慈善社区"到"慈善之区"

番禺区"慈善之区"创建工作是建立在广州市"慈善之城"和"慈善社区"的成果之上的再一次政策理论和实践创新，是广州"慈善之城"和"慈善社区"建设的延续、拓展和升级。应该说，番禺区在全国首提"慈善之区"建设，既弥补了"慈善之城"和"慈善社区"建设的中间结构性机制缺失，又让慈善法及其配套政策落地有了更加明确的抓手和实现路径，为充分发挥慈善事业在第三次分配中的积极作用作出积极探索。

在政策创制体系上，慈善法实施以来，广州市相继出台了一系列政策措施，先后出台《促进慈善事业健康发展的实施意见》等20余份配套政策文件。这些为广州慈善事业的健康发展营造了良好环境，指明了正确方向。在慈善发展规划上，2017 年广州将创建"慈善之城"写进市委、市政府工作报告，纳入城市发展战略，为加快和深入推进"慈善之城"创建提供坚强保障。出台《深化"羊城慈善为民"行动创建全国"慈善之城"2017—2020 年行动方案》，围绕慈善捐赠、慈善救助、慈善文化、慈善组织、交流平台、监管体系、激励机制等方面设计了十大指标和七大行动，科学规划"慈善之城"创建。广州市近年来出台的慈善政策也与慈善社区密切相关，包括《广州市实施"社工+慈善"战略工作方案》和《广州市推动慈善事业高质量发展行动方案》。其中，在"社工+慈善"工作方案中，将设立社区慈善捐赠站点、发展社区慈善基金（会）、打造"社工+慈善"品牌服务项目、实施"社区公益微创投"活动、建设社区联合劝募平台、推动社区志愿服务等作为主要任务予以推进，打造"人人参与、人人尽力、人人共享"的社区慈善新格局。

2020 年，番禺区民政局印发了《关于大力推动社区基金发展的指导意见（试行）》。该意见将社区基金定义为"由慈善组织根据其与社区基金发起人签订的协议设立并进行管理的，用于番禺区内特定社区（村）公益慈善事业的专项非营利性基金"。社区基金的发起方可由捐赠人、镇政府（街道办事处）、社区（村）居委会、承接驻地社工服务站的社工机构、慈善组织、志愿（义工）团体、爱心企业、社区（村）居民代表或社区（村）"五社联动"委员会等自主、自愿发起申请设立。番禺区通过大力发展社区基金，组建具有番禺特色的"五社联动"（社区+社会组织+社工+社区基金+社区企业）社区慈善网络，撬动社区资源，形成社区慈善发展内驱力。番禺区社区慈善发展取得了令人瞩目的成绩，"五社联动"公益生态圈建设项目在第四届广州社会创新论坛暨社会创新榜发布典礼上，获评为"十佳社会创新项目"。

从"慈善社区"到"慈善之区"，体现了番禺区慈善事业发展的全局性，既要发展自下而上的社区慈善内驱力，也要发展自上而下的区域慈善统合力。番禺"慈善之区"创建虽与"慈善社区"密切相关，但依然有其独特的法律和政策背景，对于如何理解番禺区域慈善"统合发展"有重要的价值。

表7-3为近年广东省和广州市慈善领域相关法规及政策。在省级层面，广东省近年发布的慈善相关政策文件主要有《广东省关于慈善信托管理工作实施细则的通知》（2019年）、《广东省推动慈善事业高质量发展若干措施》（2020年）、《广东省困难残疾人生活补贴和重度残疾人护理补贴实施办法》（2021年）、《广东省关于改革完善社会救助制度的实施方案》（2021年）。省级层面的政策文件着重于慈善服务和相关促进制度的完善以及从整体方面推进慈善事业发展。其中，2020年发布的《广东省推动慈善事业高质量发展若干措施》从培育慈善主体、拓宽慈善参与渠道、激发慈善活力、弘扬慈善文化等方面支持广东省慈善事业全面发展。该措施积极引导民间资源参与慈善，例如，鼓励企业及个人设立基金开展慈善活动、鼓励发展慈善信托、丰富捐赠形式等。同时，通过广布慈善网点搭建慈善平台、发展志愿服务和交流平台等，拓展慈善事业的触角和参与慈善事业的渠道。可以说，该措施是广州市创建"慈善之城"以及番禺区创建"慈善之区"的重要参考文件，具有重要的指导意义。

而在广州市层面，相关的法规政策文件围绕着慈善法的落地和上述关于推动慈善事业高质量发展的措施制定。2021年，广州市根据慈善法等法律法规，结合本市实际制定通过《广州市慈善促进条例》。该条例的亮点之一是将创建"慈善之城"首次以立法的形式确定，在第一条中写道："为了促进慈善事业健康发展，弘扬慈善文化，规范慈善活动，保护慈善活动参与者的合法权益，创建慈善之城，根据《中华人民共和国慈善法》等法律、法规，结合本市实际，制定本条例。"该条例第三条则进一步规定市、区人民政府将慈善事业发展作为社会保障体系和精神文明建设的重要内容纳入国民经济和社会发展规划中，并予以相关政策及财政预算支持。这意味着慈善事业建设成为广州城市发展规划的重要组成部分。

表 7-3 广东省、广州市慈善法规政策一览表（2016—2021 年）

领域	相关文件	颁布时间
慈善服务	《广东省困难残疾人生活补贴和重度残疾人护理补贴实施办法》	2021 年
	《社区慈善基金合作服务指引（试行）》	2019 年
	《关于开展广州市慈善空间创益计划的通知》	2021 年
慈善监管	《广州市社会组织公益创投项目管理办法》	2019 年
	《广州地区慈善组织透明度评价指标体系》	2021 年
	《广州地区慈善组织透明度评价指引》	2021 年
	《广州市社区社会组织管理办法（试行）》	2021 年
	《关于改革社会组织管理制度促进社会组织健康有序发展的实施意见》	2018 年
慈善捐赠	《社区慈善捐赠站合作服务指引（试行）》	2019 年
慈善募捐	《广州市慈善组织申请取得公开募捐资格办事指南》	2016 年
	《关于进一步规范社区公开募捐活动的通知》	2021 年
慈善信托	《广东省关于慈善信托管理工作实施细则的通知》	2019 年
	《广州市慈善信托备案管理指引》	2018 年
	《广州市慈善信托评估指引（试行）》	2020 年
促进措施	《广东省关于改革完善社会救助制度的实施方案》	2021 年
	《广东省推动慈善事业高质量发展若干措施》	2020 年
	《广州市人民政府关于促进慈善事业健康发展的实施意见》	2016 年
	《广州市民政局关于培育发展社区社会组织的意见》	2016 年
	《关于广州市公益性捐赠税前扣除资格确认有关事项的通知》	2017 年
	《关于鼓励支持企业积极参与广州市创建慈善之城的建议》	2018 年
	《广州市激发社会组织创新能力实施办法》	2018 年
	《广州市慈善促进条例》	2021 年

领域	相关文件	颁布时间
规划落实	《广州市实施"社工+慈善"战略工作方案》	2019 年
	《关于深化"羊城慈善为民"行动创建全国"慈善之城"之"尽善净行"工作方案》	2017 年
	《广州市创建"慈善之城"提升工作方案（2020—2022年）》	2019 年
	《关于印发推动慈善事业高质量发展行动方案的通知》	2020 年
	《广州市民政局关于印发推动广州市社区慈善发展行动方案（2021—2023 年）的通知》	2021 年

事实上，早在 2019 年，广州市就印发了《广州市创建"慈善之城"提升工作方案（2020—2022 年）》，而《广州市慈善促进条例》的出台正是广州市创建"慈善之城"的重点任务之一。广州慈善之城建设以完善"党委领导，政府主导，组织运作，社会参与，科技支撑，人人共享"的慈善发展路径，打造"人人慈善为人人"城市慈善发展样本，制定了十大重点任务，包括坚持党建引领，完善政策法规，健全工作机制，发展慈善实体，创新捐赠方式，聚焦群众关切，弘扬慈善文化，培养人才队伍，打造慈善品牌，加强慈善监督。

番禺"慈善之区"的创建正是以《广州市慈善促进条例》及《广州市创建"慈善之城"提升工作方案（2020—2022 年）》为法律和政策依据。《番禺区创建"慈善之区"工作方案（2021—2023 年）》以广州创建"慈善之城"的重点任务为参考，结合本地特色及优势制定"慈善之区"创建任务。例如，持续打造"慈善会+社联会"双轮驱动、三级覆盖的慈善组织网络，完善慈善组织基础建设；充分发挥"五社联动"优势，优化整合社区资源，提升社区慈善发展水平；深化社区基金建设，引导社区基金从有形覆盖到有效覆盖；等等。可见，番禺"慈善之区"的创建也是广州"慈善之城"建设的重要组成部分。

通过对近年国家、省级、市级三个层面的慈善相关法律法规和政策的梳理，能看到番禺"慈善之区"建设在特殊的历史背景之上。一方面是我国慈善事业从政府主导、少部分人参与的"小慈善"向人人参与、人人共享的"大慈善"转变；另一方面，是我国慈善事业从传统的补救性角色到现代的发展性角色的转变，慈善事业成为我国社会发展规划的重要组成部分。对番禺区来说，"慈善之区"的建设意味着番禺城市发展规划将走上弥合贫富差距、健康发展、实现共同富裕的社会主义现代化的路径。

第二节　番禺"慈善之区"创建的动力机制和实践路径

2021 年，番禺区出台全市首个区级层面的"慈善之区"创建方案，将创建"慈善之区"工作纳入区委全会报告和区政府工作报告的重点工作内容。基于《番禺区创建"慈善之区"工作方案（2021—2023 年）》，结合番禺区在十大重点任务①上的执行现状和成果，以及番禺区慈善参与国家战略核心工作和对慈善行业的贡献，对番禺"慈善之区"创建实践路径及其创新动力机制进行梳理总结，以系统呈现其工作推进现状和阶段性工作成果。

一、"慈善之区"创新动力机制

"慈善之区·幸福番禺"创建工作是番禺区城市整体发展战略的一部分，全区层面的推进建设需要建立创新动力机制。对此，番禺区一方面以党建引领为核心，促进各慈善主体参与建设工作，凝聚创建合力；另一方面根据相关政策联动各相关职能部门协调各项工作的有序推进。最后番禺区通过打造慈善人才培育机制，为"慈善之区"建设持续不断输入新的慈善生命力。

---

① 十大重点任务包括：1. 党建引领；2. 慈善组织发展及基础建设；3. "五社联动"工作；4. 慈善人才建设；5. 慈善救助项目创新；6. 慈善地标与慈善实体建设；7. 慈善组织内部治理与社会监督；8. 政府职能部门与慈善工作；9. 慈善文化建设及宣传；10. 公众参与慈善。

（一）凝聚慈善向心力，构建党建引领慈善发展机制

《番禺区创建"慈善之区"工作方案（2021—2023 年）》特别强调要坚持党建引领，把准慈善组织健康发展的政治方向。通过加强党的领导和强化服务管理，形成党在慈善事业中的思想引领、组织引领、党员引领的局面。

在思想引领层面，番禺区筑牢思想根基，扎实开展党史学习教育。区社会组织党委围绕"学史明理、学史增信、学史崇德、学史力行"总要求，坚持集中学习和自主学习相结合，坚持规定动作和自选动作相结合，推动党史学习教育深入开展。通过党组织书记讲党课、领导干部讲党课、带头读原著谈认识体会，聚焦党史学习教育，引导全体党员认真学"四史"，凝聚爱党爱国的强大正能量。用好"家门口"红色教育资源，组织党员打卡植地庄等红色教育基地，讲授"读伟人诗词 忆峥嵘岁月"等主题党课，打造浸润式党课，提升党课"趣味"。打造线上"指尖上"微课堂，利用"学习强国"学习平台、微信群、微信公众号等渠道，收集并推送"党史百年天天读""每日金句"等学习专题和资料，持续开展"每日读党史"活动，引导慈善组织和社会组织党员干部学在日常、学在随时、学在随地，在潜移默化和耳濡目染中加深对党史的认识和理解。

在组织引领层面，番禺区强化理论武装，提高政治站位。通过社会组织党委引领辖区社会组织（包括慈善组织）持续深入学习贯彻习近平新时代中国特色社会主义思想，党的十九大和十九届历次全会精神，认真推动"三会一课""第一议题"等党内生活制度落实，以主题党日活动、理论学习等为抓手，开展党员民主评议、专题党史学习教育等党建工作，巩固深化"不忘初心、牢记使命"主题教育成果，筑牢社会组织党员听党话、跟党走的思想基础。同时，深化党建工作与社会组织登记管理业务"四同时、三同步"工作机制，深入开展党建入章程"回头看"行动，截至目前，番禺区在册登记社会组织党建入章程率达 100%。另外，番禺区在落实"红联共建"过程中，积极打造"慈善+党建"新模式。通过创新工作机制，努力打通政策落实和慈善工作的"最后一米"，推动"党建+慈善"

模式的深度融合，结合慈善组织自身服务功能，结对工作优势，与行业优势资源丰富的支部联动，实现资源共享、优势互补、共同发展，为"红联共建"工作提供慈善力量。

在党员引领层面，深入开展"我为群众办实事"实践活动。实施"双报到"行动，建立"党建+志愿服务"模式。结合"三亮三树"工作，实施"常态化"志愿服务行动，促使各慈善组织党组织、党员深入一线、深入群众，为群众办更多实事、好事，连通服务群众的"最后一公里"。深入开展"你的心愿我的志愿"——党组织、党员为群众办实事"双微"行动。并积极响应参与番禺区"双微"行动之"禺愿行动"微心愿项目，为许愿人圆梦。截至 2022 年 12 月底，番禺区社会组织党组织（包括慈善组织党组织）共开展志愿服务活动 12 场次，累计参与学习党员 1405 人次。疫情期间，运用红棉热线协助镇街开展疫情防控工作，为社区居民检测核酸、接种新冠疫苗提供有力保障，共开通红棉热线 36 条，提供热线咨询48256 人次、服务群众 1033.01 万人次，调派社工 19684 人次，发动社区志愿者 20951 人次。2022 年全区各社会组织党组织开展"三亮三树"相关服务或活动 1390 场次，参与相关服务的党员人数 894 人[①]。

（二）联动各级职能部门，共建"慈善之区"创建协调机制

"慈善之区"创建涉及领域广，推进程度深，不仅需要自下而上的民间慈善力量的积极参与和实践探索，更需要自上而下的系统协调，提供制度供给、理念指引和财政支持。

对此，番禺区围绕"慈善之区"创建构建慈善工作组织协调机制，以区民政局为主导，担负起慈善事业牵头统筹和监督管理责任，会同有关政府部门、各镇（街）、慈善组织、行业组织以及企事业单位建立协同机制，形成工作合力。充分发挥工商联、工会、共青团、妇联、残联及红十字会等群团组织优势，实现慈善发展常态化、多元化和全民化。同时，番禺区加大财政资金对慈善事业发展的支持力度，具体措施有：一是在社会救

---

① 数据来源：广州市番禺区慈善会内部资料。

助、养老服务、儿童福利、残疾人福利、扶贫济困、社区治理等政府购买服务中，同等条件下优先考虑慈善组织；二是鼓励慈善会出资支持服务型组织实施慈善项目，落实慈善组织税收优惠政策；三是积极推动机关、企事业单位、人民团体、村（居）民委员会支持慈善组织开展慈善活动；四是鼓励各类公共场所、文化场馆、教育机构、医疗机构、社区服务设施为开展慈善活动提供场所和其他便利条件，并减免相关费用；五是鼓励公证、法律服务、评估、审计等专业机构对慈善活动实行费用优惠；六是鼓励广播、电视、报刊、网站等媒体减免慈善宣传费用等。

目前，番禺区各职能部门围绕"慈善之区"创建，已作出了一定程度的努力和成果。例如，在资金支持上，区财政局不断完善各项基本公共服务，构建高质量多层次社会保障体系，2021年投入21.84亿元完善医疗救治体系，坚持生命至上，着力推动健康番禺管理建设；投入17.38亿元推动退役军人优抚安置、残障群体康复护理、就业、养老敬老、公共租赁住房建设等社会保障全覆盖，多群体全方位社会保障有温度，2021年总民生支出高达156.98亿元①。在乡村振兴方面，区农业农村局全面实施乡村振兴建设行动，有效改善农村人居环境。大龙街新桥村等18个行政村获评广东省乡村治理"百镇千村"示范村。深入实施"厕所革命"三年提升计划（2021—2023年），2022年完成10个乡村公厕改造项目任务。扎实推进村庄清洁行动和"五个美丽"行动，161个行政村达到省定美丽宜居村标准，24个行政村达到省定特色精品村标准。同时，继续深入实施"百企兴百村"工程，巩固企业与村（镇）的结对共建关系，引导民营企业因地制宜把乡村振兴项目同农业产业发展规划结合起来，打造形式多样的涉农项目②。

---

① 广州市番禺区人民政府. 广州市番禺区财政局2021年工作总结和2022年工作计划［EB/OL］.（2022-03-24）. http：//www. panyu. gov. cn/zwgk/zjgb/bmgzbg/2021/content/post_ 8152518. html.

② 广州市番禺区人民政府. 广州市番禺区农业农村局2022年度工作总结及2023年重点工作计划［EB/OL］.（2022-03-31）. http：//www. panyu. gov. cn/zwgk/zjgb/bmgzbg/2022/content/post_ 8898583. html.

(三)"一个核心两个支撑",打造慈善人才培育三角机制

番禺区在推进公益慈善行业的人才培养工作方面有其独特的经验,基本建立形成了以品德和能力为导向,标准化、社会化、专业化的公益慈善行业人才培养体系,对接公益慈善行业的人才需求,探索创新公益慈善行业的人才培养的番禺模式。在"慈善之区"创建过程中,番禺区分别从党建引领、扎根社区、慈善智力出发,重点培育"引领型人才"、"实践型人才"和"知识型人才",形成慈善人才培育三角机制。

1. 党建引领慈善人才培育

番禺区积极实践广州在基层工作中所探索的"党建+慈善"模式。在日常工作中,注重将党员培养成慈善组织的骨干,通过骨干人员推动慈善组织的发展。同时,把慈善组织的负责人发展为党员,强化基层慈善组织中党的领导。另外,定期对慈善组织的相关党员干部进行培训。通过"党员志愿者+社工"的结合,深入各社区及各个基层慈善组织,为党建和志愿工作打下基础。

2. 扎根社区培育实践型慈善人才

番禺区慈善人才培养注重扎根本地社区,着力于为"五社联动"慈善生态网络培育专业人才,提高"五社联动"各慈善主体在社区慈善工作中的专业素养和实践能力。例如,由广州市番禺区慈善会资助,广州市社会创新中心开展的社区基金同行者能力提升计划,由点到面,由浅入深,由硬操作至软实力,全方位提高了社区基金同行者有关知识、技能和能力。提高番禺区社区慈善基金管理及运营人员的业务水平,进一步促进番禺区社区慈善基金管理及运营的常态化、规范化、专业化。"社区同行者"计划,实实在在地让社区慈善基金工作人员理解社区慈善基金在社区中所处的角色和所承担的责任,培育出实践导向的专业人才,对于保障社区服务、链接社区有效公益慈善资源、活化"五社联动"网络提供了有力的支撑。

3. 提高慈善智力,培育知识型慈善人才

番禺区积极通过慈善研究创新慈善发展模式。以"活力番禺"番禺慈

279

善模式研究提升计划为例，该计划力图通过学术的路径总结番禺公益慈善
的现状，尝试提出适合本土的社会服务发展路径，针对系统研究呈现的番
禺区社会服务共性问题，从学术回归实操，打造契合番禺区公益慈善现状
和发展方向的专题能力建设，形成合力进一步推进番禺区公益慈善领域的
快速发展。同时，借助外部力量共同探讨"番禺模式"的发展方向和突破
点，并对外推广"番禺模式"中有借鉴意义的做法，打造一批在番禺、广
州乃至广东有一定影响力的社会服务项目，提升番禺区社会建设在广东的
知名度。在推动慈善研究过程中，提高番禺区慈善智力，培育知识型慈善
人才。

二、"慈善之区"创建实践路径

番禺"慈善之区"创建具有地方色彩，如上文所述，"慈善之区"的
创建离不开番禺"慈善社区"建设的厚实基础，包括"五社联动"慈善生
态圈建设、社区慈善基金村（居）全覆盖等。在此基础上，"慈善之区"
建设工作整合既有成果，从全区层面优化推进各项慈善工作，分别从慈善
组织建设、慈善生态建设、慈善项目创新、慈善活动监督、参与国家慈善
事业5个层面提升全区慈善组织力、慈善发展力、慈善活动力、慈善透明
力、慈善影响力。

（一）"双轮驱动"+品牌建设，增进慈善组织力

为优化区慈善网络，番禺区打造了"慈善会+社联会"双轮驱动、三
级覆盖的慈善组织网络。目前，番禺区已建成"1+1+16+16+275"的慈善
双网络体系，涵盖慈善网络和社会组织协同网络，力求实现从区到镇街到
社区的三层级全方位多角度的慈善网络布局。同时，也注重慈善组织的培
育和发展，助力慈善组织品牌打造，从组织体系和组织品牌建设的角度增
强组织力。

1. "慈善会+社联会"双轮驱动慈善双网络运作

慈善双网络中，两个"1"分别指番禺区慈善会和番禺区社会组织联
合会。作为全区的慈善枢纽和社会组织枢纽，番禺区慈善会和番禺区社联

会服务于党和政府、各区、各部门以及社会各界，统筹联合番禺区经济、科研、社会服务及慈善等各个领域的优秀社会组织，在区委、区政府的支持下，在全区广泛开展各类慈善活动。在"慈善之区"创建中，为加大慈善组织培育发展力度，推动镇街慈善会加快登记认定慈善组织工作，番禺区特加强两级慈善组织建设，一方面强化番禺区慈善会在番禺区慈善事业发展中的引领示范作用；另一方面在区社联会中设立"公益慈善类社会组织专委会"，开展慈善组织培育发展、指导慈善组织认定和公募资格申请、慈善行业监督管理等工作。

"双轮驱动"不仅仅停留在区级层面，而是全面深入各镇街社区。慈善双网络体系中，两个"16"指番禺区内 16 个镇街的 16 个注册镇街级慈善会和 16 个镇街社区社会组织联合会，这些慈善会和社区社会组织联合会依托于各镇街社区，作为番禺区慈善会与各社区民众的衔接者，发挥承接政府职能转移、委托以及购买服务等事项、组织社区公益慈善和社会创新活动、协助政府开展各种慈善事业等功能，能够有效加强政府和社会各界的沟通合作，有效促进社区社会组织及社会公益慈善事业的健康发展。"慈善会+社联会"双轮驱动的慈善网络逐步细化从区到社区的慈善布局功能，形成自上而下的纵向慈善组织动员作用机制，实现全区慈善组织系统的高效运作。

2. 品牌化培育和发展慈善组织

在慈善组织孵化培育方面，番禺区根据初级、提升、品牌三个不同发展阶段的慈善组织成长需求，制订慈善组织能力提升计划，邀请专家督导一对一全程式培训跟踪，指导慈善组织规范管理，目标在于转变服务理念，提升治理能力，打造项目品牌特色。此外，番禺区还在社区创新开展微创投活动、培育社区慈善组织、促进社区自我服务方面，成效显著，初步形成了小创投、大创新的社区治理有效模式。微创投内容涉及党建活动、垃圾分类、心理健康、智能养老、特色社区、教育培训等多个服务领域，吸引专业社工机构、社区慈善组织等多方参与，实现社区需求和社会资源的有效对接，充分发挥社区慈善组织服务社区群众、参与社区治理、促进社区和谐的重要作用。

慈善事业的载体除了慈善组织，还包括各类从事慈善服务的社会组织，因此在"慈善之区"创建过程中，番禺区还注重全区社会组织的赋效能、提等级。以社会组织培训、等级评估推进社会组织信用建设，打造品牌社会组织，有效提升服务能力。番禺区民政局 2021 年 4 月 20 日出台《广州市番禺区社会组织培育发展专项资金管理办法》，通过扶持政策，对符合资格的社会组织按规定给予扶持。截至 2022 年 12 月 31 日，番禺区级登记在册的社会组织共 800 家，备案的社区社会组织共 2617 家，其中公益慈善组织 27 家，被评为 5A 等级社会组织 20 家，市品牌社会组织 8 家。

（二）营造"五社联动"慈善生态圈，提升慈善发展力

通过"慈善之区"的创建，番禺区积极营造区域慈善生态，以"五社联动"网络为基础，激发辖区各慈善主体活力，同时大力发展社区慈善基金和慈善空间，撬动慈善资源、营造慈善氛围，形成内部循环、持续发展的慈善生态圈。

1. 慈善嵌入治理，"五社联动"激发慈善主体活力

番禺"慈善之区"创建是"大慈善"的发展，与区域社会发展、社会治理密切相关，其慈善基建是嵌入社会治理中推进的。"五社联动"是番禺区基层社会治理的一大创新，"五社联动"网络最为重要的作用是有效调动社会各阶层的力量，实现社区多元共治。而在"慈善之区"建设中则充分利用"五社联动"机制，激发多元慈善主体活力，参与"慈善之区"创建。积极融入"五社联动"，推动形成"慈善+社会组织+社工+志愿服务"融合发展格局。

2016 年，番禺区社会组织联合会以"三社联动"机制为基础，创新将"五社联动"概念落地。2019 年"五社联动"社区治理模式在番禺区全面铺开。2020 年 1 月 10 日，在广州市社会创新中心主办的第四届广州社会创新论坛暨社会创新榜发布典礼上，番禺区"五社联动"公益生态圈建设项目获评为"十佳社会创新项目"。

番禺区通过"五社联动"，依法有序组织动员多元主体参与慈善事业

建设，开展精彩纷呈的慈善活动，推动实现人人参与、人人尽力、人人共享的"大慈善"氛围。通过"五社联动"，努力发现社区居民需求、为社区居民提供专业社会工作服务、运作社区服务项目、解决社区居民困难。例如，2021年，化龙镇社区依靠"五社联动"模式，整合社区的内外资源，通过在潭山村、塘头村、化龙社区等开展周五街坊日、微心愿和资助暨大社区微创投等方式组织和引导社区社会组织参与各项慈善活动，包括社区垃圾分类、困境儿童帮扶公益课堂、老旧社区微改造、乡村振兴等。

2. 社区慈善基金全面覆盖，撬动社区资源

作为"五社联动"慈善生态中的一环，番禺区积极开拓慈善基金筹措渠道，面向社会、社区、企业、居民、团体、组织、行业协会、慈善组织、热心市民、社区物管、地产商等广泛筹集社区慈善基金，使得社区慈善工作的开展有充足的社会资金支持。

在2020年，番禺区在实现275个社区基金全覆盖的基础上，开展社区基金培育计划、社区基金展能计划，赋能社区基金发展，通过制定《广州市番禺区慈善会社区基金管理办法》，为社区基金顺利实施提供了制度保障，协同区民政局社管科、区社联会为16个镇街275个社区基金设立单位举办宣讲培训班，主要宣讲社会组织登记管理、微创投运营模式、区级孵化基地运行等内容。番禺区慈善会在各镇街开展社区基金专题培训20余次，培训镇街民政工作人员、村（居）委会工作人员累计超过1000人次，为社区基金培育独立运营能力，搭建渠道打通自我"造血"功能。

引导各社区根据实际情况，利用社区基金开展救助帮扶、社区微改造、社区微创投等公益项目，推动建成长者活动中心、篮球场更新改造、旧楼加装扶手、铁门翻新、文化墙绘等公共服务设施。如市桥街西涌社区利用社区基金开展"困难家庭用电改造"社区基金的精准帮扶项目，关注这一被许多人忽略，却又关系到家家户户安全的问题，不断扩大社区基金项目服务覆盖面，让居民共享发展成果。

3. "慈善空间"多点遍布，打造浓厚慈善氛围

慈善空间是番禺慈善生态圈中的又一创新，慈善空间是进一步为社区

中国特色社区慈善：番禺经验

慈善赋能的载体。结合番禺区创建"慈善之区·幸福番禺"工作，慈善空间承担着弘扬慈善文化、展示慈善组织、提供慈善咨询、传播慈善理念、推广慈善项目、开展慈善服务的功能，使社区慈善募捐活动合法合规，使番禺区慈善会举行的募捐活动传播有载体，让爱心融入生活的角落，营造全民参与慈善的浓厚氛围。截至2023年2月，番禺区慈善会全区慈善空间站点达到213个，数量位居全市前列，遍布16个镇街党群服务中心、文化创意园区、图书馆、商业广场、乡村书屋等场所，进一步做实做强做优社区慈善服务载体，让公益慈善下沉到社区和城市每个角落，满足群众多层次、个性化的慈善服务需求，带动提升"人人慈善为人人"的浓厚社会氛围①。

其中，西坊大院慈善空间配合番禺区文化创意协会，参与番禺区2021—2022年公益慈善创投项目大赛，合作申报"西坊慈善空间——番禺青少年本土文化素质教育拓展"项目。该项目针对番禺区内年龄介于6~16岁的青少年，在西坊慈善空间开展四位一体的素质教育拓展及慈善活动，将举办一场艺术展览、3场非遗文化工艺体验课程及4次市集义卖活动和读书分享会，运用多元化的形式宣传番禺本土文化、助力非遗文化的传承。2022年，西坊大院积极发挥慈善空间的六大功能：弘扬慈善文化、传播慈善理念、展示慈善组织、推广慈善项目、提供慈善咨询、开展慈善服务，也召集更多的园区企业以及更多的群众参与，将公益活动引向深入，将尽己所能，提供良好的慈善环境，丰富内容，打造多维度的慈善空间，争取成为行业的示范点。

番禺区通过充分整合和调动社会慈善资源，打造便民慈善的综合服务平台，让慈善进一步融入社区、融入居民生活，让居民时时处处都能感受到这座城市的温暖和善意。也将继续加大慈善空间的宣传力度，广泛宣传公益慈善理念，激发各界参与热情，建成更多的慈善广场、慈善街道、慈善学校、慈善公园，助力番禺创建"慈善之区·幸福番禺"。

① 番禺区民政局．慈善空间又添新成员［EB/OL］．（2023-02-10）．http：//mzj.gz.gov.cn/gkmlpt/content/8/8796/post_8796651.html#350.

284

（三）跨界拓展慈善创新领域，激发慈善活动力

经过多年的打造，番禺区慈善事业已形成了"慈善+"跨界创新慈善模式，在全区开展推广"慈善+创投""慈善+运动""慈善+互联网"等系列项目，鼓励和引导各类慈善组织开展活动。目前，"慈善之区"创建过程中，番禺区不但在"慈善+"模式上推陈出新，还结合国家大政方针，推进慈善项目试点建设。此外，番禺区还进一步挖掘和拓展公众参与慈善活动和志愿服务的渠道，为"慈善之区"建设输入源源不断的活力。

1. 慈善项目创新模式多样

（1）首创"慈善+保险"跨界救助新模式。为深入推动社会救助各项政策措施落地、落实，进一步畅通救助渠道，提升救助效率，充分发挥慈善在社会救助中的补充作用，番禺区慈善会持续优化救助制度，2021年，以"慈善+保险"模式的探索为突破口，与广州人保财险联合签署保险救助保障服务项目合作协议，由保险公司切入原救助流程，延续原有救助申请审核机制，定期对困难群众进行实地走访，更深入了解困难群众的需求，实现慈善救助的提质增效。在巩固原来救助模式的基础上，深入推进社会救助模式改革创新，着力构建综合救助格局，2021年全年，为336人次困难患者提供综合性慈善救助服务，发放救助资金187.10万元，其中包含医疗救助、临时生活困难救助、异地务工人员医疗救助、助学救助。2022年审核通过602宗慈善救助申请，共支出救助资金277.22万元。

（2）持续打造番禺慈善品牌。"慈善健康行"作为番禺区的慈善品牌活动，自2015年起，每年都会以不同的筹款主题为不同的慈善项目筹款，救助不同的特殊群体。"慈善健康行"活动把慈善与体育运动进行紧密融合，每年以不同的筹款主题，为不同的慈善项目进行筹款，取得了非常好的社会效益，也得到了番禺区有关领导及各职能部门的大力支持，并得到了各大媒体的关注报道，活动的社会影响力不断扩大，形成了良好的慈善氛围和社会效应。"慈善健康"已成为番禺人的一种生活方式，人人参与、人人受益的新型慈善在番禺蔚然成风。"2021番禺区慈善健康行"活动以线上为主结合线下打卡，进一步丰富慈善活动的多样化形式，提升市民群

众的参与程度，扩大活动影响力。

番禺公益创投项目亦是番禺多年经营的慈善品牌项目，通过选拔优秀创新的社会服务项目，培养番禺区社会组织，推动社会组织发展。一方面鼓励更多社会组织参与慈善公益活动，优化慈善资源配置；另一方面以项目竞赛为载体，倡导和践行"全民公益"理念，支持和传播优秀公益项目的运作模式、先进理念，推广社会服务创新方法，遴选和赋能兼具创新性、有效性、核心竞争力且处于成长期的社会创新项目，为其提供交流展示平台，链接各方慈善资源，推动各界参与支持慈善公益行动。

（3）首批食品捐赠需求快捷对接试点区。2021年，为深入贯彻落实习近平总书记关于制止餐饮浪费行为的重要指示精神，弘扬中华民族勤俭节约的传统美德，响应国家号召，减少食物浪费，物尽其用，帮助有困难的人，按照省、市民政部门的统一部署，番禺区成为广州市内首批探索开展食品捐赠需求快捷对接试点区之一，率先探索建立食品捐赠需求对接机制，并出台了《广州市番禺区食品捐赠需求快捷对接工作方案》，3家爱心企业（机构）为食品捐赠试点的首批捐赠人。作为慈善机构，番禺区慈善会积极引导企业、组织和个人捐赠食品，并按规定送给有需要的群体。广州市番禺区饮食行业商会、广州壹山傍水农业科技发展有限公司、广州市禺山腊味食品有限公司3家爱心企业（机构），作为番禺区食品捐赠试点的首批捐赠企业与番禺区慈善会签订捐赠协议，并由番禺区慈善会将捐赠食品交给番禺区救助管理中心，为有需要的特殊群体送上温暖和关爱。

番禺区通过试点活动，不断完善临期食品捐赠制度机制，并逐步在更多机构和社区推广实践，带动更多的爱心企业加入食品捐赠行列，为特殊人群织密扎牢社会救助温情网、安全网，在全社会营造浪费可耻、节约为荣的氛围，打造"弱有众扶"民生幸福标杆。自项目开展以来，累计接受3批次食品及外用药品，折合价值8.3万元。以上捐赠食品、外用药品包括零食、腊肠、外用药油，分别由区救助中心、区福利院接受。

2. 创新慈善参与形式，拓宽慈善参与渠道

（1）网络募捐助力全民慈善。2021 年，番禺区紧跟社会发展趋势，开展 10 个网络募捐项目，参与捐赠人次达 55.96 万人；线上募得善款 598.55 万元。其中，番禺区慈善会 2021 年首次参与"99 公益日"活动，作为活动的其中一个分会场，番禺区慈善会积极调动社区慈善基金积极性参与，发动 65 个社区基金参加活动，动员 9682 人次参加捐款，共筹得善款 62.88 万元。该项活动所有筹得的资金全部划分到各社区基金分账，资金使用情况不定期通过腾讯公益平台向社会作信息披露，确保每一笔爱心捐赠款都在公开、透明、阳光下运行。

（2）构建志愿服务番禺模式，搭建志愿服务支持网络。在番禺区委组织部、番禺区委宣传部指导下，番禺区慈善会联合番禺区社区志愿者协会联合开展"禺愿行动"微心愿募捐项目，项目自 2021 年 3 月 5 日启动至 2023 年 2 月，共开展 4 期，上线全区困难群众微心愿 593 个，目前已被全部点亮，价值 12 万多元，包括电饭煲、拐杖和学习机等。"禺愿行动"微心愿项目开展以来已发布 4 期微心愿活动，经过探索不断改进，形成了番禺模式下"公益慈善+志愿者+社工+社区治理"圆梦微心愿的工作机制，让人道关怀体现自我价值成为人们新的思维方式与生活方式，形成人人参与、人人尽力的慈善风尚，使慈善成为一种生活方式，一种价值追求，培养了人人"随手公益"的习惯，形成你我争先恐后为群众办实事的生动局面，弘扬了公益精神。

2022 年，番禺成立了首个志愿服务基金："广州市番禺区慈善会社区志愿者协会番禺志愿服务基金"。该基金是番禺区社区志愿者协会在番禺区慈善会设立的社区志愿服务基金。为番禺区的志愿者及其家人、社区志愿服务组织和团队提供赋能、实务、微资助和激励服务，让更多人能够协助社区问题的解决并促进社区发展，成为社区服务的重要补充力量。多家企业和个人现场为志愿服务基金定向捐赠资金和物资，为志愿服务的持续发展提供支持。

（3）推动冠名慈善基金发展，为共同富裕注入善能量。番禺区大力倡

导鼓励以企业、区各职能部门、家庭（家族）或个人名义成立慈善基金或冠名基金，鼓励和规范发展网络募捐和媒体慈善，为人人参与慈善提供便捷渠道。

2021年，番禺区慈善会新增成立了5家冠名慈善基金，其中4家为企业冠名，1家为个人冠名。企业冠名慈善基金包括番禺区慈善会联合众城水产（广州）有限公司助农助学慈善基金，启动资金50万元，该冠名基金一方面为深化消费助农，另一方面帮助困难学子解决学费问题；番禺区慈善会番禺电缆集团来穗人员心脏重症急救基金，启动资金20万元，专项用于救治在番禺区外医院治疗的心脏重症来穗人员；番禺区慈善会墨如金文化艺术慈善基金，启动资金3万元，专项用于弘扬优秀传统文化、支持乡村振兴建设等文化教育事业；番禺区慈善会信业集团慈善基金，启动资金300万元，专项用于包括但不限于传统文化宣传、扶贫济困、乡村振兴等慈善项目活动。个人冠名慈善基金为番禺区慈善会陈鉴希慈善基金，启动资金2.48万元，专项用于包括但不限于关于教育、扶贫、济困、扶老、救孤等公益慈善项目活动。

目前，番禺区慈善会有冠名基金、专项基金、社区基金等专项基金达325个，资金存量达4955.65万元，资金使用覆盖扶贫、济困、助学、文化、教育、疫情防控、乡村振兴项目、郑州水灾灾后重建等领域，为推进全体人民实现共同富裕注入善能量，让慈善事业在全民共享、全面共享、共建共享、渐进共享中发挥越来越重要的作用。

此外，通过搭建慈善捐赠共享桥梁，定向捐赠进一步有效搭建社会资源在不同群体间的共享桥梁，2021年已开展定向捐赠项目22个，涉及捐赠个人与企业132个；通过番禺区慈善会定向捐赠到第三方机构的捐赠金额达2494.77万元。定向捐赠100万元以上的项目：长隆集团定向大石街慈善项目1000万元；疫情专项项目300.08万元；莲花山望海观音修葺项目483.29万元；定向环卫行业协会及区内社会服务机构、困难群众捐赠衣物折价207.02万元；区内突发公共安全事件268.01万元。2022年度接受委托定向捐赠款物折合价值767.73万元，定向捐赠主要用于慈善救助、公益资助、赈灾援助等公益慈善业务，其中资金定向捐赠项目31个，实物定向捐赠项目93个，食品定向捐赠项目1个。

（四）强化慈善监督，完善慈善透明力

番禺"慈善之区"建设特别注重慈善服务及活动的标准化和规范化建设，加强对慈善组织监督、提升慈善公信力。通过构建慈善服务网络、制定慈善事业发展各项标准、优化慈善组织内部治理，完善透明力。

1. "互联网+慈善"助推慈善服务透明化

互联网平台有效地连通了碎片化的需求与资源，为慈善工作的开展营造了良好的生态，极大地推动了番禺区慈善事业的发展与壮大。番禺区的慈善组织在推进互联网在慈善服务中的运用有着丰富的探索。一是通过建立官方网站和微信公众号，构建媒体矩阵，打通媒体渠道，不断完善网络平台功能，丰富信息内容，充分借助互联网和移动互联网渠道的宣传优势，打造慈善工作网络宣传阵地，同时提升番禺区慈善组织的知名度和透明度；二是通过建立慈善救助业务审批系统将慈善救助申请、受理、审批、复核、资金发放、信息查询、数据储存及档案管理等各环节进行整合。番禺区系统用户通过该系统实现了网上提交和审批，最大限度优化审批工作流程，缩短审批工作时间，提高工作效率。在完成救助审批后番禺区慈善会直接把救助资金划拨至申请人账户，省去了镇街、村（居）中间环节，加快了资金到账速度，让困难群众及时得到帮助，提高了慈善资金的使用效率。

2. 制定标准化体系规范慈善事业发展

2020年底，广州市番禺区慈善会把标准化建设工作纳入2021年度工作计划，率先在广州市番禺区推出慈善组织标准化体系建设工作。制订3年行动计划，发挥区域性慈善会的纽带作用，在全区范围内推广慈善行业的各项标准化建设工作，并提炼经验，总结各项标准化工作贯彻落实的程序和评定。目前，围绕社区慈善工作的落地，番禺区已制定了包括《番禺区社区慈善工作者手册》《广州市番禺区社区慈善基金指数评估体系》《广州市番禺区社区慈善基金会操作运行手册》等标准化成果。以《番禺区社区慈善工作者手册》为例，该手册向一线慈善工作者简述了社区慈善的基本概念、政策法规、慈善组织运作、慈善创新发展案例，为社区慈善工作者打好理论根基，把握工作脉络。《广州市番禺区社区慈善基金指数评估体系》则是番禺区率先开发的首个社区慈善基金评估指数，该评估体系对社区慈善基金的发展趋势作出预测性判断，并且通过评估的过程和结果，促使社区慈善基金系统科学发展。通过社区慈善基金的评估了解社区慈善基金发展的重点和难点，制订针对性发展规划，并以此为抓手，进行社区慈善基金发展的引领性工作。

3. 企业化运作，优化慈善组织内部治理

专职慈善从业人员较少，组织事务繁复，这决定了慈善组织的最佳配置为"小而精"，对于一些专业性的项目，可以通过购买服务的方式，专职人员主要负责沟通与对接，作为组织者统筹项目管理。就组织整体发展而言，可通过引入外部力量，规范组织内部管理制度和运作，提升组织内部治理能力和组织公信力。

比如，番禺区慈善会引入了社会监督，通过外部力量推进体系透明化的进程。一是成立番禺区慈善会监事会，监事会由区纪委、审计部门及资深执业律师代表组成，对番禺区慈善会财务运作及管理人员履职情况进行监督。二是制定了《广州市番禺区慈善会财务管理制度》，切实管好用好慈善资金。三是聘请第三方审计机构开展年度审计和慈善项目专项审计，确保慈善资金有效用于公益活动。四是不定时主动接受广州市慈善组织社会监督委员会、省市区相关审计部门的各类审计，确保慈善资金有效用于公益慈善活动。通过以上一系列举措，加强对慈善资金运作、管理和监督的规范化、透明化。

（五）服务国家大局，增强慈善影响力

番禺区慈善事业建设已在区域范围形成相当的行业影响力和社会影响力，辖区慈善服务、慈善组织、慈善机制的发展已在广州市甚至广东省内形成影响力。在"慈善之区"创建中，番禺区积极参与国家层面的慈善事业建设，为国家慈善建设贡献力量的同时继续扩大番禺慈善影响力。

1. "互联网+慈善"创新慈善文化传播

番禺慈善行业注重品牌项目宣传，利用多渠道进行组织形象、慈善事迹、慈善文化的宣传，形成"互联网+慈善"的传播模式。首先，番禺区各慈善组织都开通微信公众号，通过微信公众号向大众传播慈善活动和价值理念，宣传优秀的慈善人物，激励公众广泛参与慈善事业，并与媒体进行合作，进行慈善文化的宣传、弘扬。比如，当前电商直播在全社会掀起了热潮，借助直播带货的热度，2020年番禺区慈善会首创慈善义卖新模式，开展"慈善为民·大爱番禺"活动，通过直播带货、爱心义卖等新方式，吸引了40多万人在线观看，将慈善融入新媒体传播渠道，使慈善理念触及更多群众，助力脱贫致富。

2. 以多元主题活动弘扬慈善文化

慈善活动是传承、弘扬慈善文化的有力途径，而浓厚的慈善文化氛围正是慈善影响力的重要体现。番禺区慈善组织在不断发展、创新中形成多个有亮点的品牌项目，例如番禺区慈善会自2001年成立以来，设立了"慈善健康行活动""金秋助学""慈善超市""益路同行，慈善共赢——番禺区公益慈善创投项目大赛"等多个慈善项目。

"慈善健康行活动"把慈善与体育运动紧密融合，组织社会各界爱心人士参与，以不同的筹款主题为不同的慈善项目进行筹款，为社会有需要的人提供帮助，市民群众的参与程度逐年提高，是番禺区一年一度的慈善品牌盛事。

"金秋助学"项目制定《广州市番禺区慈善会助学金资助标准》，对在区总工会备案的困难职工家庭中在读或新入读小学、初中、高中（含全日制职高、中专、技校）、在读全日制或新考入全日制大学的子女进行资助，帮助困难家庭子女解决上学问题。

"慈善超市"项目对区内在册低保、低收入和五保供养对象通过发放慈善超市物品领取券的方式进行救助，让符合条件的低保户等困难人士每月免费领取日常生活必需品，提高其生活质量。

"番禺区公益慈善创投项目大赛"为构建多元化公益项目交流平台，

发掘优秀公益慈善项目，充分发挥慈善组织的积极作用，促进本地区公益慈善事业的发展。

3. 携脱贫攻坚之力，建乡村振兴之基

番禺区坚决落实省、市、区关于乡村振兴工作部署，瞄准乡村振兴核心工作，番禺区慈善会积极参与"6·30"活动，紧紧围绕乡村振兴这条主线，牵住扶贫济困这个"牛鼻子"，积极探索社会扶贫资源与贫困群众需求精准对接的新路径，开展多个领域、多种类型的脱贫攻坚项目，让慈善力量在乡村振兴路上绽放光彩，惠及多个地区。番禺区慈善会充分发挥自身优势，积极搭建桥梁，凝聚慈善力量，引导爱心企业、会员单位，以项目为抓手，助力对口帮扶地区脱贫攻坚成果与乡村振兴的有效衔接工作深入开展，彰显番禺"慈善之区"助力巩固脱贫攻坚与乡村振兴有效衔接的担当。2022年在巩固脱贫攻坚成果，助力乡村振兴方面共筹得善款约1435.32万元，支出善款约1130.36万元。

番禺区多元慈善力量助力贵州省毕节市赫章县乡村振兴战略三年行动牵手计划，按照慈善组织助力乡村振兴工作思路，"一年建阵地扎基础，两年培育发展，三年输出成效"的计划，借助番禺区多元公益慈善的力量与经验，实现公益服务项目的开发与落地，以充分发挥慈善组织党组织政治引领作用，支持引导慈善组织参与社区治理、助力乡村振兴工作。

开展"同一蓝天 共同幸福"百名老区孩子看番禺活动。活动邀请百名来自陕西延安、贵州毕节、河北雄安、福建宁德和广东梅州等革命老区、苏区的后代到番禺区开展为期4天的学习交流营。同时发动爱心人士、企业与老区、苏区的困难孩子建立互助帮扶；活动吸引了27个爱心企业（个人）与103名孩子建立结对帮扶关系，结对帮扶共筹得善款154.5万元。深入贯彻落实党中央、国务院决策部署，为番禺区与革命老区的交流合作开好头、起好步，为下一阶段探索搭建番禺与革命老区资讯互递、资源共享平台打下了坚实基础，进一步巩固拓展革命老区脱贫攻坚成果。

4. 携手共筑防疫线，勠力同心善担当

2021年5月下旬，广州市本土新冠疫情突如其来，在区委、区政府的坚强领导下，番禺区慈善会协同全区各界同舟共济、同心同德，采取最坚决、最果断、最严格的防控措施，坚决遏制疫情扩散蔓延，全力以赴打好打赢疫情防控硬仗。2021年全年接受27家热心企业及若干个人捐赠的款物，其中募得善款41万元；累计接受42批次热心企业及个人捐赠的物资，折合人民币259.08万元。2022年10月底，广州市面临抗疫3年以来最复杂、最严峻的疫情形势，番禺区8个镇街出现确诊、疑似病例，疫情攻坚战拉响。2022年番禺区慈善会累计接受58批次热心企业及个人捐赠的款物，折合人民币459.26万元，捐赠物资已经全部用于疫情防控。

一是深入贯彻落实习近平总书记关于疫情防控重要讲话、重要指示批示精神，贯彻落实党中央决策部署和省、市、区关于疫情防控工作要求，制订《广州市番禺区慈善会疫情防控方案和应急预案》确保做好内部疫情防控工作。迅速制订《广州市番禺区慈善会捐赠活动疫情防控方案》，为疫情期间开展的捐赠活动提供安全保障，确保捐赠活动顺利举行。制订《广州市番禺区慈善会疫情防控物资保障工作方案》进一步健全完善常态化新冠疫情防控和应急处置工作机制，加大困难群众、一线疫情防控人员在疫情防控期间的物资保障力度，提升新冠疫情防控捐赠物资的运作效率。在支持社区防疫方面，发布《广州市番禺区慈善会关于充分发挥社区基金作用打赢疫情防控攻坚战的倡议书》，号召全区社区基金充分发挥自身资源、直接联系群众优势，为抗疫一线提供支持，为全面切断疫情传播链条作出积极贡献。2021年社区基金用于疫情防控99.83万元。

二是高效对接番禺区对口帮扶单位，助力番禺打赢疫情防控战。全力抗击新冠疫情的关键时刻，五华县发动32家农产品企业捐赠两批支援物资，价值约110万元，威宁县发动16家当地爱心企业采集捐赠农产品共108吨，价值约80万元，赫章县发动4家爱心企业捐赠物资，价值约62万元，所有捐赠物资用于慰问番禺区坚守在抗疫一线的工作人员。孝感中医医院为番禺制作"护身符"。为助力阻断疫情传播，孝感市中医医院加班加点制作捐赠了共 5000 袋抗疫香囊，价值 10 万元，番禺区慈善会通过区交通运输局对接到广州公交集团二汽番禺片区，及时将香囊分配到全区 120 条公交线路、在近 1200 辆公交车上使用。

5. 守望相助传递爱，驰援河南克难关

河南省部分地区遭遇特大暴雨和洪涝灾害，番禺区快速行动，2021 年 7 月 22 日向社会各界发起驰援河南洪灾爱心行动公开募捐专项筹款项目。所募款物将全部用于支持河南省抗洪救灾，支援灾区群众生产生活、安置重建等工作。捐款链接一发出，爱心善款源源不断涌入专项筹款账户，其中突出贡献单位有广州乐摇摇信息科技有限公司捐赠 10 万元、广州市桦城物业管理有限公司捐赠 10 万元、广州市保伦电子有限公司捐赠 20 万元、广州市番禺区得宝立房产实业有限公司捐赠 50 万元、合壹汇医疗器械集团有限公司捐赠 51.93 万元；2021 年驰援河南洪灾爱心行动专项募得善款 154.19 万元，募得物资价值 261.78 万元，款物合计 415.97 万元。

第三节　番禺"慈善之区"创建的未来优化方向

番禺开展"慈善之区"建设以来，成果突出，形成独特的发展机制和实践路径，但其创建工作中依然存在短板。通过访谈和实地走访工作，锁定了番禺"慈善之区"建设中重要的党建引领、"五社联动"、慈善项目创新力、慈善人才培育、公众参与 5 个领域，考察番禺"慈善之区"创建过程中的问题，并动态分析番禺区在解决这些问题方面作出的尝试。在 2021 年实地走访调研中发现，番禺区"慈善之区"创建在党建引领方面，慈善组织内驱力有待提升；"五社联动"方面，社区慈善基金效能偏低；慈善项目方面，创新意愿不高；人才培育方面，人才培育意识有待提高；公众参与方面，覆盖面存在局限。通过 2022—2023 年番禺区创建"慈善之区"相关事例和数据，再次考察这五个领域的发展现状，具体情况如下。

一、党建引领：慈善组织内驱力有待提升

"慈善之区"创建需要坚持党建引领，把准慈善组织健康发展的政治方向。尽管番禺区已实现了社区社会组织党组织建设两个"全覆盖"，但在2021年的走访调研中发现，区内慈善组织在党建引领慈善方面存在内驱力有待提升的问题，体现为活动形式单一和缺乏创新性。同时，也发现在相关职能部门监督慈善组织党建引领的支持力度有待提升。

通过在2021年调研区内30家慈善组织党组织，发现当时番禺区慈善组织主要通过结合宣传工作和慈善活动，推进党建引领慈善工作。在党建宣传方面，受访慈善组织有45.83%通过组织党员生活会的形式进行党建宣传；有29.17%的组织采取制作、张贴、派发宣传品的形式；20.83%的组织采取组织观影的形式；25%的组织通过开展党建课程讲座进行宣传；8.33%的组织采取建设文化实体空间的形式。慈善组织党建宣传活动中，组织党员生活会这一形式的占比明显高于其他形式，而建设文化实体空间则明显偏低（如图7-1所示）。

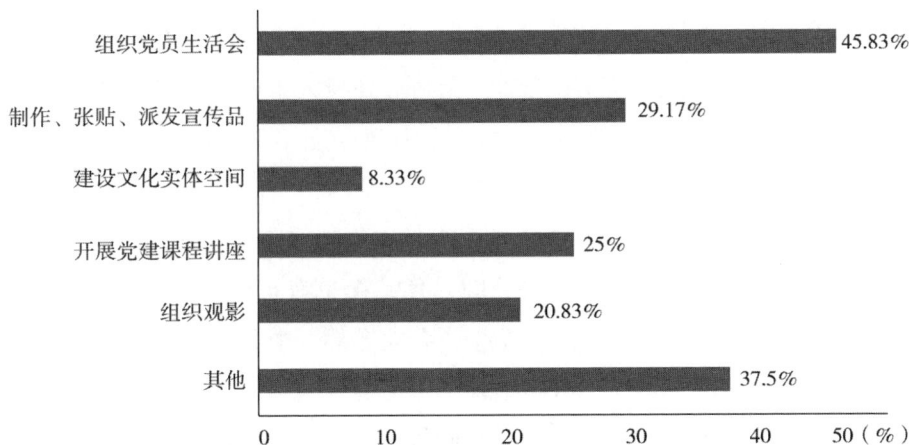

图7-1　慈善组织党建宣传活动主要形式

为落实党建引领慈善活动，2021年调研受访慈善组织中组建党员志愿服务队伍这一形式的占比明显高于其他形式，而打造党建慈善品牌则明显

偏低。尽管多数受访慈善组织意识到引导党员参与志愿服务的重要性，以党员志愿服务推进慈善活动，但少有慈善组织意识到通过党建引领打造慈善品牌，形成更大的社会影响力（如图 7-2 所示）。

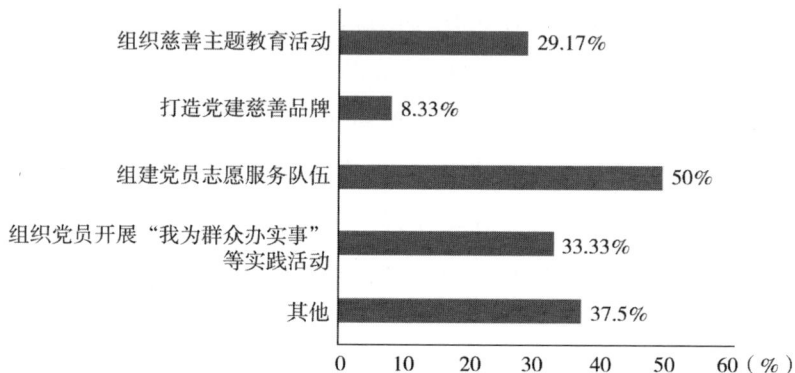

图 7-2　慈善组织党建引领慈善活动的方式

造成党建引领慈善内驱力不足的成因有两个方面：一是慈善组织对于党的政策方向和指导方针认识不足，未能将党的思想和政策与机构的慈善服务本身有机融合；二是慈善组织受困于自身资源有限性，在资金和人力不足的情况下，只能以"简单、省时、省力"的方式满足工作要求。例如，党员生活会是例行的组织活动，无须额外投入。认识的局限性和资源的有限性，导致了慈善组织的党建工作出现深度不够、内驱动力不足的问题。

值得注意的是，通过 2022 年 1—12 月相关宣传资料可以看到，番禺区已经形成"红联共建"党建引领品牌，各镇街也有自己特色的党建项目。比如，广州社促会党支部、番禺区慈善会党支部、中共广州酒家集团利口福公司第一支部委员会、广州穗星社工服务中心党支部签订"红联共建"协议，构建结对互助、双向促进、共同提高的基层党建发展格局。又如，石楼镇商会党支部、石碁镇供销社党支部组织携手广州社联秘书处党支部、广州市社会组织联合会在助残志愿领域开展党建共建活动，开展特殊困难重度残障群体探访活动。再如，桥南街开展"桥南街党建引领'五结对'帮扶特殊困难群体'微心愿'圆梦行动"。通过番禺区层面和各镇街党建引领行动的分析，可以看到这两年间番禺在积极推进"红联共建"党建品牌，各镇街也积极践行，番禺区慈善组织党组织的党建引领内驱力有所提升。

2021年针对相关职能部门的问卷调查显示，为监督落实番禺区各慈善组织的党建引领准则，受访相关部门只有11.11%采取制定相关政策/发布相关文件的形式，只有11.11%采取建立慈善组织评估制度的形式。采取最多的具体措施是"参与并考察慈善组织所开展的党建活动"，占比50%和"制作、张贴、派发党建宣传品"，占比50%（如图7-3所示）。

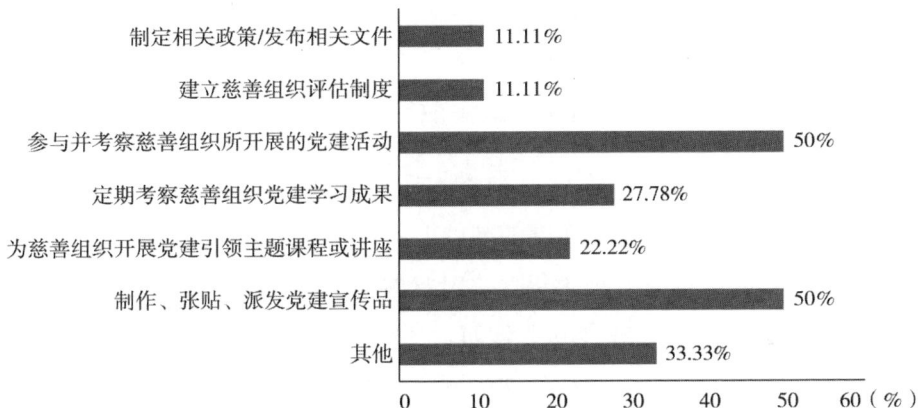

图7-3　相关职能部门监督落实慈善组织党建引领的措施

而具体到参与慈善组织党建监督工作方面，2021年接受访问的相关部门有61.11%参与党建宣传工作，有22.22%参与党建教育工作，有33.33%参与党建资源工作，有27.78%参与政策方针工作（如图7-4所示）。

可以看出，相关职能部门在监督落实慈善组织党建监督的工作中，精力集中于宣传工作方面，对党建教育、党建资源、制定/发布相关政策指引等支持引导型措施重视程度有待增强，在为慈善组织党建工作提供足够的政策指引和党建资源支持方面有待提升。

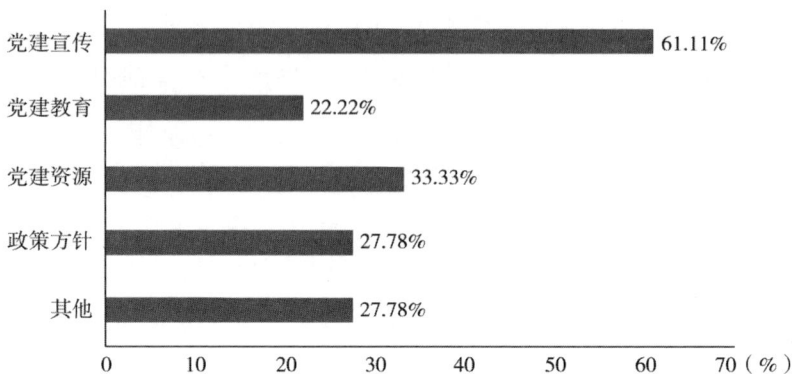

党建宣传 ———— 61.11%
党建教育 ———— 22.22%
党建资源 ———— 33.33%
政策方针 ———— 27.78%
其他 ———— 27.78%

图 7-4 相关职能部门参与慈善组织党建监督工作

二、"五社联动"：社区慈善基金效能增进显著

番禺"慈善之区"创建在"五社联动"（社区、社会组织、社工、社区企业、社区基金）共治生态圈的基础上，特别考察了"五社联动"的慈善网络构建情况。调研发现番禺区在社区慈善基金建设上处于领先地位，并形成特色案例，但 2021 年初总体而言社区慈善基金未全面激活。调研后认为，原因很可能是与"五社联动"网络各主体间未建立适当的合作机制有关，特别是与社区企业的合作机制还有待加强。

根据相关数据可以看到，各镇街社区慈善基金初始资金与镇街的经济基础密切相关。市桥街道、南村镇、东环镇分别以 216 万元、140 万元、129 万元的初始资金规模名列前三；2022 年番禺区各镇街 GDP 排名最后 5 位的分别是新造镇、石壁街道、桥南街道、小谷围街道、沙头街道（从低到高，新造镇最低），可以看到这 5 个镇街社区慈善基金的初始资金规模也最低。

在使用频率方面，在 2020 年番禺区 16 个镇街社区慈善基金实现全覆盖，但当年仅有钟村街道、桥南街道、大龙街道、石碁镇 4 个镇街社区基金有使用，使用率只有 25%；在 2021 年底 16 个镇街社区慈善基金使用率已经达到 100%，社区慈善基金在实现其功能作用发挥上进展迅速。根据 2022 年 12 月 31 日统计数据，社区慈善基金总使用率达 55%，16 个镇街社区慈善基金使用率均在 25% 以上，使用率 40% 以上的社区慈善基金有 10 个，其中，使用率排前三位的分别为钟村街（92%）、东环街（81%）、沙头街（72%）；排名最后的市桥街和南村镇因为社区慈善基金体量大，使用率虽然只达到 25% 和 29%，但是三年来总支出也都在 50 万元以上。筹款能力（总收入）前三位分别为钟村街道（709.89 万元）、洛浦街（336.94 万元）、市桥街道（320.45 万元）①。

基于 2021 年调研中发现的社区慈善基金情况，审视了"五社联动"中各慈善主体间的合作关系，发现受访慈善组织中，有 66.67% 的组织和其他社会组织建立了慈善合作关系；54.17% 的组织与村（居）委会建立了慈善合作关系；41.6% 的组织与社区企业建立了慈善合作关系；37.5% 的组织与社会工作者建立了慈善合作关系；25% 的组织与社区基金建立了合作关系。可以看出，慈善组织与社区慈善基金的合作偏低。而反观近两年的相关慈善事件报道，可以看到社区基金更多的还是与村（居）委会、社工服务站和区内社会组织、企业合作开展活动，社区基金与慈善组织的合作频率并没有明显提升。这可能跟社区慈善基金"取之于社区、用之于社区"的社区属性有关，社区基金的资金更多地用于社区微公益创投和社区改造、临时救助和探访困难群体上，而慈善组织并没有社区这一属性，大多以项目制形式在社区开展活动，双方之间的合作空间比较少。

2021 年调研发现，受访企业与其他主体建立慈善关系均存在比例过低的情况，受访样本中没有与社区基金建立合作关系企业，与此同时其他选项中企业表示未与"五社联动"中的各主体合作。一方面是因为 2021 年社区基金刚在番禺区实现全覆盖，企业对社区基金设立目的和意义不了解，对双方合作缺乏期待；另一方面也折射出企业参与慈善的方式比较单一，仍然延续传统的捐款捐物、开展困难群体探访的做法，区内企业对"五社联动"理解较片面。

而与社区慈善基金的运作密切相关的社区（村委会/居委会），有

---

① 数据来源：番禺区慈善会。

70.27%与社区志愿队伍合作，有 66.22%与社工服务站（项目点）合作，有 55.41%与社区慈善基金合作，有 38.51%与社会慈善组织合作，有 26.35%与企业等社会慈善资源合作。其中，与志愿者队伍建立合作关系是社区最主要的工作机制，占70.27%，选择与外界社会慈善资源合作的方式最少，占26.35%。可见，在"五社联动"机制建设中，社区倾向于与关系更为密切的社区志愿队伍、社工服务站（项目点）、社区慈善基金合作，而与公益慈善组织、企业等社会慈善资源的链接还有更大发展的空间。

从慈善主体的合作方式上看，受访慈善组织中有 66.67%采取了联名举办公益活动的方式；41.67%的组织采取了联合组建志愿服务队伍的方式；29.17%的组织采取了联合筹备社区公益基金的方式。各项占比差异显著，说明慈善组织偏好联合举办公益活动的方式，对联合筹备社区公益基金重视程度仍有待加强。

受访企业中则有60%采取联名举办公益活动的方式，20%采取联合组建志愿服务队伍的方式，20%采取联合筹备社区公益基金的方式。各项占比差异显著，说明企业偏好联合举办公益活动的方式，对于其他慈善活动模式积极性不高。

通过对"五社联动"主体间合作关系进行考察，发现慈善组织、企业与社区慈善基金的合作程度偏低，在各"五社联动"主体中，企业与其他主体的合作程度偏低的情况尤其值得关注，特别是与社区慈善基金的关系。相比其他主体，企业具有自我"造血"功能，与个人捐赠相比，企业慈善资源的投入更具规模效应和稳定性，慈善网络的可持续发展有赖于企业的慈善资源投入。而社区慈善基金是资源聚集平台，起到的首要作用是社区资源整合。社区企业和社区基金两个慈善主体的关系就如江河和水库一样，社区企业如江河一样提供源源不断的流动资源，社区基金如水库一样对资源进行储存和分流再用，给慈善组织、社工、社区"灌溉""发电"。要活化社区基金，提升其撬动社区资源的效能必须深入思考如何构建与社区企业的合作机制，形成可持续的慈善资源供给。

三、慈善项目：慈善创新意愿有待提升

尽管番禺区已创新开发出"禺愿行动""慈善健康行"等创新项目，但在深入一线慈善活动层面，仍然存在活动形式不够丰富、慈善工作者创新意愿不足的问题。

就慈善活动形式来看，受访慈善组织中有45.83%的组织开展了志愿活动；有37.5%的组织开展了公益讲座、文艺演出、体育健身等公益服务；还有4.17%的组织采取打造慈善地标、慈善实体、慈善空间的形式以及4.17%的组织采取设立冠名基金、冠名项目或开展冠名活动的形式。此外还有部分组织采取了临时救助、慈善慰问、捐赠抗疫物资、免费开展康乐活动等形式，占比为16.67%。可见，除了开展公益讲座、文艺演出、志愿服务等传统公益服务形式外，慈善空间打造、互联网慈善活动等创新形式的占比偏低。大部分慈善组织依然倾向于传统的活动形式，对于新兴慈善活动形式抱有观望态度，多数组织对于创新慈善活动形式未有深入思考。

不过，从改善慈善活动的角度出发，不少受访慈善组织也认识到项目创新的重要性，其中有54.17%的受访组织认为改善慈善活动需要创新项目设计，与提高工作人员专业素质（58.33%）、加大宣传力度（58.33%）、增加募捐方式（45.83%）等重要性相当。尽管不少慈善工作者意识到创新慈善形式对慈善事业发展乃至社会治理现代化的重要性，但一旦到了推进落实层面，行动意愿不足的问题就开始浮现，这一问题依然与慈善组织的资源有限性相关。

受访慈善组织中有87.5%的希望能得到财力支持；66.67%的希望得到物力支持和人力支持，只有少数慈善组织认为需要得到宣传和政策指引等支持。说明慈善组织希望在开展慈善活动方面，得到更多实在的资源支持，尤其是财力支持。受访慈善组织认为，只有在资源充足的背景下，慈善创新才能得到有力推进。

四、人才培育：人才培育意识有待提升

培养公益慈善专业人才是发展慈善事业的必然选择。从传统慈善向现代慈善过渡的过程中，公益慈善专业人才紧缺，制约着慈善组织及慈善事业发展的专业化和职业化水平。公益慈善行业薪酬竞争力在行业横向对比中整体较弱，这是培养公益慈善人才的一大挑战。在我国，公益慈善事业人才培养主要是嵌入社会工作、社会学等法学类或公共事业管理等公共管理类专业中进行的，尚未形成有效的认知度和专业度。而在番禺"慈善之城"的创建过程中，慈善人才培育尽管已有相当的经验，但依然存在人才培育意识不足的问题，这直接影响了慈善人才建设的积极性和资源投入程度。

相关职能部门为慈善人才赋能方面，有72%着力于宣传推广，有39%提供政策保障，有33%提供教育资源，有17%提供资金支持和人才引进。可以看到，相关职能部门在慈善人才建设方面大多停留在宣传和政策保障层面，而缺乏实际的教育培训、资金和人才引进支持。

33%接受访问的相关职能部门会制定优惠政策/发布相关文件；有33%提供培训讲座，如定期组织党员、志愿者参加学习培训，增强服务能力；有22%提供人才交流渠道，如通过网络、建立微信群为参与者提供活动交流平台。此外，还有33%的受访对象表示没有制定相关措施。

对大多数相关职能部门来说，支持慈善事业并非其主要工作，因此未对慈善人才培育投入过多的资源和精力，更多的是以宣传和政策制定等方式提供"软"支持。

社区层面针对社区慈善人才的培育和发展，会提供更为实际的"硬"支持，包括开办培训班（68.92%）、组织观影学习（43.92%）、组织专家讲座（39.86%）、组织外派学习（18.92%）等。其中，开办慈善人才培训班是社区提升慈善人才技能最主要的方式，外派学习是最少的方式。社区层面的慈善人才建设主要以比较单一的培训和讲座的形式进行。

对于慈善组织而言，大多数接受访问的慈善组织似乎对专业人才的培

养没有足够的重视。接受访问的慈善组织有70.83%表示建立了规范公开的财务管理制度；66.67%的组织表示完善了内部管理监督程序；54.17%的组织发展了志愿者队伍；50%的组织加大了宣传捐赠力度；仅有33.33%的组织做到定期开展慈善人才培训。显然，慈善组织人才培育的意识有待提高。

五、公众参与：公众参与覆盖面存在局限性

公众参与慈善事业建设，是激发社会慈善活力的一个重要途径，对于番禺全面建设"慈善之区"来说也是必不可少的力量。通过"五社联动"和志愿者网络的搭建，番禺区搭建起了一个提升公众参与慈善的体系。但就慈善活动的公众参与规模和影响力而言，仍有不少提升空间。

调研中对番禺慈善组织活动平均参与规模进行考察，发现受访慈善组织中，75%的组织慈善活动平均参与规模都在50人以下；16.67%的组织慈善活动平均参与规模为50~100人；4.17%的组织为101~150人；4.17%的组织为151~200人。绝大多数慈善组织开展的慈善活动规模都不超过50人，说明慈善组织开展的慈善活动以小型活动为主。

在慈善活动平均受益人数上，接受访问的慈善组织中，41.67%的组织其所组织的慈善活动平均受益人数仅为50人以下；29.17%的组织平均受益人数为50~100人；12.5%的组织为200人以上；占比为4.17%的组织是101~150人，以及占比同为4.17%的组织是151~200人。绝大多数慈善组织开展的慈善活动受益人数不超过100人，说明慈善活动的覆盖面及影响力有限。

在慈善活动平均募捐量上，接受访问的慈善组织中，41.67%的组织的慈善活动的平均募捐量为1000元以下，33.33%的组织慈善活动的平均募捐量为10000元以上；而平均募捐量为1000~3000元、3001~5000元、5001~10000元的慈善组织占比均为8.33%。在各组织所开展的慈善活动平均募捐量中，平均募捐量低于1000元以及高于10000元的组织最多。这反映出番禺区慈善组织的募捐能力两极分化严重，有近50%的慈善组织平

均募捐资金都在 1000 元以下，需要着重加强募捐筹款能力，开展多样化募捐活动。

在社区组织开展公益志愿服务的规模方面，本次调查中有 65.54% 的社区参与规模在 20 人以下，有 31.76% 的社区参与规模在 20~40 人，分别有 1.35% 的社区参与规模在 41~60 人及 100 人以上。其中，大多数社区的志愿服务活动规模在 20 人以下（占比 65.54%），有个别社区的活动规模能超 100 人（占比 1.35%）。可见，在社区组织开展的公益志愿服务大多规模较小，更丰富的活动组织方式还有待探索。

第四节　国内慈善事业发展城市案例借鉴

区域化慈善事业建设在我国各大城市都有不同的实践形式，结合地方实际探索出了各具特色的慈善模式，通过梳理我国慈善事业发展较好的城市案例，总结其发展经验，对番禺"慈善之区"建设具有借鉴意义。调研组对北京、上海、广州、深圳、佛山、成都 6 个城市的慈善发展模式进行梳理，并总结值得借鉴的经验。

一、北京："五位一体"，慈善北京的公益慈善建设

北京市为贯彻落实《国务院关于促进慈善事业健康发展的指导意见》精神，统筹慈善与社会救助资源，更好地保障和改善困难群众生活，明确到 2020 年，"慈善北京"建设要取得初步成效，形成以"全民慈善、效能慈善、惠民慈善、诚信慈善、创新慈善"为基本特征的首都慈善特色品牌。

"全民慈善"：慈善工作站立项建库，整合多方资源参与。2022 年 4 月，北京市委社会工委市民政局开始在全市范围内选择 30 个街道（乡镇）试点建设慈善工作站，并按照试点先行、梯次建设、有序推进的工作思

路，逐步实现全市街道（乡镇）慈善工作站全覆盖①。慈善工作站初步搭建起以慈善委员会、专项基金管委会和慈善工作站为核心的慈善工作体系，资助项目库形成了扶贫济困、环境治理、乡村发展、文化重塑、志愿服务等五大类16个慈善项目。

"效能慈善"：政策先导，党建引领，助力慈善组织发展。北京市大力支持慈善组织发展，加大资金支持力度，将慈善事业发展经费列入政府年度财政预算。落实减免税政策，严格执行国家对有关慈善组织的减免税政策，切实发挥税收优惠政策对促进慈善活动的鼓励引导作用。北京市慈善领域社会组织联合党委负责首都公益慈善联合会、北京市慈善协会等50家社会组织党的建设工作；北京市慈善领域社会组织党建协调委员会则协调推进慈善领域社会组织党建工作。

"惠民慈善"：社会救助与慈善资源对接，三级数据平台互联互通。北京市不断建立健全慈善和社会救助联动机制，建立完善政府开展社会救助和社会力量组织慈善活动的衔接与联动机制。整合慈善资源，实现救助信息有效对接，建立覆盖市、区（县）、街道（乡镇）三级的慈善救助资源数据库和慈善救助信息平台，实现互联互通、资源共享，推动建立和完善京津冀慈善救助资源共享机制和救助信息互通机制，有效开展联动互助。

"诚信慈善"：加强监管与引领，慈善组织诚信体系建设。北京市依法依规开展募捐活动，慈善组织要严格规范募捐行为，严格规范使用捐赠款物；加强政府有关部门的监督管理，健全完善市、区（县）、街道（乡镇）三级慈善监督管理机构；发挥行业协会引领作用，建立健全内部治理结构；加强社会监督，强化信息公开，严格落实责任追究制度。

"创新慈善"：从理念、管理创新，推动慈善。北京市坚持推进慈善理念创新，引导社会公众转变传统慈善观念，从大灾大难时的集中式爱心奉献向常态化参与慈善转变。如北京市密云区慈善协会在探索中求创新，强调"雪中送炭"扶人之危，发放善款随接受、随审核、随研究、随发放；

---

① 北京社区报．关注！北京市30个街道（乡镇）将试点建设慈善工作站［EB/OL］．（2022-03-15）．http：//www.shanda960.com/shandaguan/article/21031.

依据慈善法明确规定的公益活动六大类17项，密云区慈善事业发展正在由"小慈善"逐步朝着"大慈善"方向迈进①。

借鉴启示：北京市"五位一体"的慈善模式，通过建立慈善项目库和三级数据平台互通实现了有效的慈善资源管理和资源共享，形成了大慈善管理体系，与此同时常态化、便捷化的慈善参与路径搭建，形成了慈善资源流通的微观循环系统。番禺区应在"慈善之区"建设过程中，梳理辖区内运作的慈善项目，以区街两级慈善会为依托建立慈善项目库及网络管理系统，实时把握慈善项目实施动态，对慈善项目进行分类管理及精准督导。同时，应以"五社联动"社区慈善生态网络以及慈善空间的建设为基础，探索搭建便捷的慈善捐赠、慈善救助通道，减少民众寻找慈善捐赠的成本和寻求慈善救助的障碍，实现"随手慈善""身边慈善"。

二、上海：政府推动、民间发展、跨界参与的公益慈善建设

随着经济社会的快速发展、市场经济的深入推进和激烈的社会竞争，催生出庞大的社会需求，成为上海公益之城建设的动力源泉。近几年，上海公益之城建设不断创新，也取得了显著成效。上海将公益之城建设放在经济社会建设的战略高度来定位，放在社会治理创新、民生福祉改善的大局中来谋划，将社会治理创新的难点作为公益之城建设的突破点，将民生改善的重点作为公益之城建设的着力点。上海以"公益之城"建设为核心，不断建立制度化公益体系，形成了自己的特色。

制度推动，提供政策支持。2015年印发了《上海市人民政府关于促进本市慈善事业健康发展的实施意见》，提出通过规范培育，推动慈善组织成为慈善事业发展的中坚力量。2021年9月28日上海市第十五届人民代表大会常务委员会第三十五次会议通过了《上海市慈善条例》，于2021年11月1日起施行。从社区基金会到慈善超市，种种上海探索自此有了法律依据。

---

① 金台资讯. 北京市密云区慈善协会"六个打造"助发展［EB/OL］.（2020-11-02）. https：//baijiahao. baidu. com/s? id=1682215792064655620&wfr=spider&for=pc.

政府统筹,民间发力蓄资源。上海为建设"公益之城"进行资源统筹,主要包括基金会资助公益项目、公益捐赠、福利彩票公益金三方面。在《上海社区基金会建设指引》的大力推进下,社区公益基金会形成民间力量的"蓄水池"。公益捐赠方面,政府推动和民间发展相结合,民间力量日益显示出良好发展态势;突击性捐助和经常性捐助相结合,经常化的社会捐助日益成为主体;捐款捐物与义务服务相结合,义工志愿服务成为新的慈善亮点;随着"互联网+"的广泛应用,上海各种新兴慈善业态萌生发展,网络募捐、联合劝募、社区义卖、微公益等创新形式,让慈善透出勃勃生机。

跨界合作,搭建多元平台。"公益之城"建设需要社会资源的广泛参与。从上海实践看,形成了以财政资金为主、社会资金为补充的财力投入机制;注重建立社工、社区、社会组织"三社互动"机制,充分发挥社区、社会组织和企事业单位的资源补充作用;注重建立社工、志愿者"两工联动"机制,通过调动广大志愿者参与,进一步扩充社会工作服务的人力资源。而在各地的具体实践中,社区慈善的参与主体较为多元,社区慈善的载体既有实体的慈善组织,如社区基金会,也有汇集社区资源的蓄水池——社区慈善基金,还有社区资源的流转载体——慈善超市,以及社区的服务载体——慈善社工站、慈善帮扶站等。近20年来,经过民办经营模式创新、探索与实践,上海慈善超市已从传统的慈善物资发配等单一运营功能,转型升级并多元发展至数种运营模式共存的产业化状态。慈善超市已成为全市各街镇(乡)开展慈善活动的重要平台,其规模效应和集聚效应日益凸显,吸纳了大量社会资源用于慈善活动,在帮助社区困难群众的同时,主动参与社区治理,助力疫情防控。

借鉴启示:上海市"公益之城"建设模式的总体特征为"政府统筹,民间发力",通过政策动员民间慈善力量,形成慈善"蓄水池"。同时,利用民间慈善参与主体的多样性搭建多元慈善平台,实现慈善事业的规模化。其中,民办经营,多种运营模式共存的产业化慈善超市建设,尤其值得番禺区借鉴。区域化慈善和产业化慈善,是实现"大慈善"两个绕不过的方向，前者更多是嵌入城市治理中实现，后者更多地嵌入城市发展中实现。"慈善之区"的建设对标的正是"区域化慈善"，而在"产业化慈善"方面，番禺区仍未有明确的方向和抓手。因此，番禺"慈善之区"建设应当考虑为慈善产业建设打下基础，着力打造慈善产业基建工程。例如，对慈善项目的探索，不仅考虑其品牌建设，更应当考虑如何将不同的慈善项目发展成一个或几个持续发展的慈善产业链的不同环节，实现慈善事业的产业化。

三、广州：社区慈善"五+五"发展的公益慈善建设模式

为进一步加快推动社区慈善发展，充分发挥慈善事业在基层社会治理和第三次分配中的重要作用，助力共同富裕，广州市印发了《广州市推动社区慈善发展行动方案（2021—2023 年）》，提出了社区慈善"五+五"发展模式。广州全市各个社区正建立慈善工作站、社工服务站、志愿服务站、未成年儿童保护站、社区救助站"五站合一"的社区慈善综合服务平台，形成社区、社会组织、社会工作者、社区志愿者、社区慈善资源融合发展、运转有效、各具特色的"五社联动"机制，从而形成社区慈善"五+五"发展模式①。

发挥社区慈善主体作用。发展慈善事业，充分发挥第三次分配作用，首先要激发、释放和发挥社区慈善主体的作用。该方案将"五社联动"机制建设作为社区慈善的重要内容之一，提出要积极培育"五社"主体，充分发挥社区慈善五大主体作用。通过构建符合本社区实际的"五社联动"工作机制，统筹发挥社区慈善资源凝聚作用，广泛动员社会力量参与社区慈善②。广州正积极培育发挥社区慈善五大主体作用，激发社区慈善活力和覆盖面。目前，全市共有慈善组织 210 家，已备案慈善信托 18 单。

---

① 《广州社区慈善发展报告》发布，社区慈善"五+五"模式受关注 ［EB/OL］. （2022-01-01）. https：//baijiahao. baidu. com/s？id=1720759836141807469&wfr=spider&for=pc.

② 发挥社区慈善 5 大主体作用，广州发布社区慈善发展行动方案 ［EB/OL］. （2021-12-17）. https：//view. inews. qq. com/a/20211217A092I100，2021-12-17.

打造社区慈善品牌项目。该方案还突出"三个聚焦",即聚焦脱贫攻坚、聚焦特殊群体、聚焦群众关切,提出要积极打造社区慈善品牌项目,围绕民生保障领域,聚焦民生保障需求,做好民生保障工作;引导鼓励社会力量助力乡村振兴,加大对农村社区社会组织的培育扶持力度,打造乡村振兴示范慈善项目,培育美丽乡村新业态;推动社区慈善参与基层社会治理,拓宽慈善参与社会治理途径,发挥慈善事业在基层社会治理中的作用。

建立社区慈善支持平台。社区慈善以五大主体为着力点,以品牌项目为发力点,以支持平台为支撑点,全面形成全区联动、上下衔接、覆盖面广的社区慈善网络体系,通过五大平台形成的工作合力,为社区慈善发展打下坚实基础,提供强有力的支撑。近年,广州全面建立起社区慈善五大支持平台:建立社区慈善(志愿)工作站;大力推进社区慈善基金建设;拓展社区慈善创新平台;完善社区志愿服务平台;搭建社区慈善交流平台。

营造社区慈善场景。慈善文化是慈善软实力的体现,弘扬社区慈善文化,打造社区慈善生态,有助于培养和谐友爱的社区慈善文化和社会的和谐稳定。广州鼓励镇街依托各类公共服务平台设立社区慈善空间,开展社区各类慈善活动,打造良好社区慈善生态,开展寻找"慈善家庭"活动,宣传推广"慈善家庭"先进事迹,倡导家庭慈善理念,加强社区慈善发展工作研究,完善激励表彰反馈机制,建立健全社区慈善捐赠行为、志愿服务行为的记录制度和反馈制度,推动社区形成崇德向善的良好氛围。

借鉴启示:广州市"五+五"慈善模式的特征是深耕社区慈善,发展社区慈善网络。实际上,番禺区的慈善事业建设也是广州市慈善事业建设的重要组成部分或延伸。番禺"慈善之区"建设是以广州"慈善之城"建设为背景的,"慈善之区"建设必须嵌入广州经验。广州市慈善事业建设强调社区慈善发展,发挥社区慈善主体作用。番禺区也要进一步完善社区工作基础,充分发挥社区基础平台作用,引导村(居)民委员会在社区慈善中发挥统筹作用,持续打造"五社联动"工作机制。从"五社联动"入手，积极培育发展社区社会组织，建设社会工作专业人才队伍，大力发展社区志愿服务队伍，发挥社区慈善基金资源凝聚作用，广泛动员社会力量参与社区慈善。

四、深圳：全民慈善、社区互动、多元参与的发展模式

近年来，深圳市继续加大对慈善事业的投入力度，深圳慈善事业呈现出持续蓬勃发展的势头。深圳市凭借自身在粤港澳大湾区国家发展战略中的城市区位优势，逐步实现慈善事业的规模化、组织化、社区化、跨界化，特别是慈善文化活动日趋多元，激发了这座城市的慈善活力，不断深化慈善事业的国际化程度，为建设中国特色社会主义先行示范区提供深圳慈善样本。

规模化全民慈善文化活动。深圳市着力建设规模化的慈善文化活动品牌，动员全体市民参与慈善活动，发扬慈善文化。2017年以来，深圳市便设立"9·5公众开放日"，与"9·5中华慈善日"并行，集中开展慈善文化活动。"9·5公众开放日"由深圳市慈善会联合深圳市慈善事业联合会、深圳市关爱行动公益基金会等组织联合筹办，旨在对来访慈善观察团进行及时便民、透明公开、群众监督、咨询解答等方面介绍，以全面提升市民慈善文化素养[①]。深圳通过"公众开放日"、慈善市集、慈善成果展等慈善活动方式，深入宣传发动企事业单位、社会组织、社区居民积极参与慈善活动，形成了市区联动、社区互动、多元参与的全民慈善氛围，让慈善成为市民的日常生活。

社区化公益慈善项目。深圳市通过制订慈善工作计划，推动公益慈善项目社区化下沉，助力建设基层社区慈善基金与慈善实体，让公益慈善走进家家户户。深圳市分别从社区公益服务站、社区基金、社区慈善空间等多个方面进行了创新探索。例如，儿童公益服务站是深圳市龙华区民政局进一步完善社区慈善模式的创新探索，针对社区流动儿童现状，联合专业

[①] 捐赠玩具、慈善打卡……深慈会第五届"9·5公众开放日"有些不一样［EB/OL］.（2020-09-05）［2022-07-13］. https://www.dutenews.com/shen/p/829553.html.

社会力量，联动街道、社区党委，将"聚善空间"升级打造为一个集慈善服务、体验、学习于一体的儿童公益综合空间。结合儿童公益服务站，进一步丰富空间内容，提高公益服务供给能力①。

跨界化"N+公益"慈善格局。深圳市积极采用跨界合作的方式推广公益慈善文化，形成"N+公益"的慈善文化格局。深圳市自 2003 年发起"红动鹏城"关爱行动，以组织化的慈善团体配合推广、参与慈善品牌活动，为公益场景的探索打开了多条新思路。"演出+公益""节日+公益""看病+公益""出行+公益""购物+公益""阅读+公益""婚礼+公益"的探索，推动公益深入市民的衣食住行生活场景，让公益成为深圳人的生活方式②。

借鉴启示：深圳市的慈善模式与其他城市相比，独特之处在于其通过设立慈善节日打造规模化的全民慈善。对于"大慈善"建设方面的工作，不少城市都着眼于空间层面，无论是宏观的全城布局，还是微观的深入社区，从空间层面的"大慈善"建设已有相当的经验积累，未来也会进一步地深入推进，但时间维度的"大慈善"探索显然未达到空间层面的"大慈善"积累。因此，番禺区可借鉴深圳的"慈善日"在全区和各镇街层面展开探索，一方面可结合"99 公益日"等全国性的网络慈善盛典开展全区范围的"慈善日"活动；另一方面结合本地的传统文化活动或宗族文化活动开展社区层面的"慈善日""慈善月"等主题慈善活动，构建"大慈善"的时间节奏。

五、佛山：慈善信托带动全民参与，发挥第三次分配作用

近年来，佛山市经济发展状况稳中向好，并跻身特大城市之列。作为以民营经济为主的制造业大城市，佛山市依托丰富的社会经济资源，引领

---

① 深圳持续推动现代慈善事业高质量发展［EB/OL］.（2021-12-13）［2022-07-13］. http：//gdsz. wenming. cn/ttbt/201112/t20211213_ 7462921. html.

② 深圳市关爱行动公益基金会．红动鹏城关爱行动［EB/OL］.（2022-07-13）http：// www. igongyi. org. cn/Project/Detail/Index/348.

市场企业一同参与慈善事业的建设。在慈善事业建设的过程中，佛山通过设立信托机制、响应脱贫攻坚号召、打造慈善品牌项目，形成了一套现代化、长效化、专业化的慈善事业发展模式，为促进社会公平，发挥第三次分配作用打下了坚实的基础。

建立现代化慈善信托机制。首先，佛山市紧跟慈善事业现代化的发展趋势，积极联合本地民营企业，着力开展现代化慈善信托机制的建设工作。随着 2016 年 9 月《中华人民共和国慈善法》正式实施，2017 年 7 月《慈善信托管理办法》出台，慈善信托成为社会公众参与公益事业的一种途径和方式。早在 2017 年 5 月，佛山民营企业美的控股有限公司委托设立"中信·何享健慈善基金会 2017 顺德社区慈善信托"，参与顺德区的扶贫救济、文化建设、村（居）福利等综合性的公益慈善工作，推动了佛山公益慈善事业的发展与提升。2021 年又先后新增了两个市级慈善信托：一个用于链接慈善、社工、志愿者等资源，提供多元化慈善服务的支持；另一个针对特殊病患，提供医疗救助方面的支持①。

建立长效化慈善扶贫合作。佛山市有效转化社会慈善资源，响应国家脱贫攻坚号召，通过设立广东（佛山）扶贫济困日，参与国家脱贫攻坚、乡村振兴的战略工作，与对接贫困地区建立了长效的帮扶机制，为进一步促进共同富裕提供了有效之策。自 2010 年起，佛山每年都开展扶贫济困日活动，得到社会各界和广大人民群众的积极响应和鼎力支持，为巩固拓展脱贫攻坚成果同乡村振兴有效衔接作出了积极的贡献。

专业化慈善品牌项目建设。除了引领民营企业参与慈善建设的行列外，佛山市还积极打造本地慈善品牌项目，为市民群众参与慈善提供了专业的公益平台。自 2015 年起，佛山市慈善会联合佛山市级公益服务类社会组织发展专项扶持资金，开展"创益合伙人计划"公益创投，通过资助项目、扶持机构、链接多方资源，帮助各种特殊群体，以专业化的服务解决困难群众的实际需求，进一步提升公众的公益参与意识，营造全民慈善的

---

① 佛山市慈善会.佛山慈善有新形式！2 个市级慈善信托先后设立［EB/OL］.（2022-01-04）［2022-07-13］.https：//new.qq.com/omn/20220104/20220104A04B6700.html.

良好社会氛围。从社区到群体到个体的多个层面，项目服务领域涵盖助残服务、青少年及儿童服务、为老服务、医疗救助、扶贫济困、教育创新、文化及体育、志愿者建设等服务。

借鉴启示：佛山市慈善模式的独特之处在于积极引入民营资本带动慈善事业发展。其中，在建立现代化慈善信托机制方面，佛山市先人一步，通过鼓励民营资本建立慈善信托，大大增加了慈善事业的建设力和活力。慈善信托是近年我国积极推动的慈善模式，对此，番禺区应紧跟慈善事业现代化趋势的佛山模式，积极联合本地民营企业，着力开展现代化慈善信托机制的建设工作。引导民营企业设立慈善信托基金，参与番禺区的扶贫救济、文化建设、村（居）福利等综合性的公益慈善工作。

六、成都：系统化、社区化、同城化的公益慈善建设模式

成都市近年来多次荣登新一线城市榜首，作为西部地区经济发展的"领头羊"，成都市在推动共同富裕政策落实的过程中，积极发挥慈善事业在第三次分配中的作用，打造"友善之城·尚善之都"的城市慈善品牌。成都市在推动慈善事业建设的过程中不断探索，逐步形成了系统化、社区化、同城化的公益慈善建设模式，在跻身西部城市慈善建设先进行列的同时，还带动周边城市一同加入同城化慈善品牌的建设当中，起到了西部慈善建设的先进示范作用。

系统化：制订慈善建设发展计划。成都为"十四五"时期的慈善建设制订了更加完善的发展计划，以打造城市慈善品牌为引领，以慈善新发展理念为核心，形成了系统化的慈善工作常态。2022年1月，成都市人民政府办公厅印发《成都市促进慈善事业高质量发展若干规定》，围绕成都建设践行新发展理念的公园城市示范区，紧扣人民群众对幸福美好生活的需求，大力弘扬"友善公益"的天府慈善文化，积极发挥慈善事业在第三次

分配中的作用，助力共同富裕，不断探索成都特色的公益慈善之路①。

社区化：打造慈善社区创新模式。成都市积极落实该规定制定的慈善建设计划，打造慈善社区创新模式，引导慈善建设的社区化发展。为推动城乡社区慈善连片发展，营造浓厚的社会慈善氛围，成都市着力打造可感知、可体验、可传承的慈善体验场所，促进全体市民共享公益慈善的发展。在成都市民政局指导下，成都市社会福利和慈善事业发展中心在全市范围内广泛开展慈善示范社区（村）创建、慈善场景营建活动②，通过项目化运作的方式，推动慈善下沉基层，培育群众慈善意识。目前，经申报、审查、专家评审、拟立项公示等程序，51 个慈善示范社区（村）创建项目及 5 个慈善场景营建项目入围③。

同城化：构建公益慈善联盟。成都市除了做好市内慈善项目计划与落实外，还发挥区域经济优势，将慈善建设理念注入区域经济建设，进一步形成规模化的慈善建设效应，构建同城化公益慈善联盟，让成都市的慈善建设样本"走出去"。同城化公益慈善联盟是基于成渝地区成都、德阳、眉山、资阳四城（以下简称"成德眉资"）同城化经济建设开展的慈善合作项目。"成德眉资"同城化是深入实施四川省"一干多支"发展战略，进一步壮大主干、做强极核，在成渝地区形成东西呼应、相向发展的战略格局，做强成渝地区双城经济圈的重要举措。建立"'成德眉资'同城化公益慈善联盟"是为了搭建"成德眉资"常态化交流互助平台，主要探索融合全国公益慈善顶级资源，推动四城公益慈善人才培养、慈善社区建设、慈善活动联办、慈善文化交流、慈善项目对接，以善的力量让城市生

---

① 成都市政府办公厅.《成都市促进慈善事业高质量发展若干规定》政策解读［EB/OL］. （2022-02-11）［2022-07-13］. http：//gk. chengdu. gov. cn/govInfo/detail. action？id＝3257351&tn ＝2#.

② 成都市民政局. 2022 年成都市慈善示范社区（村）创建、慈善场景营建工作全面展开［EB/OL］. （2022-07-13）. http：//cdmzj. chengdu. gov. cn/cdmzj_ gb/c121877/2022-07/13/content_ a0c7c83fb4614a8497d8001fabccd5b3. shtml.

③ 成都市民政局. 成都市民政局关于慈善示范社区（村）创建项目慈善场景营建项目立项的公示［EB/OL］. （2021-06-22）［2022-07-13］. http：//cdmzj. chengdu. gov. cn/cdmzj_ gb/c121879/2021-06/22/content_ a6030ed398164231a1123bb84a65a046. shtml.

活变得更加美好。

借鉴启示：成都市的慈善事业发展模式兼顾微观的社区层面和宏观的城市层面，其最值得关注的慈善创新是同城化的公益慈善模式。通过多个城市间"同城化公益慈善联盟"的搭建，形成慈善资源的融合和慈善事业的协同发展，城市间的相互借鉴和合作增加慈善发展创新力、活力和影响力。对此，番禺区将慈善建设理念注入区域经济建设，进一步形成规模化的慈善建设效应，构建同城化公益慈善联盟，番禺区可在广州、佛山都市区内缔结"慈善姐妹区"，共同推进品牌慈善项目建设，积极开展慈善人才共同培养和交流，联合举办大型慈善活动或慈善节日，形成超越行政区的慈善规模和慈善影响力。

第五节　番禺"慈善之区"创建的行动建议

一、党建引领：凝聚向心力和增强内驱力

番禺"慈善之区"建设既要有中国特色，也要有番禺特色，必须坚持党的领导，结合党政方针，推动"慈善之区"各项任务的高质量创新发展。既要扎实基层慈善党建基础，也要贯彻顶层慈善党建要求；既要提升慈善组织党的向心力，也要打造红色慈善影响力。针对慈善组织党建引领慈善工作内驱力不足的问题，一方面区党委需要持续把准政治方向，凝聚向心力；另一方面慈善组织党组织也要积极发挥模范作用，增强慈善组织内部党建引领内驱力。

（一）区社会组织党委：加强指导与支持，凝聚向心力

一是深入解读党和国家重视与支持慈善事业发展的政策法规，坚持党建引领，把准慈善组织健康发展的政治方向，为慈善组织党建引领慈善事业发展提供指引和帮助，凝聚向心力。同时，进一步指导慈善组织打造党建慈善品牌，形成红色慈善影响力。

二是以党建引领，鼓励基层党员参与慈善事业。落实相关政策和方

针，支持推动基层党员与慈善组织合作开展志愿服务，激发基层党员参与慈善事业建设热情和责任感的同时，慈善组织也通过与基层党员的合作，补足其因资源有限性带来的问题。

（二）慈善组织党组织：担当党建先锋，增强内驱力

一是激发慈善组织的主体意识，发挥慈善组织党组织在慈善工作领域中的战斗堡垒作用和党员先锋模范作用，发挥"头雁"效应。抓好慈善组织党员教育管理，开展联学联建主题教育活动，提高慈善组织党组织凝聚力，增强慈善组织内部党建驱动力。

二是慈善组织党组织积极建设常态化党建工作机制，定期召开理论学习会，增强慈善工作者政治觉悟，时刻增强服务意识，传承弘扬慈善为民理念，让慈善成为践行社会主义核心价值观的重要载体。

二、慈善基金：拓展慈善资源，提升慈善效能

番禺区社区慈善基金作为基层治理改革的产物，表现出明显的资源依赖性，包括但不限于单一僵化的经济资源、行政化与专业化不足以及较弱的认同。社区慈善基金应通过协同"五社联动"慈善网络建设，减少对政府的资源依赖性，通过慈善资源多元化输入，逐步拓展自身资源。

（一）社区基金管委会：明确发展定位，推进品牌建设

明确社区慈善基金发展定位，进行品牌化建设。强化品牌意识，以品牌为核心，统率社区慈善基金的各项工作，协调各主体之间的关系，确定以品牌战略为核心的工作体系，将品牌凝聚为共同的价值取向和工作追求。同时明确品牌定位，明确番禺区社区慈善基金作为资金使用者、项目实施者的角色，详细分析本社区基金所拥有的条件和所处的环境，明晰品牌的目标定位，确立品牌主题，提炼品牌内涵，吸引社区居民和社区资本投入。

（二）社会工作者：输入专业化慈善资源

社区慈善基金需要走上专业化、规范化道路，才能获得公信力，吸引更多慈善资源投入。因此，必须与专业社会工作者合作，将慈善基金支持

的服务领域朝专业化方向纵深探索推进。根据居民需求将社区慈善基金划分为更精细的工作领域。例如，社会救助、应急协调等领域，不断开拓覆盖领域，并实现各细分领域的专业化推进。同时，与相关专业领域社工或社工机构合作，明确社工角色，搭建专业工作团队，以提升社区慈善基金服务的专业水平。

(三) 社区企业：履行企业社会责任，积极投入慈善网络建设

社区慈善基金通过"五社联动"慈善网络建设，一方面吸纳专业社工资源，另一方面也可以吸纳企业的资金支持。但就目前而言，社区企业与"五社联动"网络并未进行紧密合作，导致社区慈善基金未能获得具有规模及稳定的资金支持。因此，社区企业应当意识到自身的发展壮大除了得益于资本和人力等有形投入，稳定的社会营商环境以及法治保障是难以估算的，市场的运作本身有其公共性，企业应当通过履行企业社会责任，积极投入慈善事业。具体来说，社区企业应当拥抱慈善投资理念，增强与"五社联动"中各慈善主体的合作，积极构建慈善资源传输机制，活化慈善网络建设。

三、慈善创新：持续创新慈善项目，拓展慈善深广度

番禺区已打造了"慈善+"的系列活动，"慈善+创投""慈善+运动""慈善+互联网"等品牌项目，鼓励和引导各类慈善组织开展活动，创造了许多鲜活的案例。但调研组发现，慈善项目开展过程中慈善组织及慈善工作者依然存在创新意愿偏低的问题。对此，番禺区须积极联动各慈善主体，持续拓展慈善服务的深度。

(一) 两级组织：打造慈善协助平台，推动服务创新

番禺区慈善会、番禺区社联会作为全区慈善枢纽和社会组织核心，可积极探索利用现代信息网络技术构筑各类慈善平台，便于各类慈善组织运用于慈善服务的个案管理、项目管理等流程。运用并升级互联网慈善技术和产品功能，创新互联网慈善服务形式，打破空间限制，提高工作效率。同时，为慈善服务专业关系建立打通新渠道，让技术更好地服务慈善事业发展。

（二）群团组织：立足所长，协同支持慈善服务创新

群团组织参与慈善事业建设有其独特的方式和脉络。妇联、残联、团委、工商联等群团组织，分别在妇女服务、残障群体服务、青少年服务、乡村振兴等领域有着独特的经验。群团组织可基于自身领域，通过政策解读、项目资助、资源链接、人才培养等方式，驱动不同慈善领域创新方法参与服务特殊群体。

例如，妇联可积极解读《中华人民共和国反家庭暴力法》，推进相关条例和措施的实施，并联同公安机关、法院、社区构建反家暴网络。另外，还可支持成立相关妇女工作慈善组织或慈善项目，从推动性别平等、和睦家庭等角度创新慈善服务；工商联可响应国家乡村振兴的号召，动员基层商（协）会和会员企业参与扶贫及乡村振兴，从城乡互助、落实第三次分配等角度创新慈善服务，推进社会公平发展。

（三）慈善组织：积极参与"五社联动"，提升组织创新能力

慈善创新驱动意愿低，并非未认识到创新慈善项目的重要性，而是基于其资源有限性，无力投入创新项目开发。要激发慈善组织的创新驱力，必须积极推进"五社联动"慈善网络的建设，盘活番禺区慈善资源，通过打通社区慈善组织、社区基金、社区企业、社工、社区的互动网络，形成慈善资源输送机制，激发慈善组织创新意愿，提升组织创新能力。

（四）政府相关职能部门：加大慈善创新支持力度

提升慈善组织及慈善工作者创新意愿不仅需要通过盘活民间慈善资源，也需要政府相关职能部门加大对慈善创新的支持力度。政府相关职能部门的支持措施有间接的和直接的两方面。间接的一面可以通过落实或制定各类慈善优惠政策。例如，财政和税务部门做好宣传和落实针对个人或企业的公益性捐赠优惠政策，鼓励更多资源投入慈善事业，或落实慈善组织、履行慈善服务的相关优惠措施减轻慈善组织负担。直接措施方面，区民政局一方面可以通过在既有的公益创投项目中增加对慈善服务项目的类型和资助额度；另一方面可设立专项慈善服务政府购买项目资助，直接支持慈善创新。

四、人才建设：社会多元共建，形成区域慈善人才培育机制

进入大慈善时代，我国慈善服务对象和领域大幅扩展，服务形式和内容也有了更多元的发展，因此对慈善服务人才的专业性有了更高的要求。但是，慈善服务人才培育是需要相当成本投入的任务，我国慈善组织目前依然处于组织规模小、经验积累薄的阶段，慈善组织内部人才培育力不从心，这一问题在番禺的慈善组织中也有一定的普遍性。为突破慈善人才培育的困境，必须协同政府、高校、枢纽型组织，甚至企业等社会多元主体参与，共同投入慈善人才建设，形成区域慈善人才培育机制。

（一）政府相关职能部门：增加培育投入，建构专业认证体系

从资源投入方面出发，民政、人社及教育相关部门可以通过购买服务打造专业慈善培训项目，让在职慈善专业人才技能不断提升。另外，还可倡议更多的基金会设立支持慈善专业人才培养的专项基金，撬动社会资源。同时，制定相关政策支持提高慈善组织专业人才的薪酬待遇。从构建慈善专业社会认可度的角度出发，人社局和民政局等相关部门可基于慈善服务专业类型设立慈善服务和慈善组织专业资格认证，提升慈善人才的专业权威及社会认可。

（二）高等教育机构：链接慈善行业，培育应用型人才

慈善行业注重与省内外高校的链接，把高校院所作为慈善行业从业人员培养的重要部分。一方面可以通过平台型组织，链接有意愿参与慈善服务的学生进入慈善组织进行社会实践，或者通过政府指导，开展各类社会创新大赛，鼓励学生参与社会实践，从源头培养慈善行业从业人员；另一方面，高等教育机构本身需要增设及改革慈善相关专业的学位或课程，目前不少高等教育机构存在慈善相关专业削减、专业人才与行业需求脱嵌等问题，对此高等教育机构除了增设相关学位，同时也要与慈善组织合作建立实践基地并增设更多实务课程，培育应用型慈善人才。

（三）两级枢纽组织：建构区域性学习实践模式

番禺区慈善会、番禺区社联会等组成的慈善生态枢纽应着眼于本地慈

善行业特点，构建区域性学习实践模式，建立常态化的联动培育机制。一方面，在人才流动相对比较稳定的前提下，以硬性的课程教育引导慈善工作，以软性的实践服务深化人才培养，积极鼓励慈善从业人员投身一线慈善事业，促进番禺区慈善人才从实践中学习；另一方面，推动慈善组织及相关机构的友好互助交流，培养慈善从业人员开阔踏实肯干的眼界和思维。此外，枢纽型组织还可为前沿慈善服务领域开展专业人才培训，培育成特色慈善人才，组建专业多样的慈善人才库。

（四）企业：输出人才培育制度和经验优势

相比国内慈善组织发展历史的短暂和积累不足，改革开放以来企业组织经过市场竞争的洗礼，已形成了丰富多样的人才培育模式，并且随着行业形态、企业形态的发展变化，人才培育方法也有着适应性的发展。慈善组织除了优化自身管理体系方面，借鉴企业经验，在人才培育方面也可向企业取经。对此，企业在履行社会责任时可扩大自身视野，不仅局限于直接帮扶等物质输出，还可以通过注册基金会或与枢纽型组织合作等方式，共同培育慈善人才，特别是慈善组织中高层人才，将自身的人才培育制度及经验优势输出到慈善组织中。

五、慈善参与：宣传推广慈善文化，扩大慈善参与规模

创建"慈善之区"必须扩大既有的慈善参与规模，让更多社会主体参与"慈善之区"建设，形成"大慈善"合力，放大慈善影响力。因此，需要拓宽慈善宣传渠道，创新慈善参与形式。

（一）相关职能部门：推动慈善融入人民精神生活

区委宣传部、区委文明办、融媒体中心等可指导番禺区媒体加大"慈善之区"创建相关的宣传工作，并在各种形式的精神文明建设活动中融入"慈善之区"建设相关内容，使"慈善之区"成为媒体的热门板块和焦点话题，形成慈善公益的舆论氛围。同时，也可在文明单位、先进单位、先进个人等精神文明建设评比中增加慈善服务相关影响比重，鼓励社会各界参与慈善事业建设。

另外，区民政局等相关职能部门应进一步升级网络筹款渠道，打造立体性、多样性的网络筹款平台，利用玩游戏、捐步数、在线支付、参与话题等方式，让公益慈善轻松简单地嵌入番禺区社会公众的日常生活。区民政局和各镇街等还可开展各类慈善家庭、慈善社区评选活动，让慈善融入生活，拓宽全民慈善参与渠道。

(二) 社区或慈善组织：活化慈善空间，拓展慈善神经末梢

慈善空间的所属社区或负责运营的社会组织，可充分利用遍布番禺区各镇街的 100 个慈善空间。加大慈善空间宣传力度，积极宣传慈善空间概念及理念。一方面，扎根社区，通过举办社区慈善宣传活动或开展慈善空间设计大赛等形式，吸引社区居民关注，聚集人气；另一方面，利用互联网平台进行广泛宣传，增加一般民众对慈善空间的认知度。慈善空间打响知名度后，社区或社区慈善组织可基于共建共享的理念，动员社区成员共同打造慈善"微空间"，结合社区实际及社区居民需求，探索发展不同慈善空间的形态，激发居民参与慈善建设的热情。

(三) 两级组织：积极开展慈善理论研究，形成区域影响力

番禺区慈善会、番禺区社联会可积极开展慈善事业的理论研究，总结推广番禺慈善先进经验，办好区慈善宣传刊物，组织区内外考察交流，积极探索番禺区现代慈善事业的发展规律，把握"慈善之区"建设方向，形成可推广的"慈善之区"建设相关经验。

第八章　番禺区慈善事业高质量
发展助力共同富裕

　　慈善事业是社会主义现代化建设的重要组成部分，不仅是促进社会公平正义、实现共同富裕、增进社会和谐的重要力量，也是第三次分配的重要方式。近年来，我国慈善事业在党中央、国务院的高度重视和正确领导下取得了显著成绩。番禺区不仅经济总量稳居全国区县前列，而且在慈善事业发展上也取得了长足进步，连续多年位居广州市区域慈善指数排行之首。

第一节　番禺区慈善事业助力共同
富裕工作现状及经验

一、番禺区慈善事业发展的工作现状

　　广州市番禺区作为广东省广州市的核心区域之一，在经济社会发展方面具有较强的代表性和影响力。截至 2022 年，番禺区户籍人口与登记在册来穗人员分别达到 116.71 万和 178.84 万，实现地区生产总值 2705.47 亿元。近年来，番禺区不仅经济总量稳居全国区县前列，而且在慈善事业发展上也取得了长足进步，取得了连续多年位居广州市区域慈善指数排行之首的可喜成就。在慈善捐赠上，截至 2022 年底，番禺区慈善会共募集款物 5985.29 万元，支出款物 5945.39 万元。在人才建设上，截至 2022 年 6 月，

番禺区共有社会服务机构 41 家，从业社会工作者人数共 796 人，持证社会工作者人数共 456 人，持证社会工作者人数约占广州市取得社会工作者职业证书人员的 13.1%。在制度建设上，广州市番禺区慈善会积极进行标准化体系建设。2021 年，由广州市番禺区慈善会牵头编写的《社区慈善基金运行指南》成为团体标准，这是广州市首个由区级慈善会主导制定的团体标准，并于同年制定了相应的社区慈善基金指数评估体系和操作运营手册，有效规范了番禺区社区慈善基金运作。在"慈善之区"工作方案的指导下，番禺区慈善事业蓬勃发展，为推动经济高质量发展作出了积极贡献。

二、番禺区慈善事业助力共同富裕的经验做法

（一）完善组织体系：形成多元共建共治共享格局

以慈善事业助力经济高质量发展及助力共同富裕是一项系统工程，番禺区坚持党建引领、政府推动、社会协同、企业响应、公众参与相结合的组织体系，形成了良好的慈善事业治理格局。

一是党建引领，党是慈善事业的领导核心和政治保证。番禺区始终坚持党对慈善事业的全面领导，积极推进党的组织和党的工作在慈善事业中的全面覆盖。"党建+慈善"实践活动，盘活党建引领基层社会治理力量，充分发挥慈善组织在第三次分配中的重要作用。区慈善会向广大党员发起倡议，以"微基金"带动"大慈善"，发动基层党组织和党员或带头捐款或积极宣传，成为社区慈善工作发展的原动力。

二是政府推动，政府是慈善事业的主导者和推动者。广州市番禺区民政局高度重视慈善事业发展，将创建"慈善之区、幸福番禺"工作纳入区城市整体发展战略，出台了《番禺区创建"慈善之区"工作方案（2021—2023 年）》等相关文件，为慈善事业提供有力保障，在推广"五社联动"、召开高质量发展大会等方面多措并举，全区各镇街、各部门做好社区管家和企业保姆，致力于为经济和慈善事业的高质量发展打造良好的政企关系和投资营商环境。

三是社会协同，慈善组织是慈善事业社会协同的重要主体和执行者。番禺区大力培育和发展各类慈善组织，建成了"1+1+16+16+275"的慈善双网络体系，打造了一批具有番禺特色的慈善组织和慈善品牌项目。区慈善会及区社联会"双轮驱动"，将双网络体系延伸到各镇街社区层面，以镇街级慈善会和社区社会组织联合会，共同支持 275 个社区慈善基金。番禺区慈善会制订"六大行动计划"，明确社区慈善基金发展方向，大力推动社区慈善基金支持特色社区慈善基金项目，充分发挥社会协同效应，解决群众身边的"小急难"问题。坚持创新"五社联动"工作机制，以公益创投选拔优秀创新的社会服务项目，优化慈善资源配置，培养公益社会组织，拓宽慈善服务领域，涵盖八大类别，覆盖全区各镇街。

四是企业响应，企业是慈善事业的重要参与者和贡献者。番禺区致力于充分发挥企业在经济社会发展中的重要作用，引导和鼓励企业履行社会责任、参与和支持慈善事业。截至 2022 年，共有 1347 家企业积极参与慈善事业捐赠，增长达 351%。番禺区积极落实企业慈善的税收优惠政策；高度尊重捐赠人意愿，拓展多元捐赠途径；完善企业慈善参与回馈机制，广泛激发企业慈善活力。发挥企业慈善社会效益，促进企业及区域的经济效益提升。

五是公众参与，公众是慈善事业的广泛基础和强大力量。番禺区积极拓宽公众参与慈善渠道、营造良好社会慈善氛围，引导和动员广大群众参与和支持慈善事业。区慈善会深入推广"慈善五进"，畅通慈善参与渠道，设置慈善空间，推动"指尖慈善"，活用网络募捐。2022 年"99 公益日"活动，区慈善会以"慈善社区我先行"系列项目在社会上引起强烈反响，吸引了超 3 万市民参与，3 天共筹募善款 207.57 万元，参与募捐的社区慈善基金数量为 2022 年的 3.78 倍，平台接收用户的捐款金额为 2022 年的 3.37 倍，番禺区获得的社区慈善基金配捐额更是位居全市第一，为社区"善治"提供了有力保障。

（二）助力供给侧改革：构建高水平社会主义市场经济

党的二十大报告指出，高质量发展是全面建设社会主义现代化国家的首要任务，番禺区有机结合扩大内需战略，深化供给侧结构性改革，推动经济高质量发展。

一是提升供给质量，推动企业承担社会责任。番禺区出台系列措施，落实税收政策，维持良好政企关系，营造企业参与良好氛围；推动企业慈善基金冠名，加强慈善企业表彰与回馈，提升企业慈善宣传效益；推动村企共建，调动企业政治参与积极性，促进乡村就业，兼顾企业经济效益与社会效益，实现发展共赢。

二是创新供给形式，发动社区企业参与慈善。番禺区以组织建设整合社区企业资源，扩大有效供给，截至 2022 年，番禺区共募集款物 5985.29 万元，共支出款项 5945.39 万元，直接或间接受惠逾 15 万人次。此外，番禺区引导社区企业发挥专业优势，利用自身技术、服务等资源，为社会公益事业提供支持和帮助，涌现了一批党建引领企业志愿服务品牌。

三是加强队伍建设，提升人力资源供给质量。番禺区慈善事业积极推动专业慈善人才建设，广纳社会英才，投身慈善事业建设，联动社会工作者、志愿者开展慈善工作，通过开展专题培训、公益创投等活动，深入推进培养新时代社会组织人才战略。

四是优化供地布局，拓展慈善空间公益实体。番禺区充分整合优化慈善空间布局，逐步形成覆盖全区、互相联系又各具特色的慈善空间网络，嵌入高质量社区慈善活动，带动"家门口"经济活力。2022 年，共设立"慈善空间"站点 213 家，其中有 1 个镇街图书馆、2 个大型商场、1 个创意园和 209 个社区，"慈善空间"站点数量位居广州市前列。

(三) 推动需求端发力：满足人民群众的美好生活向往

番禺区充分发挥好慈善事业的第三次分配作用，促进资源在慈善救助、就业帮扶、脱贫攻坚、乡村振兴等方面的协调，满足人民群众对美好生活的向往。在解决社会问题的同时，带动相关产业发展，增加需求和供给。

一是慈善事业着力建设慈善救助日常化工作体系。番禺区慈善会打造了"慈善+"系列活动，包括"慈善+救助""慈善+运动""慈善+扶老"

"慈善+创投"等，以多样化慈善项目完善慈善事业高质量发展体系，有效搭建社会资源在不同群体间的共享桥梁。2022年度番禺区慈善会累计整合767.73万元用于社会救助工作。

二是慈善事业积极促进就业、创业。番禺区通过大力培育和发展慈善组织、加快认定慈善组织、开办公益创投等形式鼓励和引导有理想、有能力的人才投身慈善事业，通过慈善带动相关产业发展，增加其就业需求和供给。此外，番禺区通过捐赠、资助、扶持、开展公益创投等方式，帮助困难群体、创新创业者等提高就业能力并创造就业机会。

三是慈善事业积极响应脱贫攻坚，促进区域协调发展。番禺区慈善会通过设立"我为广东贫困人口脱贫攻坚认捐"项目、实施番禺区对口帮扶贫困地区、实施区外扶贫项目等形式进一步巩固脱贫攻坚成果及助力乡村振兴，截至2022年12月，区慈善会共筹善款约1435.32万元，支出善款约1130.36万元。

四是紧密联系港澳台同胞和海外侨胞，推进对外开放。港澳台同胞和侨胞慈善有助于推动经济高质量发展，推进对外开放。2020—2023年，番禺区慈善会接受来自境外的捐赠共计640487.28元。多年来，番禺港澳台同胞和侨胞捐助慈善项目1200多个，折合人民币6亿多元，对番禺的卫生、交通、教育、文化等领域的发展作出了巨大贡献。

第二节 对比分析国内城市案例对番禺区慈善事业经验借鉴

一、国内城市案例经验

（一）北京市

北京市以党建引领、创新驱动为主要特征，打造了一个具有全国示范性的首善之区。一是坚持党建引领，实现对慈善组织党的工作全覆盖，分门别类地确立了慈善组织党的工作体系，充分发挥党组织政治核心和战斗堡垒作用，带领慈善组织在服务国家、服务社会、服务群众、服务行业中发挥积极作用。二是发展慈善信托。北京市探索"慈善+金融"融合发展新模式，出台了全国首个地方性慈善信托规范性文件，制发《指引》并首推示范文本。同时通过加强慈善信托的全流程监管，以"三大机制"提升慈善信托运作的整体效能。三是建设慈善信息平台，全市统一的慈善信息平台——"首都慈善网"，以数字化推进规范化，增强公信力。

（二）上海市

上海市将公益之城建设放在了经济社会建设的战略高度来定位。一是鼓励企业慈善。上海市出台了一系列政策措施，鼓励和支持多种形式的捐赠，便于企业发挥自身优势，创新产品或服务参与慈善。二是完善慈善配套政策。上海市为开展慈善活动提供场所和其他便利条件，为捐赠人、慈善组织、慈善信托等提供专业服务并减免相关服务费用。三是开发慈善资源。上海市积极统筹慈善资源，主要包括基金会资助公益项目、公益捐赠、福利彩票公益金三个方面。上海市举办一系列具有广泛社会影响力的慈善品牌活动，广泛结合政府推动和民间发展、应急捐助和日常捐助、捐款捐物与志愿服务，并以网络募捐、慈善义卖等新形式不断扩大慈善资金来源。四是完善慈善监管。上海市注重依法加强对慈善事业的统筹协调和监督管理，规范慈善行为。

（三）成都市

2008 年的四川省汶川大地震让成都市慈善事业得到快速发展。一是发展社会企业。2018 年成都市出台《关于培育社会企业促进社区发展治理的意见》，创新性地将公益性的社区社会企业作为资源盘活平台。二是建立社区微基金。成都市慈善总会助建社区微基金，利用社区微基金平台构建社区公益生态。三是弘扬慈善文化。成都市以"五进"宣传引导关注，以青年为主体，引导广大市民参与慈善活动，持续传播"全民慈善、共享慈善、阳光慈善、永续慈善"的公益慈善理念。

二、北京、上海、成都三地慈善事业对番禺区慈善事业的可借鉴做法分析

表8-1　北京、上海、成都三地慈善事业对番禺慈善事业可借鉴做法

城市	优秀经验做法	可供番禺区借鉴的做法
北京市	1. 坚持党建引领	借鉴北京市实现对慈善组织党的工作全覆盖的做法，番禺区可以根据本地慈善组织的实际情况，制定合理的党建工作体系，系统性地推进党建引领下的慈善事业的系统化发展
	2. 发展慈善信托	番禺区可以制定本地适用的慈善信托管理办法和指引，申请出台慈善信托的地方标准，鼓励和引导番禺区的本土力量更规范地参与慈善事业
	3. 建设慈善信息平台	番禺区也可以完善本土特色的一体化慈善信息平台，在"番禺慈善"微信小程序中加入慈善活动成果展示等模块，进一步加强慈善事业透明度
上海市	1. 鼓励企业慈善	在促进经济高质量发展方面，上海市慈善事业发展的特征突出表现为积极鼓励以企业为代表的慈善参与、扩大慈善来源，并辅之以完善细致的监管体系。对于番禺区来说，也可以进一步出台引导企业参与慈善事业发展的细则和指导手册，单独立项，派出专门工作组引导企业参与慈善，做好慈善优惠政策宣传和后勤服务保障，助力企业高效参与慈善事业
	2. 完善慈善配套政策	为开展慈善活动提供场所和其他便利条件，为捐赠人、慈善组织、慈善信托等提供专业服务并减免相关服务费用
	3. 开发慈善资源	借鉴上海经验，在慈善资源开发方面，加强与福利彩票公益金合作，同时加大慈善品牌的打造和宣传力度，与有成功经验的大型基金会合作，打造更多具有本土知名度的慈善品牌项目
	4. 完善慈善监管	番禺区也可以继续完善监管体系，明确鼓励大众舆论发挥监督作用

续表

城市	优秀经验做法	可供番禺区借鉴的做法
成都市	1. 培育社会企业	成都市培育社会企业的做法对番禺区慈善事业发展来说具有双重启示，一方面，公益性的社区慈善以社会价值引领市场价值，能够发挥第三次分配作用弥补市场局限；另一方面社区企业的发展形式能够实现社会效益和经济效益的共同提升，从而满足经济高质量发展的要求。番禺区可在培育社会企业或引导企业投入资金积极参与"善经济"，鼓励企业成立慈善基金会或投放专项资金用于参与解决社会问题，满足人民需求的"善经济"中来，进一步增强企业社会责任并促进社会问题解决，从而产生有效的经济效益
	2. 打造慈善城市名片	番禺区也可以从本土慈善文化出发，推动针对企业、学校、公共场所、公交地铁、地标建筑等各场所的慈善文化宣传继续深入，以番禺为范围将"慈善之区"这个名片持续打响，做出品牌特色，持续推动"慈善之区"建设，从而实现番禺高质量发展和推动共同富裕，吸引更多优质企业和人才等资源

第三节　对策建议

一、坚持党建引领，搭建良好政企关系

一是通过党建引领提升慈善事业的组织能力和战斗力。通过党建引领加强对番禺区慈善组织的培育和规范，推动慈善组织建立健全党组织建设、加强党员教育管理，发挥党员先锋模范作用，提高慈善组织的凝聚力和战斗力。

二是通过企业与慈善组织党建共建打造优良政企关系。加强企业党建工作，通过联合学习理论、联抓党员教育、联手服务群众、联心共同发展等方式，扩大企业政治参与，打造良好政企关系。

二、加强制度建设，打造优质营商环境

一是完善顶层设计。番禺区应加强顶层制度建设，充分发挥税收对第三次分配的作用，推出更多企业参与慈善的优惠制度和政策，推动企业慈善与经济高质量发展的互利共赢。

二是重视企业捐募，提升企业社会责任感。深入了解企业的需求和期望，制订合理和有效的合作方案；加强与企业的沟通，拓宽企业慈善的参与路径；加强对企业开展慈善活动的指导，开展更加多样化和创新性的公益项目。

三是做好慈善回馈，打响企业慈善品牌。推动企业冠名慈善基金，丰富企业慈善活动内涵；推广企业慈善理念，兼顾企业慈善效益；定期发布报告并举行表彰活动，提升企业慈善的透明度与影响力。

三、探索社企建设，带动社区经济发展

一是推广社区社会企业的概念认知和价值认同。番禺区慈善会可以充分发挥自身作为平台枢纽的作用，通过宣传教育、案例分享、出访学习等方式，让更多的相关部门、社会组织、商业机构、社区居民等各利益相关方了解和支持社区社会企业的理念，参与探索实践，达成共识和合力。

二是搭建和完善社区社会企业的发展平台和生态系统。包括完善对社区社会企业的扶持政策，为社区社会企业提供便利的场地等条件，鼓励社区社会企业创新发展；加强对社区社会企业的监管责任，要求社区社会企业遵守法律法规，规范经营行为，保障消费者权益；加强对社区社会企业的服务支持，为社区社会企业提供专业的咨询、推广等服务；引导不同社区的社区社会企业设计和实施符合社区特色和优势的服务和项目，满足社区居民多样化需求，提升社区居民的生活质量和幸福感。

四、发展慈善信托，发展金融服务经济

一是加强慈善信托的宣传和培训，提高社会各界对慈善信托的认知度

和参与度。可以利用网络推广、媒体宣传、社区活动等多种渠道，普及慈善信托的概念、特点、流程、优势等知识，增加慈善信托的社会影响力和吸引力。同时，可以组织开展慈善信托的专业培训和咨询服务，助力慈善信托的设立者、受托人、受益人等各方合作展开。

二是拓展慈善信托的服务领域和创新模式，丰富慈善信托的社会价值和公益内涵。可以结合番禺区的经济高质量发展需求，开展多元化的慈善信托项目，覆盖教育、医疗、环保、文化、科技等多个领域，满足不同群体的需求。同时，可以探索开展跨界融合的慈善信托项目，提高慈善信托的服务效率和影响力。

五、吸引侨胞慈善，推动高水平对外开放

一是构建侨胞慈善常态化机制，增加发展新动力。探索"慈善+侨务"常态化新模式，构建侨胞慈善常规化平台，积极促进海外侨胞与本土人才共商共建共享慈善事业，引导广大海外侨胞凭借其独特的人脉、资金、技术、人才等资源优势，特别是以留学人才为主体的海外高层次人才，在促进慈善事业创新发展、本土产业创新进步方面发挥独特作用。

二是引导港澳台同胞和侨胞慈善汇入社区，创新发展新动能。加强联动合作，精准掌握社区相关侨胞信息基础，充分动员侨胞力量参与慈善，以社区为基础单位做好侨胞慈善服务工作，以参与社区慈善为媒介，积极引导侨胞利用自身资金、技术、管理等优势，助力家乡社区的学校、医院、体育馆、养老院等基础设施建设。

六、建好慈善社区，共创人民美好生活

一是巩固"五社联动"的建设成果，充实"社区管家"服务力量。社区"两委"引领"五社联动"，发挥党员的先锋模范作用；落实社区常态化沟通协同机制，为社区本土化创新建言献策；加强人才建设，开展理论指导和专业培训；完善各类制度建设，激发社区参与的积极性和创造性。

二是完善社区基金的基础作用。番禺区慈善社区应当完善专业化的社

区基金管理委员会，大兴调查研究之风，调研社区问题，回应居民需求，提高社区服务质量和效益；积极构建政社企合作关系，拓宽资金来源，扩大服务覆盖面；加大对社区基金的宣传力度，提升社区基金的知晓度和认可度。

三是加强"慈善之区"的品牌建设。慈善文化的发展和培育是一个文化植根于人民生活理念、生活方式和消费方式的过程，番禺区可以加强慈善文化的传播，通过"五进"建设等多种方式将慈善文化渗透于人民生活的每个方面，让慈善文化植根于人心，随处可见，脱口而出，随手可捐，让"慈善之区"成为番禺人民值得信赖的慈善品牌。

第九章　社区慈善助力第三次分配，
打造共同富裕的番禺样本

　　《中共中央关于制定国民经济和社会发展第十四个五年规划和二〇三五年远景目标的建议》第一次在文件中突出强调"扎实推动共同富裕"，并在收入分配领域出台一系列政策。习近平总书记在中央财经委员会第十次会议上发表重要讲话时强调："共同富裕是社会主义的本质要求，是中国式现代化的重要特征，要坚持以人民为中心的发展思想，在高质量发展中促进共同富裕。"由此可见，全面建成小康社会后，我国将在这个基础上，继续把做大蛋糕和分好蛋糕两件事情办好，着力解决城乡差距、贫富差距等有关分配正义的问题。随着我国慈善事业的现代化进程加快，从"小慈善"到"大慈善"的蜕变，慈善事业内涵日益丰富、形式日益多元，慈善事业的嵌入性也日益明显。既有研究已指出我国慈善事业通过"政社嵌入合作"和"社企嵌入合作"的双重嵌入，形成了多维发展趋势①。实际上，嵌入式发展正是慈善事业取得多样化、规模化的重要机制。番禺"慈善之区"创建和社区慈善建设是慈善事业嵌入式发展的实践模式之一，是"慈善嵌入城市建设"的典型样例。

　　番禺区通过创新"慈善之区"和社区慈善以探索助力第三次分配、推动共同富裕的新路径，正是以"慈善嵌入城市建设"的模式开展。一方面，在区级层面搭建"党建引领+部门联动+人才培育+群众动员"的创新

---

　　① 徐家良，王昱晨. 中国慈善面向何处：双重嵌入合作与多维发展趋势［J］. 华南师范大学学报（社会科学版），2019（6）：125-133.

动力机制，形成全区范围慈善事业发展自上而下的统合引领力和自下而上的赋能支撑力；另一方面，通过"双轮驱动"的慈善网络搭建，"五社联动"生态圈营造，慈善项目的跨界创新等特色实践路径，嵌入社区治理网络中联动政府、企业、社区、社会工作者、志愿者、居民等多元主体参与慈善事业建设。

近年来，番禺区积极响应国家和省区市关于推动慈善事业高质量发展的指导意见和政策措施，创新打造"慈善之区、幸福番禺"的工作主题，以"慈善嵌入城市建设"的模式开展慈善工作。从社区慈善基金全覆盖标准化社区慈善培育与发展，从构建"慈善之区"到探索社区慈善，番禺区始终践行对"共同富裕"这一社会主义本质规定和奋斗目标的探索与追求。番禺区慈善事业蓬勃发展，为推动经济高质量发展作出了积极贡献。

通过"慈善嵌入城市建设"这种立体的慈善嵌入发展模式，推进第三次分配不仅是通过有限的慈善项目或慈善组织渠道，而是通过城市整体的区域社会治理脉络和区域社会发展规划，构建区域慈善发展体系，激发多元主体参与，整合各界慈善资源，形成区域慈善发展合力，以此助力第三次分配。在此过程中，实现区域内城乡之间、阶层之间的社会资源再分配，以及区域整体社会资本的提高，扎实推动共同富裕的实现。优秀的经济实力和巨大的慈善潜力、丰富的企业资源和众多具有社会责任感的企业家以及良好的政企关系，共同为番禺区发展"善经济"、实现高质量发展提供良好基础。通过以"慈善之区"作为"慈善之城"和"慈善社区"建设的中间结构性机制，有助于番禺区为广州市乃至全国的慈善事业发展作出示范和贡献，为经济高质量发展提供有力的支撑和保障，为新时代慈善事业与共同富裕高质量发展贡献"番禺力量"！

参 考 文 献

［1］决胜全面建成小康社会　夺取新时代中国特色社会主义伟大胜利［EB/OL］.（2017－10－27）. http：//www. gov. cn/zhuanti/2017－10/27/content_ 5234876. htm.

［2］中国共产党第十九届中央委员会第四次全体会议公报［EB/OL］.（2019－10－31）. http：//www. gov. cn/xinwen/2019－10/31/content _ 5447245. htm? tdsourcetag＝s_ pcqq_ aiomsg.

［3］民政部财政部关于加快推进社区社会工作服务的意见［EB/OL］.（2013－11－15）. http：//www. gov. cn/gongbao/content/2014/content_ 2600242. htm.

［4］广州市番禺区创新"五社联动"模式　提高基层社会治理水平［J］. 大社会，2019（Suppl1）：27.

［5］杨荣. 社区慈善：我国慈善事业发展的新方向［J］. 东岳论丛，2015（10）：43－48.

［6］广州市番禺区民政局关于大力推动社区基金发展的指导意见（试行）的通知［EB/OL］.（2020－07－31）. panyu. gov. cn/gzpymz/gkmlpt/content/6/6477/post_ 6477289. html#1364.

［7］何广文. 农村社区发展基金的运作机制及其绩效诠释［J］. 经济与管理研究，2007（1）：31－39.

［8］刘胜安，韩伟. 中国社区发展基金理论与实践［M］. 北京：光明日报出版社，2009.

［9］范斌，朱志伟．差异性互补：我国社区慈善基金会合法性获取的比较研究：以两个不同类型的社区慈善基金会为例［J］．社会主义研究，2018（3）：88-97.

［10］原珂，许亚敏，刘凤．英美社区慈善基金会的发展及其启示［J］．社会主义研究，2016（6）：143-155.

［11］何明洁，潘语．资源视角下社区基金对社区治理的作用研究：基于成都市 15 支社区基金的分析［J］．社会工作与管理，2021，21（2）：76-84.

［12］王巍．社区慈善基金会：社区自治发展的新思路［J］．宁夏党校学报，2006（1）：32-35.

［13］俞祖成．日本社区慈善基金会：兴起背景与运作模式［J］．中国机构改革与管理，2017（5）：40-45.

［14］数说基金会·社区资金蓄水池不干涸的秘密［EB/OL］.（2019－12－25）．http：//www1. foundationcenter. org. cn/report/content? cid=20200107141045.

［15］徐家良，刘春帅．资源依赖理论视域下我国社区基金会运行模式研究：基于上海和深圳个案［J］．浙江学刊，2016（1）：216-224.

［16］章敏敏，夏建中．社区基金会的运作模式及在我国的发展研究：基于深圳市社区基金会的调研［J］．中州学刊，2014（12）：65-69.

［17］崔开云．社区基金会的美国经验及其对中国的启示［J］．江淮论坛，2015（4）：44-51.

［18］许亮．温和的"突围"：政府主导型社区基金会的自主性获得路径研究［D］．上海：华东理工大学，2019.

［19］胡小军，朱健刚．社区慈善资源的本土化：对中国社区基金会的多案例研究［J］．学海，2017（6）：85-92.

［20］吴克昌，车德昌．调适性合作与组织专业化演进：十八大以来广州市社会工作组织发展研究［J］．华南师范大学学报（社会科学版），2017（6）：5-13.

［21］黄晓春，嵇欣．非协同治理与策略性应对：社会组织自主性研究的一个理论框架［J］．社会学研究，2014，29（6）：98-123.

［22］史传林．社会治理中的政府与社会组织合作绩效研究［J］．广东社会科学，2014（5）：81-88.

［23］史柏年．新世纪：中国社会工作教育面对的选择［J］．北京科技大学学报（社会科学版），2004（1）：30-35.

［24］吴彤雕，王晖，周平．企业专业化的管理学内涵［J］．科技进步与对策，2004（6）：55-56.

［25］徐宇珊．非对称性依赖：中国基金会与政府关系研究［J］．公共管理学报，2008（1）：33-40.

［26］代曦．慈善创新社区治理：四川省成都市社区微基金实践［J］．中国社会工作，2020（1）：38-39.

［27］成都市锦江区社会组织发展基金会．社区专项基金运行参考手册［Z］．2018.

［28］郑钧蔚．社会治理理论的基本内涵及主要内容［J］．才智，2015（5）：262.

［29］燕继荣．社区治理与社会资本投资：中国社区治理创新的理论解释［J］．天津社会科学，2010（3）：59-64.

［30］唐有财，王小彦，权淑娟．社区基金会的本土实践逻辑、治理结构及其潜在张力［J］．社会建设，2019（6）：1.

［31］本刊综合．美国：社区基金会的发源地［J］．中国社会组织，2015（3）：19.

［32］630小盆友．运作有法丨发展环境：社区基金的昨天、今天、明天：上［EB/OL］.（2019-04-01）. https：//mp. weixin. qq. com/s/qGL8cqLFrDyNbYNe81isyg.

［33］广州社会组织研究院．社区基金会迎来发展大空间［EB/OL］.（2021-07-09）. https：//mp. weixin. qq. com/s/3H-yetueXAp0P2OVeiVC0Q.

［34］肖桂来.厉害!广州番禺275个村居实现社区基金全覆盖[J/OL].

（2020-12-10）. https://news. dayoo. com/guangzhou/202012/10/139995_ 53687 502. htm.

［35］630小盆友. 爱分享丨基金会专项基金知识大放送［EB/OL］. 2019-08-03,https://mp. weixin. qq. com/s/rkF3uV8MiHZyD6kWFH8SCQ.

［36］社工客. 简谈社区基金会丨科普［J/OL］.（2017-03-08）. https://m. sohu. com/a/128270194_ 491282?_ trans_ =010004_ pcwzy.

［37］630小盆友. 运作有法丨概念:社区基金会是什么呢［EB/OL］.（2019-03-04）. https://mp. weixin. qq. com/s/QAzd60seuNWIUg-x7Ab7rA.

［38］吴新叶. 政府主导下的大城市公益创投:运转困境及其解决［J］. 上海行政学院学报，2017，18（3）：38-45.

［39］张凌竹. 我国公益创投的本土化定位及法律实现［J］. 法学，2020（10）：144-159.

［40］张其禄，叶一璋. 公益创投:非营利组织的管理革新［J］. 空大行政报，2008（19）：41-66.

［41］赵宇新. 公益创投的欧美经验［N］. 中国社会科学报，2017-01-09（6）.

［42］刘新玲，吴丛珊. 公益创投的含义、性质与构成要素［J］. 福建行政学院学报，2011（4）：31-35.

［43］周如南，王蓝，伍碧怡，等. 公益创投的本土实践与模式创新:基于广州、佛山和中山三地的比较研究［J］. 经济社会体制比较，2017（5）：126-135.

［44］冯元，岳耀蒙. 我国公益创投发展的基本模式、意义与路径［J］. 南京航空航天大学学报（社会科学版），2013，15（4）：28-32.

［45］毕彭钰，姚宇. 近十年国内公益创投研究综述［J］. 改革与开放，2018（9）：83-85.

［46］施从美. 公益创投:来自欧洲的社会组织管理创新及启示［J］. 国外社会科学，2016（6）：104-112.

［47］李健，唐娟. 政府参与公益创投:模式、机制与政策［J］. 公

共管理与政策评论，2014，3（1）：60-68.

［48］李健．公益创投政社合作模式研究［J］．社会建设，2016，3（5）：50-57.

［49］刘志阳，李斌．公益创投运行机制研究：兼论与商业创投的异同［J］．经济社会体制比较，2018（3）：181-191.

［50］金萍霞，刘全财．浅析我国慈善事业的立法现状及完善措施［J］．法制与经济（中旬刊），2011（5）：10-11.

［51］尚德．新中国公益慈善事业发展的成就与启示［J］．理论视野，2022（2）：60-66.

［52］李德健．《慈善法》中的公益原则及其解释进路［J］．北方法学，2021，15（3）：130-138.

［53］杨思斌．慈善法治建设：基础、成效与完善建议［J］．社会科学战线，2019（10）：190-198.

［54］蒋悟真，魏舒卉．迈向现代慈善：我国《慈善法》文本的规范分析［J］．政法论丛，2017（2）：48-57.

［55］宁玉梅，林卡．中国慈善研究发展的阶段性及其解释：基于文献的关键词分析［J］．浙江大学学报（人文社会科学版），2021，51（3）：196-207.

［56］陈斌．改革开放以来慈善事业的发展与转型研究［J］．社会保障评论，2018，2（3）：148-159.

［57］郑功成．中国慈善事业发展：成效、问题与制度完善［J］．中共中央党校（国家行政学院）学报，2020，24（6）：52-61.

［58］葛忠明，张茜．慈善事业的定位、社会基础及其未来走向［J］．山东大学学报（哲学社会科学版），2022（2）：108-117.

［59］罗叶丹，邓国胜．共享理念视角下中国特色慈善理论的逻辑理路［J］．北京社会科学，2022（2）：96-106.

［60］李贤，崔博俊．共同富裕视角下的慈善活动［J］．思想战线，2021，47（6）：20-29.

［61］孙大鹏．慈善事业制度创新的三次分配效应研究［J］．财经问题研究，2021（12）：21-28.

［62］朱健刚，邓红丽．治理吸纳慈善：新时代中国公益慈善事业的总体特征［J］．南开学报（哲学社会科学版），2022（2）：71-81.

［63］朱健刚．调动多方参与第三次分配的意义、挑战和途径［J］．人民论坛，2021（28）：18-20.

［64］吕鑫．分配正义：慈善法的基本价值［J］．浙江社会科学，2018（5）：41-49+157.

［65］杨方方．共同富裕背景下的第三次分配与慈善事业［J］．社会保障评论，2022，6（1）：133-159.

［66］周翠俭，刘一伟．共同富裕背景下居民慈善捐赠的同群效应研究［J］．社会保障研究，2022（1）：3-13.

［67］谢狄宝，陈宣，惠丽丽．慈善捐赠、社会资本与企业价值：基于内在传导机制的理论分析［J］．武汉理工大学学报（社会科学版），2016，29（2）：205-213.

［68］郑功成．现代慈善事业及其在中国的发展［J］．学海，2005（2）：36-43.

［69］徐家良，王昱晨．中国慈善面向何处：双重嵌入合作与多维发展趋势［J］．华南师范大学学报（社会科学版），2019（6）：125-133.

［70］黎相宜．公益慈善、印象整饰与利益交换：基于一个华南侨乡的考察［J］．中山大学学报（社会科学版），2018，58（3）：162-170.

［71］冯江．明清广州府的开垦、聚族而居与宗族祠堂的衍变研究［D］．华南理工大学，2010.

［72］朱光文．官祀在民间：番禺县茭塘司南海神祭祀与地方社会［J］．广州文博，2010（00）：114-136.

［73］黄凤琼．番禺祠堂文化的调查与研究［D］．广州：中山大学，2010.

［74］朱光文．番禺地区科举与文化遗产概览［J］．广州文博，2012

（1）：315-345.

［75］朱光文．地方精英、家族演变与乡村教育：以明—民国番禺县茭塘司罗边乡为例［J］．岭南文史，2015（2）：52-61.

［76］李计筹，郭强．明清时期广州府医疗慈善事业的发展演变［J］．中国中医药现代远程教育，2022，20（15）：192-195.

［77］代莉莉．清代广东地区慈善组织普济堂研究［D］．广州：广东省社会科学院，2015.

［78］刘文霞．清代粤商对弱势群体的关注［D］．广州：暨南大学，2005.

［79］尚娜娜．近代两广地区红十字会研究（1904—1949）［D］．长沙：湖南师范大学，2019.

［80］潮龙起，邓玉柱．广东侨乡研究三十年：1978—2008［J］．华侨华人历史研究，2009（2）：61-71.

［81］陈世柏．海外捐赠及其对广州城乡经济的效用［J］．湖南农业大学学报（社会科学版），2009，10（6）：37-42.

［82］陈世柏，李云．新时期海外乡亲慈善捐赠的区域比较：广州案例［J］．汕头大学学报（人文社会科学版），2020，36（7）.

［83］霍英东：慈行善举世间存［N］．人民政协报，2006-10-31（B1）.

［84］陈世柏，李云．以广州为例谈改革开放后海外乡亲捐资办学的作用［J］．牡丹江大学学报，2010，19（4）：93-96.

［85］陈世柏．海外乡亲捐赠广州公益事业略论——以科技、旅游、环保、治安为例［J］．五邑大学学报（社会科学版），2011，13（2）.